KB017066

나무 따라 경주 걷기

마인드큐브 책은 지은이와 만든이와 읽는이가 함께 이루는 정신의 공간입니다.

나무따라 경주 걷기

김재웅 지음

마인드큐브

차례

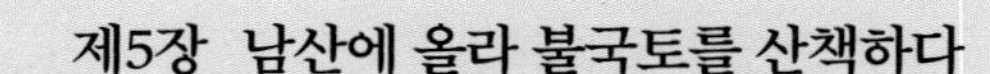

제8장 선도산 자락을 산책하다

제9장 토함산 자락을 산책하다

제10장 소금강산 자락을 산책하다

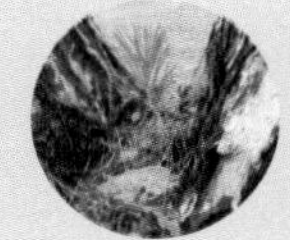

제11장 신라 왕릉을 산책하다

제12장 선비의 기상을 품고 산책하다

제13장 자존감을 회복하며 산책하다

제14장 오봉산과 건천을 산책하다

제15장 함월산 자락을 산책하다

제16장 해파랑길을 산책하다

책을 펴내며

경주를 산책하면서 만났던 나무이야기 여행

경주는 내 마음의 고요한 안식처입니다. 나는 삶의 무게가 버거우면 무작정 경주의 나무와 숲으로 달려갑니다. 나무와 숲속에 자리한 경주는 지친 내 어깨를 언제나 포근히 감싸주기 때문입니다. 이러한 경주와의 인연은 아주 오래되었습니다. 아마도 초등학교 수학여행으로 거슬러 올라가야 하겠지요! 시골 초등학생 눈에 비친 경주의 역사문화는 정말 신기하고 놀라웠습니다.

시간이 지나 나무를 공부의 대상으로 삼으면서 숲속에 자리한 경주의 생태문화에도 관심을 가졌습니다. 나무는 꽃과 열매가 풍부할 뿐만 아니라 아름드리로 성장하여 우리들의 인식에 지대한 영향을 미치고 있기 때문입니다. 더욱이 경주에는 계림, 천경림, 신유림, 문잉림 등과 같이 다양한 옛 숲의 흔적이 남아 있지요! 이들 숲은 신라 탄생과 더불어 천년고도의 면모를 갖추는 데 꼭 필요했습니다. 경주의 숲은 신라문화유산을 탄생시킨 원동력입니다. 이 때문에 나무와 숲은 경주의 생태문화를 이해하는 길라잡이가 되기에 충분합니다.

그럼에도 나무와 숲을 자세히 관찰하면서 산책하는 사람은 드뭅니다. 나무의 생태와 인간의 삶이 전혀 다르지 않음에도 우리는 아무런 관련이 없는 것처럼 살아갑니다. 나무와 숲은 인류의 삶에 끊임없는 생명력을 제공한 숨 터입니다. 더욱이 숲을 파괴하여 인류 문명을 건설했던 과거의 영광에 함몰되어 지구 생태계를 파멸로 몰아가고 있어서 안타까울 따름입니다.

나무 따라 경주를 거닐어본 적이 있나요? 경주에는 오랜 세월 생명을 품어온 나무가 풍부합니다. 이런 나무와 나무가 서로 어깨동무하고 사이좋게 자라는 생태 숲이 경주의 숨은 매력인지도 모릅니다. 경주의 세계문화유산이 나무와 숲속에 자리하고 있기 때문입니다. 나무 따라 경주를 걸으면 문화유산의 생태를 이해할 뿐 아니라 궁극적으로 나를 온전히 성찰할 수 있는 사색의 시간을 보낼 수 있습니다.

천년고도 경주는 오랜 세월 나무가 살아온 생태 숲의 도시입니다. 그래서 나무 따라 경주를 걸으면 다양한 문화유산을 만날 수 있지요! 그중에서도 월성과 동궁, 월지, 불국사와 석굴암을 비롯한 수많은 절집, 남산과 신라 왕릉에는 아름드리로 자라는 나무가 숲을 이루고 살아갑니다. 그곳의 나무를 따라 천천히 산책하면 경주의 찬란한 문화유산을 만나고 문화유산의 생태를 살펴보면서 진정한 나를 만날 수도 있습니다. 경주의 나무와 숲이 베풀어준 산책의 즐거움을 통해서 나를 이해하고 나와 대화할 수 있는 행복한 시간을 누려보길 소망합니다.

나무 따라 경주를 걸으면 생태문화 산책의 즐거움을 만끽할 수 있습니다.

계절마다 변화되는 경주의 문화유산을 재발견하는 재미가 제법 쏠쏠합니다. 경주시민들의 삶과 함께 해온 나무는 문학, 역사, 철학, 예술, 문화 등과 같이 다양하게 연결되어 있지만 나무를 생명체로 인식한 생태문화적 관심은 아직 부족합니다. 생태문화는 인간과 자연의 공존 및 조화를 모색할 뿐만 아니라 주체와 타자가 상호 소통하는 공생관계를 보여줍니다. 나무는 인문학과 식물학의 통섭뿐만 아니라 인류와 자연의 상생을 모색하는 생태문화적 가치를 갈무리하고 있습니다. 이 때문에 나무와 숲은 생명을 키워낼 수 있는 생태문화의 자궁입니다.

'나무 따라 경주 걷기'는 생태문화의 미래상을 담고 있습니다. 나무들이 숲을 이루어 생명을 품듯이 생태문화적 관점에서 경주의 문화유산을 살펴보는 것도 색다른 산책이 될 것입니다. 나무와 숲속에 자리한 문화유산은 생태문화의 보물창고이기 때문입니다. 나무의 생김새와 숲의 생태는 경주의 문화유산을 새롭게 바라보는 세계관을 열어주기에 충분합니다. 더욱이 근대화와 산업화의 개발논리에 의해 소외된 자연생태를 재인식하려면 생태문화적 상상력이 필요합니다. 나무는 산업사회의 병폐를 극복하고 인류의 생태적 삶을 회복할 수 있는 새로운 시각을 열어주기 때문입니다.

'나무 따라 경주 걷기'에 실질적 도움이 줄 수 있도록 이 책을 구성했습니다. 월성과 계림에서 시작하여 도심의 왕릉과 사찰, 경주를 대표하는 남산, 낭산, 선도산, 토함산, 소금강산, 오봉산, 함월산 등으로 시야를 점차 확장했습니다. 또한 동학사상의 현장인 용담정과 성리학의 전통을 계승한 옥산 서원과 양동마을, 그리고 동해안 주상절리가 있는 해파랑길까지 나무와 숲길을 거닐었지요! 경주 도심에서 동해안까지 나무와 숲이 어우러진 생태문화를 산책하는 즐거움을 마음껏 누렸습니다. 그중에서도 매월당 김시습이 살았던 용장사지에 매화나무를 심고 '설잠매'로 이름을 지었던 생태적 실천은 가슴 설레는 추억으로 남아 있습니다.

이 책은 2002년부터 20년 동안 경주의 나무와 숲속에 자리한 문화유산을 산책했던 내용을 다양하게 담아냈습니다. 예전에 경주의 문화유산을 답사했을 때 만났던 사람들과 '나무 따라 경주 걷기'를 통해서 만났던 이야기가 나무의 부름켜처럼 층층이 쌓여있습니다. 10년 전에 만났던 경주의 나무가 울창하게 성장하는 모습을 보았을 때는 너무도 기뻤습니다. 가끔은 경주에서 만났던 나무가 병에 걸렸거나 생을 마감한 모습을 보았을 때는 너무도 안타까웠습니다. 그래서 나무 주변을 떠나지 못하고 한참을 서성거리며 나무의 생애를 떠올려 보기도 했지요! 나무도 삶과 죽음을 반복해야 하는 운명의 수레를 벗어나지 못하는 생명체라는 사실을 새삼 깨달았습니다.

나무 따라 경주를 걸었던 기억은 지금도 생생합니다. 나무가 늘어선 숲길을 걸어가면 상쾌한 기분이 들고 마음이 너무도 편안하고 홀가분해집니다. 경주의 나무와 숲길을 산책하면서 내 삶의 속도가 얼마나 중요한지 깨달았습니다. 매일 반복되는 삶의 속도 경쟁에서 한 걸음 물러나서 내 삶의 속도에 맞추는 자유로운 산책이 정말 소중합니다. 어쩌면 잃어버린 내 삶의 속도를 찾는 것이 진정한 행복인지도 모릅니다. 그리고 나무와 숲속에서 나를 위로하고 치유하는 신비로운 체험도 해보았지요! 나무와 숲은 치유의 힘을 가진 훌륭한 의사이기도 합니다.

아울러 나무 따라 경주를 걸으면 상상하는 즐거움을 배울 수 있습니다. 나무를 자세하게 관찰하다 보면 나무의 생애와 생명력을 이해하게 되지요! 경주의 숲길을 걸어가면 복잡한 생각이 어느새 정리되고 내 미래의 길이 열리기도 합니다. 길에서 또 다른 길이 연결되고 나무와 나무가 연결되면 문화유산을 감싸주는 경주의 생태 숲으로 완성됩니다. 이러한 경주를 거닐며 사색하면 나무와 숲이 들려주는 생태문화의 신비로운 이야기를 들을 수 있지요!

이 책은 오랜 세월 동안 경주에 살고 있는 다양한 나무에 초점을 맞춰서 생태문화를 살펴본 색다른 시도를 담고 있습니다. '나무 따라 경주 걷기'에서 만난 나무와 경주의 문화유산은 생태문화의 미래상을 보여줍니다. 내가 걸었던 경주의 숲길이 후대에 누군가의 본보기가 된다고 생각하니 생태문화를 산책하는 발걸음의 무게가 남다른 것 같습니다. 이러한 '나무 따라 경주 걷기'는 지속 가능한 생태문화를 이해하는 가장 중요한 방법론입니다. 천년고도 경주는 세계적인 생태문화도시로 손색이 없기 때문입니다.

'나무 따라 경주 걷기'에 동참하면 생태문화도시 경주의 속살을 제대로 볼 수 있습니다. 경주에 숨어 있는 나무 이야기는 경주를 산책할 때마다 색다른 추억으로 새록새록 솟아날 것입니다. 언제든지 가벼운 마음으로 나무 따라 경주를 산책하면 문화유산을 만나는 즐거움과 함께 나를 성찰하는 깨달음의 세계를 경험하게 되겠지요! 더욱이 나무 따라 경주를 걸어가면 마음의 안정과 위로를 받을 뿐만 아니라 건강까지도 덤으로 챙길 수 있는 즐거운 여행길이 될 것입니다. 나무와 우리는 둘이 아니라 하나라는 깨달음이 동반되는 경주의 생태문화 산책에 여러분을 초대합니다.

2022년 11월

나무이야기 여행에서 여러분과 만나길 소망하면서, 김재웅

제1장.
월성 주변을 산책하다

1. 월성을 거닐며 팽나무의 기상을 보다

월성, 무성한 숲으로 가득하다

월성(月城)은 천 년 신라의 왕궁이 자리한 곳이다. 반월성(半月城)의 본래 이름이 월성이다. 월성에서 동쪽을 바라보면 아름답게 꾸며진 정원 월지(月池)와 동궁(東宮)이 보인다. 월성이 정궁이라면 월지에 건축된 동궁은 세자가 거처하는 일종의 별궁이다. 찬란한 신라 왕궁이 사라진 월성에는 적막한 침묵만이 나뭇가지를 흔들며 옛 이야기를 전해준다.

월성은 신라 왕실의 화려한 건축물 대신 무성한 숲이 있어 산책하기 좋다. 월성으로 가는 길은 여러 갈래가 있다. 그중에서도 박물관을 지나 동궁 맞은편으로 올라야 월성의 진면목을 볼 수 있다. 숲으로 가득한 월성을 한 바퀴 돌고 나면 별궁이 있던 동궁으로 연결되기 때문이다. 월성은 적을 방어하고 왕실의 위엄을 높이기 위해서 평지보다 높은 곳에 자리한다.

월성을 에워싼 나무는 신라 왕실의 속내를 감추려고 손에 손을 잡고 자란다. 멀리서 보면 마치 숲속에 왕실의 비밀을 간직하려는 것처럼 보인다.

소나무와 팽나무, 월성을 지키는 수문장

월성의 동문 자리로 추정되는 곳에는 왕궁의 근위병처럼 소나무와 팽나무가 지켜주고 있다. 단단한 껍질로 갑옷을 입은 늘 푸른 소나무는 근육질 몸매로 왕궁을 방어하는 수문장이다. 소나무의 우직한 모습이 궁궐을 오르는 사람의 옷깃을 여미게 한다.

동문을 지키는 수문장 소나무는 해송 네 그루다. 해송은 바닷가의 세찬 바람과 소금기에 강하다. 육지에 서식하는 육송에 비하여 해송은 바늘잎이 강할뿐만 아니라 껍질도 단단하다. 더욱이 해송 피부는 붉은색의 적송과 달리 검은색을 띠고 있다. 때문에 해송을 '곰솔'이라고 부르기도 한다. 동해의 세찬 바람을 맞으며 신라의 정궁인 월성을 굳게 지키는 해송은 수문장으로도 손색이 없다.

해송과 함께 세월이 묻어나는 팽나무는 신령스러운 모습이다. 동문 오른쪽의 나뭇가지가 굽은 팽나무는 검은 피부에 단단한 근육질이다. 느릅나뭇과에 속하는 팽나무도 해송처럼 바닷가에서도 잘 자란다. 팽나무는 대나무로 만든 총에 팽나무 열매를 넣어 쏘면 "팽" 소리가 난다고 해서 붙여진 이

팽나무는 월성을 지키는 수문장이다

름이다. 이 때문에 왕궁을 지키는 수문장과 잘 어울린다. 오른쪽으로 발걸음을 옮기면 언덕에 아름드리 회화나무의 기상이 대단하다. 그 곁에 아름드리 상수리나무 두 그루도 자신의 품성대로 살아간다.

신라의 왕궁 터를 바라보며 천천히 산책하면 마음이 한결 편안하다. 허허로운 옛 궁궐 자리를 걸으면 세월의 무상함이나 떠나간 사람이 문득 떠오른다. 텅 빈 공간에서 자유롭게 노닐고 싶었는데 누군가 만들어놓은 경계는 답답함을 자아내게 한다. 하얀 개망초와 코스모스가 가득한 왕궁을 자유롭게 산책하지 못해 아쉬운 마음뿐이다.

그래도 성곽 위를 감싼 나무를 보면 옛 정취를 느낄 수 있다. 석빙고 방향으로 걸어가면 돌과 흙을 섞어서 쌓은 성곽 주변에 소나무와 팽나무가 뿌리로 사랑을 나눈다. 겉으로는 무심하게 등을 맞대고 있지만 소나무 뿌리는 팽나무 밑둥치로 들어가 땅 위에 드러난 팽나무 뿌리를 감싸고 있다. 소나무와 팽나무는 땅 속의 뿌리로 사랑을 속삭이면서 험난한 세상을 살아가는 아름다운 모습을 보여준다. 겉으로 드러나지 않으면서도 뿌리로 서로 감싸주는 이런 나무의 모습이 진정 사랑이 아닐까.

성곽 오른쪽으로 걸어가면 팽나무는 서로 등을 맞대고 사방으로 무성한 가지를 펼친다. 팽나무 뿌리는 땅 속에서 줄기를 타고 하늘로 꿈틀거리는 용을 닮았다. 멀리서 보면 육식 공룡이 등을 구부린 채 먹잇감을 노려보는 듯하다. 다행히 성곽이 아닌 평평한 자리에 뿌리내린 팽나무의 왕성한 생명력이 부럽기도 하다. 이러한 팽나무는 씨앗이 어디에 떨어지는가에 따라 자신의 운명이 결정된다.

어떤 팽나무는 한 가지를 새의 보금자리로 내어주고 힘겹게 살아간다. 생명을 다한 팽나무의 가지에는 부리가 날카로운 딱따구리와 까막딱따구리 같은 새가 구멍을 뚫어 새로운 생명을 키우고 있다. 새를 품어주는 팽나무의 배려에 세상의 지혜를 배운다. 그 옆에는 젊은 팽나무가 서로의 줄기를 얼싸안고 하늘로 향한다. 한 그루에서 자란 두 줄기가 빈틈없이 배를 맞댄

살을 부비고 살아가는 소나무와 팽나무

팽나무가 사랑스럽기도 하다. 이렇게 월성에 자라는 팽나무의 다양한 모습은 우리네 생활과 별반 다를 게 없다.

석빙고의 소나무, 부자간의 사랑을 보여주다

조선 후기에 쌓은 석빙고에는 부자(父子) 간의 사랑을 보여주는 소나무도 있다. 빗물에 흙이 쓸려나가는 척박한 성곽에 자리한 소나무가 자식을 뿌리로 감싸는 모습이 정겹다. 때로는 부모의 사랑이 자식에게 과도한 간섭이 되어 역효과를 내기도 한다. 그래도 성곽에 뿌리를 제대로 박지 못한 어

뿌리가 드러난 소나무. ⓒ 이지용

린 소나무를 감싸주는 부모의 사랑이 감동적이다. 예전에 월성을 산책하면서 보았던 나무들을 다시 보니 반가웠지만 뿌리가 드러난 소나무는 다시 볼 수가 없어서 아쉽기도 하다. 아마도 비바람에 쓰러져 생명이 다한 것으로 생각된다.

석빙고는 강이나 호수에서 얼음을 잘라 넣어 보관하는 일종의 친환경 냉장고다. 얼음을 저장하는 석빙고는 신라 제3대 노례왕 때에 처음으로 건축했다. 그리고 현재의 석빙고는 조선 영조 14년(1738) 경주부윤 조명겸이 축조한 것으로 알려졌다. 아마도 신라인들은 겨울에 남천이나 형산강에서 얼음을 잘라서 월성 석빙고에 보관했을 것이다. 따라서 석빙고는 신라 초기부터 조선 후기까지 사용했으며 이를 통해 선조들의 생태적 삶의 지혜를

월성을 감싼 팽나무 그루터기의 생명력

엿볼 수 있다.

우산을 들고 추적추적 내리는 비를 맞으며 월성을 산책한다. 계림으로 연결되는 길을 지나면 아름드리 팽나무를 벤 그루터기에 누군가 돌을 쌓아놓았다. 그루터기는 가늘고 여린 가지로 새로운 생명을 피워낸다. 더욱이 흙이 쓸려간 팽나무의 뿌리는 주변의 흙과 돌을 붙잡고 오랜 세월 생명을 지속했음을 보여준다. 팽나무 덕분에 월성이 무너지지 않고 오래 지속되었다. 팽나무와 월성이 공생하는 모습을 여기서도 확인할 수 있다.

월성은 본래 충신 호공(瓠公)의 집이다. 『삼국유사』에는 기원전 19년 박혁거세왕 때 석탈해가 금성의 지리를 살펴본 뒤에 길지로 호공의 집을 지목한다. 석탈해는 호공의 집에 숯과 숫돌, 쇠붙이를 몰래 묻어둔 다음 관청에 송사하여 그 집을 차지한다. 더욱이 계림에서 김알지 탄생을 알려준 것도 바로 월성의 호공이다. 또한 월성을 감싸고 흐르는 남천에는 일정교와 월정교가 있었는데 지금은 월정교가 복원되어 그 옛날의 화려함을 보여준다.

월성은 사방에 문이 있었다고 한다. 임해문은 동쪽의 임해전(臨海殿)으로 통하는 문이다. 월성에는 월산루, 명학루 등이 있었는데 보름달이 휘영청 밝을 때 월산루에 올라서 학의 울음소리를 들을 수만 있다면 신선이 부럽지 않았을 것이다. 신라 왕실의 보물창고인 천존고에는 대나무로 만든 만파식적(萬波息笛)이 보관되어 있었다고 한다. 만파식적은 세상의 재앙을 한순간에 물리치는 신비로운 힘을 가졌다. 전쟁과 천재지변을 대나무로 만든 만파식적의 신비로운 소리로 해결한 음악적 치유를 보여준다.

벚나무, 화려함과 무관심의 이중주

월성에 살고 있는 나무의 생태를 살피며 산책하는 기분은 언제나 설렌다. 벚나무가 화려한 꽃망울을 터뜨리는 봄날, 왕궁을 걷는 즐거움은 또 다른

벚꽃이 핀 월성의 하늘

그늘을 만들어주는 소나무

신비로운 세상을 열어준다. 달밤에 월성을 산책하는 기분은 무심(無心)한 경지에 닿을 수 있다. 그래서 월성은 봄날 벚꽃이 어둠을 밝히는 달빛 산책을 할 때 최고의 운치를 선사한다. 벚나무의 화려한 꽃망울은 누구나 아름답게 생각하기 때문이다.

그런데 우리는 벚꽃이 지고 나면 거의 벚나무를 생각하지 않는다. 화무십일홍(花無十日紅)이라고 했던가. 아무리 아름다운 꽃이라도 대부분 열흘을 넘기지 못한다. 벚나무는 단지 열흘 동안 관심을 받을 뿐이다. 벚나무의 생태를 이해하기 위해서는 지속적인 관심과 사랑이 필요하다. 벚나무에게 쏟은 애정만큼 새로운 삶의 가치를 깨달을 수 있기 때문이다.

이제 발걸음은 남천을 끼고 돌아가는 월성의 나무들을 따라간다. 그곳에는 소나무 여덟 그루와 팽나무 세 그루가 남천의 물을 그리워하는 듯하다.

월성의 숲속을 거닐다

봄 가뭄이 심했기 때문에 남천의 맑은 물을 보면서 얼마나 목이 말랐을지 생각해 보았다. 돌기둥 주변의 벤치에는 아름드리 소나무와 상수리나무가 서로 얼굴을 맞대고 이야기를 나눈다. 소나무가 하늘로 우뚝 서서 자란다면 상수리나무는 허리를 굽혀서 산책길에 그늘을 만들어준다. 남천을 따라 월성을 걸어가면 저 멀리 경주 국립박물관이 보인다.

월성은 동쪽이 높고 서쪽이 낮은 편이다. 월성에는 상수리나무가 빽빽하게 자신의 서식지를 만들어놓았다. 상수리나무는 월성의 동쪽과 서쪽에 집중적으로 분포한다. 월성을 둘러싸고 자신의 기상을 마음껏 뽐내는 상수리나무가 너무도 보기 좋다. 상수리나무 숲속에 팽나무, 소나무, 해송, 느티나무, 회화나무 등이 자신의 존재를 드러내기 위해 열심히 햇빛을 받는다.

이밖에도 월성에는 조각자나무, 상수리나무, 은행나무, 버드나무, 느티나무, 쉬나무, 대나무 등 다양한 나무가 살고 있다. 특히 중국 원산인 조각자나무는 콩과에 속하는 귀한 나무다. 아름드리 상수리나무 사이에서 힘겹게 살아가는 조각자나무는 가지에 무시무시한 가시를 달고 있다. 조각자나무의 가시는 자신을 보호하려는 최선의 방어책이다. 어쩌면 미래에 대한 불안감 때문에 가슴에 가시를 품고 살아가는 우리네 청춘을 닮은 듯하다.

월성은 언제나 텅 비어 있어서 좋다. 그래서 세상살이가 힘들면 월성을 무작정 산책하고 싶다. 축 처진 어깨에 산들바람이 불어온다. 하늘 한 번 쳐다보고 걸어가는데 "꽝"하는 소리가 바람결에 실려 온다. 박물관에서 들려오는 성덕대왕신종(에밀레종)의 맑은 소리에 욕심은 어느새 사라진다. 은은하게 울려 퍼지는 에밀레종 소리는 바쁜 현대인의 발걸음을 멈추게 하는 마력이 숨어있다. 월성 숲을 거닐면서 생태치유의 감동이 잔잔한 여운으로 밀려온다. 꽝. 꽝. 꽝.

2. 동궁과 월지에서 참빗살나무를 만나면 행복하다

월지는 외국 사신을 접대하거나 국가의 중대한 행사를 열었던 유흥공간이다. 월지가 조선시대에 안압지로 바뀐 것은 이곳에 기러기와 오리가 노닐었기 때문이다. 월지는 신라시대 정원을 살펴볼 수 있는 귀중한 생태공간이다. 『삼국사기』에 의하면 674년(문무왕 14) 궁성 안에 못을 파고 산을 만들어 식물과 동물을 가꾸었다고 한다.

신라시대 만들어진 아름다운 정원 월지에 들어가면 젊은 모과나무가 눈

뿌리가 드러난 느티나무

월지 섬에 살고 있는 나무들

에 띈다. 왼쪽으로 걸어가면 느티나무, 팽나무, 모과나무, 벚나무, 해송, 단풍나무, 잣나무, 배롱나무, 은행나무, 산수유 등이 월지 가장자리에 터를 잡고 살아간다. 월지 산책길을 따라 나무들이 뿌리를 드러내면서도 숲을 이루고 있다. 느티나무와 팽나무는 뿌리를 넓게 드러낸다. 모과나무 사이로 난 길을 걸어가면 느티나무와 벚나무가 시원한 숲을 만들어준다. 연못 가장자리로 난 길을 따라 깊숙이 걸어가면 복자기와 참느릅나무가 보인다. 인공으로 만든 섬에는 해송, 단풍나무, 주목, 영산홍 등이 옹기종기 살아간다.

월지에는 잣나무가 살고 있을까

월지는 효성왕이 신충과 궁정 잣나무 밑에서 바둑을 둔 이야기로 유명하다. 효성왕이 "저 잣나무를 두고 다음에 내가 경을 잊지 않겠다"라고 맹세했다. 신충은 일어나 효성왕에게 절했다. 몇 달 뒤에 왕이 즉위하여 공신들에게 상을 내렸으나 신충과의 약속을 잊었다. 신충이 원망하여 노래를 지어 잣나무에 붙였더니 그 잣나무가 별안간 누렇게 말라버렸다고 한다.

한창 무성한 잣나무가
가을이 되어도 이울지 않으니

너를 어찌 잊으랴 하신
우러르던 그 낯이 변하실 줄이야

달그림자 고인 연못가
흐르는 물결에 모래가 일렁이듯

모습이야 바라보지만
세상 모든 것 여읜 처지여

효성왕이 〈원가〉를 듣고 깜짝 놀라 "국사에 골몰하여 옛 맹세를 거의 잊어버릴 뻔했구나"라고 말했다. 신충을 불러서 벼슬을 내렸더니 잣나무가 다시 살아났다고 한다. 신충의 〈원가〉는 10행 향가인데 두 구가 탈락되어 현재 8행만 남아 있다. 신충은 724년 책봉된 태자 승경과 임해전에서 바둑을 두었다. 태자가 궁궐 뜰에 있는 잣나무 아래에서 "다른 날 내가 경을 잊는다면 이 잣나무와 같으리라"라고 말했다.

신충과 태자가 바둑을 두었던 월지에 잣나무가 자란다. 한국 원산인 잣나무는 신라송, 오엽송, 홍송, 해송 등과 같이 이름이 다양하다. 신라송은 신라 때 잣의 종자가 중국에 들어가서 얻은 이름이다. 홍송은 잣나무의 목재가 붉다고 해서 붙여진 이름이다. 해송이라는 이름은 신라 사신이 당나라에 갈 때 잣을 가져다 팔았기 때문에 생겼다. 옛사람들은 소나무와 함께 임금을 향한 충성과 절개의 상징을 송백(松柏)에 비유했다. 송백은 소나무와 잣나무 또는 소나무와 측백나무를 지칭하기도 하지만 늘 푸른 침엽수를 총칭하기도 한다.

기하학적 무늬를 보여준 참빗살나무

월지에는 느티나무, 팽나무, 소나무, 잣나무, 향나무, 벚나무, 대나무, 신나무, 복자기, 조각자나무, 감나무, 참느릅나무 등 수많은 나무가 신선의 세계를 연출한다. 그렇다면 월지를 조성할 당시 심었던 나무들이 아직까지 살고 있을까? 아마도 월지에 심었던 기화요초(琪花瑤草)는 연꽃, 병꽃나무, 화살나무, 단풍나무, 배롱나무, 광대싸리 등과 같은 풀과 나무인지도 모른다. 신선사상을 구현하기 위해 섬과 봉우리를 만들었고 버드나무도 심었다. 예전 사진에도 연못 가장자리에 능수버들 나뭇가지가 축축 늘어져 있다.

연못 서쪽 산책길에 당당히 자라는 참빗살나무는 싱싱한 젊음을 뽐내고 있다. 노박덩굴과의 참빗살나무는 주위에서 쉽게 만날 수 있는 나무가 아니다. 참빗살나무 피부에는 마름모꼴의 기하학적 무늬가 있어 매우 인상적이다. 봄에 자그마한 꽃이 피는데, 자세히 관찰하지 않으면 볼 수 없다. 가을에는 빨간 열매가 사방으로 톡톡 터지는데, 마치 만화영화 우주인 캐릭터를 닮았다. 추상화 같은 피부를 가진 참빗살나무는 언덕 뒤에 한 그루 더 자란다. 월지 곁에 자라는 참빗살나무보다 더 오랜 삶의 연륜을 보여준다.

월지를 산책할 때 아름다운 참빗살나무의 무늬를 보아야 한다. 자연이 만든 참빗살나무의 원시적 무늬는 암각화에 새겨진 문양과 닮았다. 참빗살나무 곁에 참느릅나무와 복자기도 자리를 잡았다. 해송들이 바람을 막아주는 언덕 너머에는 젊은 팽나무가 늘씬한 몸매를 보여준다. 팽나무의 몸매가 이렇게 미끈한 경우는 쉽게 만날 수 없기 때문에 눈여겨보아야 한다.

느티나무 쉼터에서 왼쪽으로 고개를 들면 가시를 잔뜩 달고 있는 조각자나무가 보인다. 월지 곁에는 제법 허리가 굵은 화살나무가 군락을 이루고

참빗살나무의 꽃

참빗살나무의 기하학적 무늬

살아간다. 그 곁에 벽오동이 푸른 피부를 보여준다. 화살나무를 따라 발걸음을 옮기면 조록싸리가 분홍 꽃을 연신 피워낸다. 경주에서 만난 조록싸리 중에서 가장 나이가 많은 것 같다. 월지에서 조록싸리의 붉은 꽃을 본 것은 생전 처음이다.

물이 들어오는 수로유구에는 단풍나무, 신나무 두 그루, 청단풍 여섯 그루가 살고 있다. 여기에 터 잡고 살아가는 나무들은 모두 단풍나뭇과에 속하는 자식이다. 허리가 굵은 신나무는 속이 썩어서 텅 비었지만 군데군데 푸른 잎사귀를 피워낸다.

월지를 나가기 전에 수유실 뒤에 살고 있는 단풍나무, 화살나무, 섬잣나무 등을 보아야 한다. 건물 뒤에 가려진 채 조용히 살아가는 나무들은 오랜 연륜을 나무 둥치로 보여준다. 그중에서도 화살나무는 세월의 흔적을 굵은

참빗살나무와 복자기 사이로 거닐다

허리에 새겨 넣은 것 같다. 화살나무의 허리둘레가 이렇게 굵은 것도 월지에서 처음 보았다.

이렇게 월지는 다양한 나무가 숲을 이루고 살아가기 때문에 천천히 산책하면서 나무들의 생태를 관찰하기에 적당하다. 그럼에도 월지와 동궁에는 나무이름표가 없다. 나무이름표가 있으면 월지를 거닐던 사람들이 나무와 숲에 관심을 가질 수 있기 때문에 산책하는 데 더 도움이 될 텐데…. 비가 내리는 월지에 오리 어미가 새끼 11마리를 데리고 헤엄치는 모습에 방문객들이 발길을 멈추고 탄성을 지르며 바라본다.

수로유구의 단풍나무

3. 계림, 김알지가 탄생한 신비의 숲

계림(鷄林)은 경주를 대표하는 신성한 숲이다. 계림 입구에 도착하면 신령한 나무 기운이 몸속으로 들어온다. 계림의 신성한 기운은 느릅나뭇과의 느티나무, 팽나무, 참느릅나무, 콩과의 회화나무, 버드나뭇과의 왕버들 등의 활엽수종이 만들어낸다. 계림의 본래 이름은 생명이 탄생하는 숲을 의미하는 시림(始林)이었다. 경주 김 씨의 시조인 김알지가 탄생한 계림은 신라 신화의 현장이다. 시림 속의 나무에 걸린 황금 궤와 닭 울음소리는 김알지의 신비로운 탄생을 전해주는 신화적 상관물이다.

『삼국유사』에는 계림에서 탄생하는 김알지 신화가 전한다. 석탈해왕 3년(영평 60) 8월 4일 밤에 호공이 월성의 서편 동네를 거닐었다. 그런데 시림 속에서 큰 광명이 나타났을 때 붉은 구름이 하늘에서 땅으로 드리워졌다. 구름 가운데 황금으로 만든 궤가 '나무' 끝에 걸려 있었는데 빛이 사방으로 퍼져나갔다. 그 주변에는 흰 닭이 '나무' 밑에서 울고 있었다고 한다.

이러한 신비로운 숲에서 신화적 인물의 탄생을 위한 징조를 목격한 사람은 호공이다. 시림에서 발생한 신비로운 현상을 목격한 호공은 즉시 석탈해왕에게 전해주었다. 석탈해왕이 시림으로 가서 금궤를 열어보니 그 속에 어린아기가 있었다고 한다. 그래서 그 아기를 왕궁으로 데려가 태자로 삼았으나 뒤에 파사에게 왕위를 양보하게 되었다. 시림의 금궤에서 출생했다고 하여 성을 김 씨라 하고 이름을 '알지'라 불렀다. 계림은 김알지가 탄생한 신화의 현장이다.

신성한 계림에서 출생한 김알지는 왜 태자에 책봉되었으면서도 왕위를 파사에게 양보했을까? 김알지의 후손들은 열한, 아도, 수류, 욱부, 구도 등으로 계승되었다. 나중에 구도의 아들인 미추가 김 씨 중에서 최초로 신라

왕으로 등극한다. 김알지는 신화적 인물이면서도 신라왕으로 등극하지 않는 특이한 이력을 보여준다. 기존의 박 씨와 석 씨의 세력을 고려해 왕위를 양보할 수밖에 없었기 때문이다. 나중에 자신의 후손이 신라왕으로 등극하게 되면서 '신성화' 작업이 첨가되었을 것으로 생각된다. 이 때문에 김알지가 탄생한 계림은 신화와 역사적 공간으로 매우 중요한 기능을 수행하고 있다.

김알지의 금궤가 걸린 참느릅나무

조선시대 문인 화가 조속(趙涑)은 계림의 금궤에서 탄생하는 김알지 이야기를 그림으로 남겨놓았다. 조속(1595-1668)의 금궤도(金櫃圖)에 등장하는 '나무'의 이름은 무엇일까? 그림 속의 나무를 정확하게 판독하기 어렵지만 활엽수인 것만 분명하다. 계림의 활엽수 중에서는 느릅나무, 느티나무, 팽나무, 왕버들 등이 아름드리로 자라고 있다. 이처럼 키가 큰 나무에 김알지의 신비로운 금궤가 걸릴 가능성이 높기 때문이다.

느릅나무는 신라시대 월지국에서 쇠북종을 가져와 가지에 매달만큼 강하기 때문에 김알지의 금궤가 걸리고도 남는다. 우리 주변에 살고 있는 느릅나무는 대부분 참느릅나무다. 더욱이 계림의 비각 뒤편에는 참느릅나무 두 그루가 살고 있다. 키가 큰 참느릅나무는 기울어져 있고, 키가 작은 참느릅나무는 가지를 벌려 마치 부모를 부양하듯 키 큰 참느릅나무를 받치고 있다. 이렇게 비각 안의 참느릅나무는 김알지의 탄생 신화와 연관된 신성한 나무일 가능성이 높다.

아름드리로 자라는 참느릅나무 껍질은 회갈색으로 두꺼우며 조각이 되어 벗겨진다. 잎은 어긋나고 긴 타원형으로 끝은 점차 좁아진다. 꽃은 9월에 피고 잎겨드랑이에 여러 개가 모여 달린다. 참느릅나무는 갈잎큰키나무

김알지의 금궤가 걸린 참느릅나무

로 잎의 앞면은 거칠며 뒷면은 연녹색이다. 동글납작한 타원형 열매는 둘레에 날개가 있다. 참느릅나무는 습기가 많고 비옥한 계곡이나 하천변, 호숫가 또는 토심이 깊은 평지에서 자란다.

그런데 느릅나뭇과의 느릅나무와 참느릅나무는 구별하기가 쉽지 않다. 느릅나무 꽃은 3월에 피고 열매는 4월에 맺는다. 꽃은 암술과 수술이 함께 있는 양성화이나 꽃의 형태가 단순화되어 있으며 바람에 의해 수분이 되는 풍매화다. 느릅나무는 늦봄에 잎보다 열매에 날개 달린 깍지가 먼저 생긴다. 나무의 쓰임새가 좋아 벼슬이 5두품 이상의 고관이 아니면 느릅나무로 집 짓기를 금할 정도였다.

북유럽 천지창조 신인 오딘(Odin)은 풍요의 땅 미드가르드(Midgard)를 걷다가 우연히 커다란 두 그루의 나무를 발견한다. 물푸레나무로 남자를 만들어 '아스크르(Askr)'라 하고, 느릅나무로 여자를 만들어 '엠블라(Embla)'라고 했다. 느릅나무는 여성을 상징하는 나무다. 느릅나뭇과에 속하는 참느릅나무는 김알지의 금궤가 걸린 신비로운 생태인문학적 상징을 보여준다.

조선 초기에 전국을 유람한 방외 지식인 김시습은 경주 계림에서 출생한 김알지의 후손이다. 계유정난과 세조의 왕위찬탈의 역사적 격변기에 전국을 떠돌던 김시습이 처음으로 정착한 곳이 경주다. 경주는 자신의 조상인 김주원이 원성왕에게 왕위를 빼앗기고 떠나온 고향이기 때문에 오랫동안 터 잡고 살았는지도 모른다. 김시습은 김알지의 신비로운 탄생을 시로 노래한다.

석 씨가 끝나는 때 태자가 없어
하늘 닭이 금궤에다 상서를 내렸네
쪼개 보니 훌륭한 신아(神兒)가 나와서
주기(主器)를 간고(幹蠱)하여 가업이 창성했네

계림에서 만난 나무와 사람들

계림은 산책하기 좋다. 활엽수가 새순을 세상 밖으로 내미는 봄날의 산책은 생명체의 탄생을 목격할 수 있어서 정말 행복하다. 더욱이 보름달이 둥실 떠오르면 계림은 생명 탄생의 신비로운 풍경을 보여준다. 그래서 우리는 호공이 시림에서 광명을 목격했던 밤에 산책하는 기쁨을 마음껏 누렸다. 어둠 속에서 고요하고 평화롭게 잠자던 나무들의 반짝임이 정말 신비롭게 보였다. 달밤에 계림을 산책하면서 우리는 타인을 밝혀주기 위해 얼마나 노력했는지 성찰했다.

계림에는 500년 동안 숲을 지켜온 회화나무가 있다. 늙은 회화나무는 눈부신 청춘의 나이테를 심재(心材)에 새겨 놓았지만 세월과 함께 모두 사라져 버렸다. 인공적으로 만든 심재에 의지해 부름켜로 숨만 쉬는 회화나무를 보면 안타까운 마음이 든다. 그럼에도 늙은 회화나무는 자신을 비관하거나 자살하지 않는다. 생명이 약동하는 봄날에 회화나무는 여전히 새싹을 통해서 생명의 소중함을 감동적으로 보여준다.

자연숲의 기능을 상실한 계림에는 사람의 발길이 끊이지 않는다. 신화적 공간인 계림은 휴식하거나 산책하기에 적당하기 때문이다. 우리는 경주를

월성 주변을 산책하다

방문할 때마다 신성한 계림을 산책하면서 다양한 사람을 만났다. 봄날 계림에서 즐겁게 놀고 있는 유치원 꼬마들 웃음소리가 너무도 생생하다. 장난감이나 놀이기구 없이도 꼬마들은 숲속에서 자신들만의 세계를 창조하고 있었다. 역시 숲은 꼬마들과 더 잘 어울리는지도 모른다.

계림에서 우연히 만난 이스라엘 여성 레이첼이 가장 기억에 남는다. 우리는 레이첼에게 나무를 안고 대화해보라고 권유했다. 그녀는 우리의 요청을 그대로 따라주었다. 아무런 의심도 없이 계림에서 느티나무를 안은 레이첼의 입가에는 즐거운 미소가 가득했다. 그리고 레이첼에게 어떤 느낌이 드는지 물어보았다. 그녀의 대답은 의외로 간단했다. 느티나무를 안았을 때 기분이 좋다고 말해주었다. 계림은 외국인과도 소통할 수 있는 신비로운 매력이 있는 신화적 현장이다.

부름켜로 살아가는 회화나무의 생명력

꼬마들의 재잘거림을 품은 계림

레이첼, 느티나무를 안고 대화하다

느티나무와 팽나무의 사랑

내물왕릉의 소나무

인간의 간섭으로 김알지가 탄생한 신비로운 숲이 훼손되고 있다. 속이 썩은 왕버들 사이에서 허리가 굽은 노박덩굴과의 참빗살나무는 지지대에 의지해 봄 생명을 지피고 있다. 늙은 참빗살나무의 가녀린 생명이 감동적이다. 참빗살나무는 모든 에너지를 연초록 새싹으로 몰아준다. 자신의 몸에서 새로운 생명체를 탄생시킨 참빗살나무의 감동을 오랫동안 바라보며 발걸음을 움직이지 못했다.

생명체의 탄생과 죽음이 반복되는 계림에는 나무들도 거침없이 사랑을 나눈다. 계림의 모퉁이에서 느티나무와 팽나무가 격렬하게 포옹하는 모습을 보자면 저절로 웃음이 나온다. 사랑한다면 느티나무와 팽나무처럼 꼭 안아주어야 한다. 그래도 너무 가까이 가면 서로에게 상처를 줄 수 있기 때문에 적절한 거리를 두고 사랑한다면 더 좋을지도 모른다. 생명이 다할 때까지 느티나무와 팽나무가 몸을 맞대고 행복하게 살아가는 모습을 기대해 본다.

계림 중앙을 흘러가는 천주천을 건너면 내물왕릉이 자리한다. 신라의 김씨 왕조를 확립한 인물이 바로 내물왕이다. 향교와 마주한 내물왕릉 주변에는 계림의 숲과 달리 솔숲이다. 소나무가 내물왕릉을 수호하고 있기 때문이다. 소나무, 단풍나무, 배롱나무 아래서 내물왕릉을 바라보면 다양한 왕릉의 풍경을 감상할 수 있다. 개울 근처에는 콩과의 광대싸리가 제법 굵은 허리둘레를 보여준다. 나무와 숲의 생태를 살펴보면서 계림을 산책하면 진정한 마음의 위안을 얻을 수 있다.

4. 첨성대, 달 속의 계수나무를 보다

첨성대 입구를 들어서면 목련나무, 은목서, 배롱나무, 모과나무 등이 살고 있다. 이 나무들을 따라 높이 9.17미터 첨성대(국보 제31호)로 시선이 옮아간다. 목련나무는 네 갈래로 가지퍼짐을 보여준다. 봄날 하얀 목련꽃이 활짝 피어날 때 첨성대를 바라보면 환상적 풍경이 연출된다. 더욱이 하늘에 보름달이 둥실 떠있으면 숨이 막히도록 아름다울 것이다. 하얀 목련 꽃과 화강암으로 쌓은 첨성대가 달빛 아래서 무언의 대화를 나눌 것만 같다.

달 속에 사는 계수나무, 은목서

회화나무 사이로 본 첨성대

은목서는 둥근 모양으로 자신의 내면을 숨기고 살아간다. 그래서 자세히 관찰하지 않으면 은목서의 존재를 알아채기 어렵다. 늦가을에 하얀 꽃을 피워내는 은목서를 계수나무로 부르기도 한다. 첨성대에서 보름달을 관측하면 달속의 계수나무가 보일지도 모른다. 모과나무는 다섯 갈래로 가지펴짐을 보여준다. 목련이 지고나면 모과나무가 분홍색 꽃으로 첨성대를 수놓는다. 여름날 검붉은 배롱나무 꽃이 피어나면 첨성대가 붉은 빛으로 감도는 멋진 풍경을 볼 수 있다.

첨성대를 보면서 왼쪽 나무를 따라가면 다양한 풍경을 만나게 된다. 소나무 사이로 보이는 첨성대는 당당하다. 한여름 배롱나무의 진한 백일홍 사이로 첨성대를 보면 색다른 풍경을 선사한다. 출입구와 반대 방향에 자리한 회화나무 그늘에서 본 첨성대는 또 다른 매력이 넘친다. 아름드리 회화나무 주변에는 젊은 제비들이 자유롭게 비행한다. 아마도 벌레를 잡아먹기 위해 제비들이 잔치를 벌이는 듯 하다. 오랜만에 제비들의 먹이 활동이 정말 반가웠다. 자연의 섭리인데도 제비의 비행이 반가운 것은 우리네 삶에서 제비를 보기가 쉽지 않기 때문이다. 이렇게 목련, 모과나무, 배롱나무, 소나무, 회화나무 등에서 첨성대를 바라보면 계절마다 색다른 풍경을 감상할 수 있다.

첨성대에서 별 볼일이 있었을까?

선덕여왕 때의 첨성대는 어떤 모습이었을까. 밤하늘의 별을 관찰하던 첨성대를 떠올려볼 필요가 있다. '첨성대 주변의 불을 모두 끈다면 선덕여왕 때의 밤풍경을 조금이라도 느낄 수 있을 텐데', 이런 상상만 해도 가슴이 설렌다. 하지만 최근 첨성대를 비롯한 월성 주변에는 야간 조명을 설치하여 관광객을 유인하고 있다. 이런 상태에서는 밤하늘의 별을 관찰했던 첨성대의 본래 기능을 상실할 수밖에 없다.

고대사회든 지금이든 별을 관측하는 일은 인간이 천체의 움직임을 통해 자신들의 행위를 결정하기 위한 것이다. 신라시대는 지금보다 별의 움직임에 따라 인간의 운명도 달라질 수 있다고 믿었던 터라 첨성대의 비중이 지금보다 훨씬 높지 않았을까 생각한다. 이제는 첨성대에서 별을 관측할 기회는 없지만 첨성대를 둘러싼 자연생태는 우리가 소중하게 기억해야 할 문화재다. 어쩌면 첨성대의 다양한 나무가 대낮에 볼 수 있는 생생한 별인지도 모른다.

첨성대에도 가끔 나무이름표가 보인다. 나무이름표가 달려 있어서 얼마나 반가웠는지 모른다. 그렇지만 나무이름표가 듬성듬성 달려 있어서 아쉽다. 나무이름표가 좀 더 촘촘하게 달려 있으면 방문객들이 첨성대를 산책하면서 만나는 나무의 생태 이해에 도움이 될 것이다.

첨성대를 나와서 화장실로 가면 감나무를 지나 살구나무와 잣나무를 만

첨성대에서 달을 보다

날 수 있다. 아름드리 살구나무는 노란 살구를 주렁주렁 매달고 여름을 맞이한다. 발걸음을 문호사로 옮기면 왼쪽에 〈관란이선생정효각〉과 〈관란이선생창의비〉가 자리한다. 그 곁의 인왕동 고분에 소나무가 우산처럼 그늘을 만들어준다. 문호사 안에는 음나무가 담장 밖의 풍경이 그리웠는지 고개를 우쭐하게 내밀며 살아간다.

문호사 고분의 소나무

5. 비가 오면 경주국립박물관으로 가라

경주국립박물관 주차장은 굉장히 넓다. 공간이 넓다는 것은 그만큼 박물관을 찾는 사람이 많다는 뜻이다. 주차장에는 호랑가시나무, 배롱나무, 칠엽수, 느티나무, 산수유 등이 화려한 봄날을 즐기고 있다. 박물관 울타리로 사용되는 사철나무와 측백나무 사이에 붉은색 전화 부스가 눈길을 사로잡는다. 수화기를 들고 그리운 사람에게 전화를 걸면 신라사람들이 받을 것만 같다. 신라인과 통화한다면 무슨 말부터 해야 할까.

이런 상상을 하면서 거대한 탑을 닮은 박물관으로 천천히 걸어간다. 신라유물을 전시하고 있는 박물관으로 곧장 들어가는 것은 좋지 않다. 박물관 입구에는 왕벚나무 일곱 그루가 꽃망울을 터뜨리고 있기 때문이다. 그 사이를 산책하면서 박물관 대문을 통과하면 색다른 세상이 펼쳐진다. 대문에는 노각나무 세 그루가 자라고 상점 뒤에는 오죽이 무리지어 살아간다. 왼쪽 언덕에는 해송이 3층 석탑을 보호하고 있다. 박물관 정원은 경주에 흩어진 유물과 나무를 함께 감상할 수 있어서 산책하기에 안성맞춤이다.

박물관 정원의 문화유산과 나무들

성덕대왕신종은 수많은 방문객의 시선을 사로잡는다. 성덕대왕신종은 신라 8세기 예술의 총화가 집약된 악기다. 성덕대왕신종은 처음 봉덕사에 걸었지만 우여곡절을 거친 후 박물관 정원에 자리잡았다. 아름답고 웅장한 성덕대왕신종을 박물관 정원에 매달아 놓았기 때문에 방문객의 발길을 붙잡을 수밖에 없다.

깨달음의 종소리를 들려주는 성덕대왕신종

종에 새겨진 비천상을 감상하고 있을 때 성덕대왕신종이 잔잔하게 울려 퍼진다. 발걸음을 멈추고 가만히 종소리에 귀를 쫑긋 세워보았다. "에밀레, 에밀레"하는 종소리가 들리는 것 같다. 종소리가 얼마나 신비로웠으면 아기를 넣어서 종을 완성했다는 전설이 지금까지도 전해진다. 박물관 정원을 산책하면 신비로운 성덕대왕신종의 소리를 감상하는 행운을 만끽할 수 있다. 성덕대왕신종은 속도경쟁에 내몰린 욕심을 버리게 하는 깨달음의 소리다.

박물관 전시관으로 올라가는 2층 계단에 아름드리 느티나무가 연한 잎과 함께 꽃을 피워낸다. 서쪽 계단에는 은행나무 두 그루가 앙상한 모습으로 서 있다. 그 반대편에는 단풍나무가 줄지어 조그마한 꽃을 피워내기에 바쁘다. 월지관 곁에 붉은 피부를 자랑하는 주목이 살고 있다. 남쪽 계단에는 아름드리 팽나무 세 그루가 고풍스런 모습을 보여준다. 이렇게 박물관 출입구에 나무가 살고 있지만 아무도 눈여겨보지 않는다. 신라의 유물을 보

박물관 입구의 아름드리 느티나무

고싶은 마음에 서둘러 지나쳤기 때문이다.

경주의 문화유산을 제대로 이해하려면 박물관을 찾아야 한다. 박물관은 신라의 유물과 유적이 체계적으로 정리되어 있기 때문이다. 더욱이 박물관은 날씨가 춥거나 비가 내릴 때 방문하면 너무도 편안하다. 찬바람이 옷깃을 파고들 때 박물관은 따스한 온기를 전해준다. 바람이 불고 비가 내리면 박물관은 더욱 아늑해서 좋다. 경주 답사로 지친 몸을 재충전하려고 가끔 박물관을 찾았다. 박물관은 무더위를 식혀주고 찬바람까지 막아주어 체력을 회복하는 데 안성맞춤이다.

모퉁이 카페 주변에는 매화나무 꽃이 지고 살구나무가 꽃망울을 활짝 펼치고 있다. 그 곁에 산수유와 잣나무도 가족처럼 함께 자란다. 석조유물이 전시된 공간에는 아름드리 소나무가 네 갈래로 가지퍼짐을 보여준다. 그 모양이 쟁반을 닮았기 때문에 반송이라 부른다. 따가운 햇살이 비칠 때 시원한 반송 아래에 마련된 의자에 앉아서 책을 읽는 여인이 너무도 아름답다.

고선사지 3층 석탑에서 밤나무를 보고싶다

고선사지 3층 석탑은 덕동댐 건설로 수몰될 것 같아 박물관 정원으로 옮겨 전시하고 있다. 그 주변에는 은행나무, 소나무, 느티나무 등이 제자리를 떠난 탑을 애처롭게 지켜보는 듯하다. 유물은 제자리에 있을 때 가장 아름다운 빛이 나기 때문이다. 고선사지는 원효가 머물렀던 인연으로 유명하다. 원효의 어릴 적 이름은 서당(誓幢) 또는 신당(新幢)이다. 진평왕 39년(617) 모친이 하늘에서 별이 떨어져 자기 품속으로 들어오는 꿈을 꾸었다. 원효를 낳을 때는 오색구름이 땅을 덮었다고 한다.

밤나무는 참나뭇과에 속하는 낙엽교목으로 키가 15~20미터까지 자란다.

수몰 지역에서 박물관으로 옮긴 고선사지 3층 석탑

수피는 세로로 갈라지고 잎은 긴 달걀 모양으로 어긋난다. 밤나무는 주로 열매를 취하기 위해 널리 심는다. 조상의 근본을 잊지 않는 나무로 여겨 밤을 제상(祭床)에 올린다. 밤을 땅에 뿌리면 밤에서 싹이 나와 자랄 때까지 밤 껍질이 어린나무 뿌리에 붙어있기 때문이다. 그래서 주변에 밤나무를 심으면 원효의 숨결을 조금이나마 느낄 수 있을 것이다.

석탑 주변에 구상나무가 앙상하게 살고 있다. 한국 특산식물인 구상나무는 기후변화로 인해 제대로 성장하지 못하여 겨우 숨만 쉬면서 도움의 손길을 기다린다. 해발고도가 높은 서식지를 좋아하는 구상나무는 평지에서 힘겹게 살아갈 수밖에 없다. 그래서 나무를 심을 때 구상나무가 살아갈 수 있는 환경을 고려하는 지혜가 필요한지도 모른다. 특별전시관에는 모과나무, 산수유, 백목련 등이 살고 있다.

박물관을 상징하는 나무는 느티나무와 팽나무다. 팽나무와 느티나무는 박물관 남·북쪽 출입구에 아름드리로 살아간다. 이 나무들은 박물관 개관을 기념하여 심은 것으로 보인다. 더욱이 이들 나무는 박물관을 드나들었던 수많은 사람을 하나도 빼놓지 않고 지켜본 살아있는 생명체다. 박물관 유물에 이끌려서 급하게 출입하면 살아있는 생명체인 느티나무와 팽나무를 보지 못하게 된다. 우리네 삶의 속도를 조금만 늦추면 박물관 정원에 뿌리내린 다양한 나무의 생태를 관찰하는 행복도 누릴 수 있을 것이다.

제2장.
도심의 왕릉을 산책하다

1. 대릉원, 삶과 죽음을 성찰하는 공간

경주 황남동에 자리한 대릉원(大陵園)에는 신라왕과 왕비로 추정되는 20여 기의 능이 옹기종기 모여 있다. 대릉원에는 댓잎군사로 적을 막아낸 미추왕릉, 왕릉을 발굴하여 내부를 그대로 전시하고 있는 천마총, 쌍분으로 조성된 황남대총 등이 유명하다. 신라왕과 왕비가 잠들어 있는 대릉원은 도심에 정원처럼 조성되어 있어서 방문객이 산책하기에 안성맞춤이다. 도심에 자리한 대릉원은 삶과 죽음이 무엇인지 성찰할 수 있는 열린 공간이다.

대릉원을 지키는 아름드리 해송

대릉원에는 무덤 사이로 다양한 나무가 살고 있다. 대릉원 입구에 들어서면 커다란 무덤이 보이지 않을 정도로 아름드리 해송이 방문객의 시선을 막아선다. 피부가 검은 해송 사이로 세찬 바람이 '쏴아'하고 지나가면 마음이 청결해지는 듯하다. 대릉원을 방문할 때마다 해송의 서늘한 바람소리는 왕릉을 참배하는 의식처럼 생각되었다. 해송이 대릉원에 풍부한 까닭은 숭혜전 참봉들이 1960년대 비보림으로 심었기 때문이다. 이러한 신라 왕릉 사이로 산책하는 것이 나를 성찰하는 행복한 시간인지도 모른다.

아름드리 해송 숲을 지나면 키 작은 단풍나무가 발길을 무덤으로 인도한다. 단풍나무가 햇빛을 가려주어 여름에도 시원하게 산책할 수 있다. 단풍나무숲길을 따라 걸어가면 아름드리 느티나무가 발길을 멈추게 한다. 느티나무는 삶과 죽음의 경계에 자리한 심판의 나무처럼 우람해 보인다. 바쁜

대릉원의 목련나무

현대인들이 느티나무 그늘에 들어서는 순간, 느림의 미학을 깨닫는다. 심지어 사진을 찍다말고 느티나무 아래서 잠시 휴식하는 사람도 많다. 느티나무는 신라 왕릉을 오랫동안 지켜본 가장 큰 어른이다. 가지를 넓게 펼친 느티나무 그늘에 앉아서 하늘을 올려다보면 삶과 죽음이 동전의 양면이라는 생각이 든다.

대나무, 미추왕의 충심을 보여주다

미추왕릉으로 가는 길은 '신화의 공간'이다. 『삼국유사』는 미추왕과 죽엽군(竹葉軍)의 활약 덕분에 신라를 방어하는 이야기를 전한다. 신라 제14대 유리왕 시절에 이서국이 침공하여 신라군이 방어했으나 오래도록 저항하지 못했다. 당시 댓잎을 귀에 꽂은 신병이 신라군과 협력하여 이서국 군사를 격파한 것이다. 그런데 적이 물러간 뒤에는 모두 어디로 갔는지 보이지 않았다. 다만, 댓잎이 미추왕릉 앞에 쌓여 있었다고 한다. 그래서 미추왕릉을 '죽현릉'이라 부른다.

미추왕릉 뒤편에는 껍질이 검은 볏과의 오죽(烏竹)이 자라고 있다. 사계절 푸른 댓잎과 검은 피부를 가진 오죽은 신라를 지킨 미추왕의 충심을 보여준다. 벼과에 속하는 대나무는 아열대, 열대, 온대지방까지 분포한다. 우리나라에서는 신라시대 이전부터 대나무를 심었던 것으로 추정된다. 매화, 난초, 국화 등과 함께 사군자로 활용된 대나무는 사철 푸르고 곧게 자라는 특성 때문에 지조와 절개의 상징으로 인식되었다. 대나무는 나이테가 없고 비대생장을 하지 않는다. 대나무 줄기는 가운데가 비어서 휘어질 수는 있지만 부러지지는 않는다. 이러한 대나무의 생태적 특성에서 미추왕과 죽엽군의 문화적 상징이 기인한 것으로 생각된다.

미추왕릉 뒤쪽에 자라던 오죽에 꽃이 폈다. 오죽에 꽃이 핀 것은 처음 보

미추왕릉 뒤편에서 꽃이 핀 오죽을 보다

았다. 대나무는 80년에서 100년에 한 번 꽃을 피운다. 대나무에 꽃이 피면 모든 에너지가 꽃과 열매로 전달되기 때문에 줄기는 말라 죽는다. 그런데 땅 속의 뿌리는 그대로 살아 있어서 새로운 생명을 지피게 된다. 대나무가 신비로운 힘을 가진 것은 이러한 대나무의 생태에서 연유하는지도 모른다. 오죽 주변의 소나무에 단풍나무가 뿌리를 내리고 살아가는 이색적인 풍경도 눈길을 끈다.

미추왕릉 안에는 아름드리 벚나무가 자란다. 벚나무는 미추왕의 외로움을 달래주고 있는지도 모른다. 벚꽃이 만개했을 때 미추왕릉을 방문하면

화려한 벚꽃이 피어난 미추왕릉

삶과 죽음의 경계가 무너지는 색다른 경험을 할 수 있다. 봄날 벚나무와 벗이 되어 살아가는 미추왕릉은 대나무의 기상을 품은 외유내강의 정신을 보여준다. 그리고 미추왕릉 담장을 넘어서면 굴참나무가 아름드리로 자란다. 굴참나무는 상수리나무와 달리 나뭇잎의 앞면과 뒷면의 색깔이 다르다. 피부에 코르크가 발달한 굴참나무는 갑옷을 입은 장군이 미추왕릉을 지키고 있는 것 같다.

천마총에는 자작나무가 살고 있을까?

천마총은 대릉원 깊숙한 곳에 있다. 미추왕릉에서 천마총 가는 길에 아름드리 자귀나무가 자란다. 자귀나무 잎이 기온에 따라 달라지는 것은 그만큼 예민하기 때문이다. 사람들은 이런 예민한 자귀나무 잎에서 사랑을 확

자귀나무의 꽃과 잎

인한다. 그래서 밤에 잎을 맞대는 자귀나무를 뜰에 심어 부부의 금슬을 키웠다. 천마총에서 사랑하는 사람과 자귀나무를 찾아보는 색다른 즐거움을 마음껏 누려보았다. 그런데 예전에 보았던 자귀나무가 보이지 않는다. 자귀나무가 고사한 자리에는 가녀린 초록색 새순이 예전의 추억을 전해주고 있어서 정말 아쉬울 따름이다.

천마총은 신라 고분의 특징인 돌무지덧널무덤의 내부를 공개하고 있다. 천마총을 발굴하게 된 이야기는 아주 흥미롭다. 경주시에서는 황남동 제98호 고분의 내부를 공개하여 관광자원으로 활용하려는 계획을 수립했다고 한다. 1973년 문화재관리국에서는 한국 최대형 고분(제98호)을 발굴하기 위해 소형 고분을 발굴하여 경험과 정보를 얻기로 했다. 그래서 당시에는 비교적 소형이라 생각했던 제155호분을 먼저 발굴하기로 결정한다.

소형이라 생각했던 제155호분은 당시까지 발굴된 고분 가운데 규모가 가장 크고 거의 완형에 가까운 첫 고분이었다. 고분에서 하늘을 나는 천마도가 출토되어 세상을 깜짝 놀라게 했다. 천마총은 자작나무 껍질에 채색한 천마를 그린 말다래가 발견되었기 때문에 붙여진 이름이다. 학계에서는 6세기에 조성된 천마총이 신라 제22대 지증왕릉으로 추정하고 있다. 천마총에서 출토된 수많은 유물 중에서 핵심은 역시 천마도다. 천마도는 박혁거세 신화에 등장하는 백마와 관련되어 있기 때문이다.

천마도의 재료는 자작나뭇과의 갈잎 키가 큰 자작나무다. 천마총 내부 전시실에는 말 양쪽 배에 가리는 가리개로 사용한 말다래를 전시하고 있다. 자작나무 껍질을 여러 겹으로 겹쳐서 누빈 위에 그린, 하늘을 나는 천마도는 신라 미술을 이해하는 데 매우 귀중한 문화재다. 천마총에서는 천마도 외에도 자작나무 껍질을 엮어서 고깔 형태로 만든 백화수피제 관모도 발굴되었다. 자작나무 껍질을 활용한 말다래와 관모는 북방 문화와의 교류를 보여준다.

자작나무의 피부는 흰색이다. 자작나무 껍질은 매끄럽고 잘 벗겨지므로 종이를 대신하여 그림을 그리는 데 유용하게 쓰였다. 나무의 껍질은 기름기가 많아 불을 붙이면 잘 붙고 오래가는데, 탈 때 나는 '자작자작' 소리에서 자작나무란 이름을 붙였다. 결혼식에 불을 켤 수 있는 나무란 뜻으로 '화혼(華婚)'과 '화촉을 밝힌다'라는 말도 자작나무 껍질에서 나온 말이다. 자작나무의 영어 이름인 버취(Birch)의 어원은 '글을 쓰는 나무 껍데기'란 뜻이다. 이 때문에 천마도에 사용된 자작나무를 좀 더 정확하게 조사해야 한다.

자작나무는 백두산이나 시베리아 및 유럽 북부의 추운 지방에서 자생하지만 이제는 남쪽에서도 쉽게 만날 수 있다. 그럼에도 전시실과 천마총 주위는 물론 대릉원 어디에도 자작나무를 볼 수 없다. 학계에서는 '천마'가 아니라 '기린'이라는 주장도 있지만, 그림의 동물이 천마든 기린이든 자작나무로 만들어진 것은 분명하다. 이 때문에 대릉원 천마총 앞에는 반드시 자작나무를 심어야 한다. 자작나무가 천마총에 살고 있으면 천마도와의 생태문화적 연관성을 쉽게 이해할 수 있기 때문이다. 그런데 아직까지 천마총

천마총의 단풍나무

앞에는 자작나무가 없어서 허전하다.

천마총 왼쪽 담장에는 왕버들, 능수버들, 산초나무, 회잎나무, 팽나무가 자란다. 황남대총 담장과 길 건너 신라대종 사이에 아름드리 세 갈래로 가지를 펼친 꽃아그배나무가 있다. 그 곁에 향나무도 조용히 자란다. 황남대총을 돌아서 걸어가면 목련과 단풍을 배경으로 사진 찍는 명소가 나온다. 하얀 목련꽃이 피어나면 무덤을 배경으로 사진을 찍는 사람들의 표정이 너무도 밝다.

2. 숭혜전, 은행나무 암수가 대화하다

대릉원 담장을 사이에 두고 도심재생을 통한 황리단길이 조성되었다. 젊은이들이 좋아하는 황리단길에는 식당, 카페, 술집, 미술관, 서점 등 다양한 가게들이 영업중이다. 이런 황리단길에 경주 김씨의 시조를 모신 계림세묘와 숭혜전도 자리한다. 숭혜전 주변에는 최근에 공원을 조성해 놓았다. 공

숭혜전의 은행나무

원에는 젊은 느티나무와 전나무 두 그루가 그늘을 만들어준다.

숭혜전은 제13대 미추왕, 제30대 문무왕, 제54대 경순왕 등의 위패를 모신 사당이다. 숭혜문에는 둥근 향나무가 사당으로 인도한다. 그 곁에 금목서와 아름드리 은행나무가 대문을 당당하게 지키고 있다. 담장 안에는 반송, 은행나무, 향나무, 매실나무 등이 담장을 따라 자란다. 그중에서도 젊은 은행나무가 하늘 높이 가지퍼짐을 보여준다. 이들 은행나무는 담장을 사이에 두고 암수의 조화를 보여준다. 수꽃이 떨어진 수령 200년 은행나무가 남성적인 모습을 보인다면 담장 안의 수령 100년 은행나무는 여성적 모습을

계림세묘의 느티나무

보여준다. 담장 사이의 은행나무 암수는 생명을 이어가는 관계로 살아간다.

숭혜문을 들어서면 숭혜전 좌우에 영육재와 경모재가 있다. 경모재 앞에는 밤에 제사를 모실 때 불을 밝혔던 석물도 오랜 세월을 말해준다. 돌기둥 위에 물이 고여 있어서 사무국장님에게 물어보았더니 항상 물을 채워놓는다고 한다. 그 까닭은 새가 물을 먹으러 날아오기 때문이다. 목마른 새에게 맑은 생명수를 제공하는 숭혜전 사무국장님의 생태의식이 놀라울 따름이다.

사당을 에워싼 담장에는 동백나무, 자산홍, 석류나무, 배롱나무 등이 자란다. 경모재 뒤란에는 개비자나무, 개암나무, 단풍나무, 자두나무 등과 같이 비교적 키 작은 나무들이 터를 잡았다. 여름의 햇볕을 받은 자두나무에는 검붉은 자두가 주렁주렁 달려있다. 자두를 보니 갑자기 입안에 생침이 고인다. 경모재 마루에 앉아서 방금 따온 자두를 먹어보았다. 싱그럽고 달콤한 자두를 먹으면서 숭혜전을 천천히 산책한다. 영육재 뒤란에는 땅에서 여러 갈래로 가지퍼짐을 보여주는 모과나무가 살고 있다.

숭혜문을 나오면 앞에 〈경순왕신도비〉가 있다. 그곳에서 조금만 걸어가면 계림세묘가 자리한다. 계림에서 탄생한 김알지의 위패를 모신 사당이다. 입구에 '추원보본지문' 편액이 걸려있다. 왼쪽은 모감주나무, 배롱나무, 오른쪽은 반송, 오동나무가 심겨져 있다. 사당에는 젊은 팽나무가 싱싱하게 자라고 사당 담장에는 400년 느티나무가 수술한 흔적을 품고 살아간다. 계림에서 탄생한 김알지의 사당에 느릅나무 자녀인 느티나무와 팽나무가 살고 있어서 반가웠다.

3. 봉황대에 봉황을 부르는 오동나무를 심다

경주는 세계적 유래가 드문 무덤의 도시다. 경주를 처음 방문한 사람들은 크고 작은 봉분을 보고 놀란다고 한다. 경주 도심과 산기슭에는 아름다운 고분군들이 즐비하기 때문이다. 어쩌면 천년고도 신라의 오랜 역사와 문화는 무덤 속에 갈무리되어 있는지도 모른다. 그중에서도 복잡한 도심에 자리한 노동동과 노서동의 고분군은 생태적으로 유난히 눈길을 끈다. 주민들의 삶과 맞닿은 커다란 봉분은 계절마다 색다른 모습을 보여준다. 이 때문에 주민들은 고분군과 매우 친숙한 편이다.

복잡한 도심에 자리한 노동동과 노서동의 고분군은 색다른 감동으로 다가온다. 대릉원과 인접한 북서쪽 길을 사이에 두고 노동동과 노서동의 고분군이 자리한다. 노동동에는 봉황대, 식리총, 금령총 등 3기의 고분이 있다. 노서동에는 호우총, 서봉총, 금관총, 은령총, 옥포총, 마총, 쌍상총 등과 같이 여러 기의 고분이 분포한다. 신라 왕실의 무덤인 노동동과 노서동의 고분군은 도로가 나기 전에는 하나로 연결되어 있었다고 한다. 이러한 고분군 사이를 천천히 걸으면서 봉분 사이로 보이는 나무의 생태를 감상하는 것도 색다른 즐거움이다.

오동나무에서 봉황을 만나고 싶다

봉황대는 봉분의 규모로 보아 왕실의 무덤으로 추정된다. 식리총과 금령총은 일제강점기에 발굴되었기 때문에 무덤의 밑 부분만 남아 있다. 그중에서도 가장 큰 무덤은 봉황대다. 봉황대는 고려 왕건과 관련된 전설에서

봉황을 기다리는 오동나무

유래했다는 설과 경주성의 모양에서 유래했다는 설이 존재한다. 이들 지명 유래전설은 경주의 지형을 풍수지리설에 입각하여 설명하고 있다는 점에서 동일하다.

도선의 풍수지리설을 활용한 왕건은 배 모양을 닮은 경주를 침몰시키기 위해 봉황형이라고 거짓말을 한다. 그래서 봉황이 날아가지 않도록 봉황의 알을 만들어 어미의 애착을 갖도록 유도했다. 신라 멸망을 재촉하기 위해 왕건이 사용한 계략으로 생겨난 봉황 알이 지금의 봉황대라고 한다. 이러한 봉황대 지명유래전설은 신라에 호의적인 고려 왕건의 속셈을 간파하고 있다. 신라를 지원한 왕건의 속내는 경주의 패망을 재촉한 것이다. 봉황대 지명유래전설을 통해 지역민들은 고려 왕건의 계략과 신라의 패망을 담아내고 있다.

또 다른 지명유래전설은 봉황대 무덤에 올라가 보면 경주성의 모양이 봉황새 같이 생겼는데, 봉분에서 '봉황새 지형을 닮은 경주성을 내려다보는

봉황대에서 본 경주의 야경

대'라는 뜻에서 봉황대가 유래했다. 그래서 봉황대에 봉황을 부르는 오동나무를 심어놓고 있어서 매우 흥미롭다. 동양적 상상력이 만들어낸 신비로운 새, 봉황은 오동나무에 내려앉아 대나무의 열매를 먹는다. 이 때문에 봉황대와 오동나무는 절묘한 조화를 보여준다. 봉황대의 오동나무는 상스러운 봉황을 하염없이 기다린다. 오동나무에 봉황이 앉으면 경주는 세계적으로 유명한 생태문화도시로 부상할 것이다.

느티나무와 팽나무, 봉황대를 둘러싸다

봉황대에는 느티나무 여섯 그루와 팽나무 두 그루가 살고 있다. 봉분에 나무가 자라는 것은 봉황대가 유일하다. 아름드리 느티나무와 팽나무는 봉황대를 더욱 신비롭게 만들어 준다. 특히 보름달이 휘영청 밝은 날, 봉황대

봉황대에 살고 있는 느티나무

사이를 산책하는 기분은 천 년의 세월을 거슬러가는 황홀함 그 자체다. 달빛 아래 절묘한 봉분의 곡선미와 사계절 옷을 갈아입는 나무가 만들어내는 신비로운 조화는 봉황대의 백미다. 봉황대는 자연과 인간이 만들어낸 가장 아름다운 무덤의 미학을 유감없이 보여준다. 세상에 그 어떤 무덤이 이렇게 아름다울 수 있을까?

예전에 찍은 봉황대 사진을 보면 봉분 주변에 기와집, 판잣집, 초가집 등이 올망졸망 어깨를 나란히 잇대어 촌락을 형성하고 있다. 나무가 우거진 봉황대에는 마을 주민들이 수없이 봉분을 오르내렸던 오솔길이 뚜렷하다. 아마도 주민들은 커다란 느티나무와 팽나무가 자라는 봉황대를 무덤이라고 생각하지 않고 작은 뒷동산이라 생각한 것 같다. 봉황대는 밑바닥 둘레 250미터, 밑바닥 지름이 82미터, 높이가 22미터로 보통 무덤과 크기에서도 확연한 차이를 보여준다. 그래서 주민들은 신라 왕실의 무덤이라 생각하기 어려웠는지도 모른다.

봉황대 표지석이 있는 중턱에 느티나무가 우뚝 서 있다. 봉분에 뿌리를 내린 아름드리 느티나무는 봉황대를 둘러싸고 무성하게 자란다. 그런데 하필이면 느티나무가 봉분의 중턱에 살고 있는지 궁금하지 않을 수 없다. 무덤에 풀이라도 자라면 벌초하는 게 우리네 풍습인 점을 감안하면 정말 독특하다. 봉황대에 느티나무가 아름드리로 자랄 수 있도록 배려한 안목에 그저 감탄할 뿐이다. 그 덕분에 느티나무는 해마다 무덤의 주인과 끊임없이 대화할 수 있게 되었다. 느티나무는 어둠속의 무덤 주인이 세상과 소통할 수 있는 통로인지도 모른다. 봉황대에서 사계절 옷을 갈아입는 느티나무를 통해서 무덤 주인의 외로운 심정을 이해할 수도 있다.

봉황대 표지석 반대편에는 허리를 뒤로 굽힌 느티나무가 신비로움을 더해준다. 봉황대에는 곧은 느티나무와 달리 봉분의 중턱에 허리를 뒤로 젖힌 느티나무도 힘겹게 살아간다. 그런데 오른쪽에는 단단한 근육질 몸매를 자랑하는 팽나무 두 그루가 우직하게 서 있다. 멀리서 보면 느티나무와 구분하기 어렵지만 가까이 다가서면 팽나무의 가지퍼짐을 단박에 알아차린다. 팽나무는 울퉁불퉁한 피부와 씩씩한 기상을 가졌기 때문에 무덤을 지키는 무장을 닮았다.

금령총은 봉황대 남쪽에 있는데 밑지름 18미터로 비교적 작은 무덤이다. 1924년 일본인 우메하라가 발굴한 결과, 장방형의 구덩이를 파고 바닥에 돌과 자갈을 깐 돌무지덧널 형태의 무덤 양식이 드러났다. 금령총에서는 금관, 금방울, 기마인물형 토기 두 점이 출토되었다. 특히 기마인물형 토기는 당시 뛰어난 공예기술의 솜씨를 마음껏 보여준다. 금령총은 신라 황금문화의 전성기인 마립간시대의 후대에 조성된 것으로 추측된다.

식리총은 직경 30미터, 높이 6미터 정도로 추정되는 고분이다. 5세기 신라 귀족의 무덤으로 추정되는 식리총에서 장식 문양의 신발이 출토되었기 때문에 식리총이라 부른다. 금동신에는 거북등 모양의 테두리에 중국의 영향을 받은 각종 동물을 새겨놓았다. 더욱이 유리그릇과 청동제기처럼 신라와 서역의 대외교류를 보여주는 유물도 출토되었다. 식리총의 봉분 위쪽은 발굴로 인하여 사라지고 봉분의 아래쪽 일부만 그 형태를 유지하고 있다. 그래서 식리총 남쪽에서 느티나무와 팽나무가 자라는 봉황대를 보면 마치 신에게 제사를 지내는 제단 같은 느낌이 든다.

4. 노서동 고분군에 목련꽃이 피다

봉황대에서 길을 건너면 노서동 고분군이 한눈에 보인다. 노서동 고분군에는 표주박형 봉분과 원형 봉분이 공존하고 있다. 더욱이 고분군 사이에는 느티나무, 팽나무, 수수꽃다리, 목련, 등나무, 감나무 등 수많은 나무가 무덤과 함께 살아간다. 그중에서도 금관총이 가장 유명하다. 최초로 아름다운 금관이 출토되었기 때문에 금관총으로 부른다. 신라 왕실의 무덤은 분명하지만 그 주인을 확인할 만한 내용이 없어서 그렇게 이름 지었다.

금관총에는 아름드리 느티나무가 무덤 주인의 부장품을 모두 빼앗긴 채 외롭게 서 있다. 발굴하기 전까지는 금관총의 주인과 오랜 친구처럼 지냈지만 이제는 봉분이 사라진 아픔을 온몸으로 지켜보고 있을 뿐이다. 더 이상 무덤 주인과 소통할 수 없는 느티나무의 신세가 가련하기도 하다. 그래도 팽나무는 사계절 우직하게 잎과 꽃을 피우면서 금관총 발굴현장을 지키고 있다. 삶과 죽음의 경계선이기도 한 금관총 앞쪽에는 수수꽃다리가 봄날의 환상적인 꽃을 피워낸다.

고분군의 감나무

고분군에 핀 백목련

봄날 수수꽃다리의 진한 향기를 맡으며 표주박형 봉분으로 천천히 걸어간다. 표주박형 봉분은 마치 활을 수평으로 세워둔 모양을 하고 있다. 그 앞에는 조그마한 등나무가 가지를 웅크리고 때를 기다리며 자란다. 그리고 감나무는 무덤 주변에 사람들이 살았던 흔적을 보여준다. 지금은 고분군 주변의 가옥이 철거되었지만 감나무만이 그 옛날의 풍경을 대변하고 있다. 무덤의 주인은 등나무와 감나무를 통해서 세상과 교류하는 통로를 마련한 것이다.

효우총은 해방되고 우리 손으로 처음 발굴했다. 그곳에서 출토된 밥그릇 모양의 청동함 바닥에는 '을묘년 국강상 광개토지 호태왕 호우'라는 글씨가 새겨져 있다. 청동함은 장수왕 3년(415)에 만들어진 제사용 그릇이다. 고구려 유물이 신라 효우총에서 발굴된 것은 광개토대왕이 남진한 흔적을 보여주는 유물인지도 모른다. 400년에 고구려 광개토대왕의 5만 기병이 신라에 침략한 왜와 가야연합군을 물리치는 사건이 발생한다. 아마도 고구려의 청동함은 이러한 역사적 상황을 반영하는 유물이라 생각된다.

도로와 인접한 노서동 고분군의 목련꽃은 보름달보다 하얗다. 보름달이 하늘에 가득한 봄날, 키 큰 목련나무는 흰 꽃송이로 달빛을 받아내고 있다. 가지마다 흰색 전등을 매달고 있는 목련나무는 은은한 달빛과 대화하는 듯하다. 봄날 꽃을 피운 목련나무의 하얀 꽃송이는 고분군의 어둠을 한순간에 몰아내기도 한다. 이렇게 설레는 순간에는 삶과 죽음도 넘어설 뿐만 아니라 무덤을 산책하고 있다는 생각마저 잊어버리게 된다.

스웨덴 황태자가 발굴에 참여한 서봉총

일제강점기 때 발굴한 서봉총은 봉분의 흙이 사라져 본래의 모습을 잃어버렸다. 지금은 봉분의 밑바닥만 약간 높게 만들어 무덤의 형체를 알아볼

서봉총 발굴에 참여한 구스타프 6세(출처: 국민일보)

수 있도록 해놓았다. 그 모습을 위에서 보면 마치 사과의 가운데를 갈라놓은 모습이다. 표주박 형태의 봉분은 남북의 두 무덤을 합쳐 조성한 것이다. 북쪽의 커다란 봉분에는 여성, 남쪽의 작은 봉분에는 남성이 매장되었다고 한다. 이렇게 매장한 것은 남성보다 여성의 신분이 더 높았기 때문으로 추정하고 있다. 신라의 표주박 봉분에는 신분 차이로 인해 무덤의 크기와 매장품의 차이를 보여준다.

일제강점기에 발굴된 고분은 기구한 운명을 겪을 수밖에 없다. 서봉총은 1926년 발굴할 때 스웨덴의 황태자 아돌프 구스타프 6세도 참여했다. 고고학을 전공한 구스타프는 황태자비 루이스 마운트배튼과 함께 신혼여행으로 일본에 체류하고 있었다. 일본은 구스타프를 초청하여 신라 왕릉 발굴에 참여시켜 국제적 위상을 높이려는 속셈도 없지 않았다. 일본의 불순한 목적이 있었다고 해도 구스타프는 고고학 전문가로서 왕릉 발굴을 거부하기 어려웠을 것이다.

처음 조선을 방문한 스웨덴 황태자는 북쪽의 커다란 무덤에서 봉황무늬

장식의 왕관을 발굴한다. 당시 사진에 구스타프 6세가 진지하게 무덤을 발굴하는 모습이 선명하다. 무덤 발굴의 마지막 단계에서 흙속에 묻혀있는 부장품과 왕관이 출토되었다. 그런데 왕관은 남자가 아닌 여자의 무덤에서 발굴되었다. 무덤의 주인과 함께 천 년의 세월을 넘어 출토된 금관을 본 구스타프는 어떤 심정이었을까? 고고학자로서 천 년이 넘도록 무덤에 잠자던 왕관을 발굴하는 설렘과 감동은 생애 최고의 선물이었을 것이다. 이 때문에 스웨덴을 지칭하는 서전(瑞田)의 '서' 자와 금관에 새겨진 봉황의 '봉' 자를 따서 서봉총으로 명명하게 되었다.

무덤의 주인과 부장품마저 잃어버린 서봉총 주변에는 젊은 느티나무가 줄지어 서 있다. 그 나무들 사이에 스웨덴 황태자 구스타프 6세의 발굴 참여를 기념하는 비석을 세워 놓았다. 일제강점기 신라 왕릉 발굴에 참여한 구스타프는 경주와 각별한 인연을 보여주었기 때문이다. 그래서 한국에 부임한 스웨덴 대사는 구스타프가 발굴에 참여한 서봉총을 방문한다고 한다. 서봉총을 둘러본 다음 기념 식수로 느티나무를 심어놓았다. 젊은 느티나무가 아름드리로 성장하듯이 스웨덴과 경주의 지속적인 생태문화적 교류를 기대해본다.

제3장.
남산의 동쪽 자락을 산책하다

경로
① 상서장 ② 윤경렬 생가 ③ 마애여래좌상 ④ 옥룡암 ⑤ 석조여래좌상 ⑥ 경북산림환경연구원
⑦ 화랑교육원 ⑧ 헌강왕릉, 정강왕릉 ⑨ 통일전 ⑩ 서출지 ⑪ 폐사지 ⑫ 칠불암

1. 상서장에는 최치원을 상징하는 조각자나무가 있다

상서장(上書莊)에 도착했을 때 '가는 날이 장날'이라고 했던가. 4월 16일은 고운 최치원 유적보존회에서 향사를 지내는 날이라고 한다. 최치원은 12세(868)에 당나라로 유학을 떠나서 18세 빈공과에 급제한 국제적 인물이다. 헌강왕 11년(885)에 신라로 귀국하여 진성여왕에게 시무 10조 개혁안을 올린 곳이 바로 상서장이다. 주차장에서 계단을 따라 올라가면 상서장이 보인다. 밑에서 바라본 상서장은 계단 때문인지 대단한 위엄과 권위가 느껴진다. 계단 주변에는 아름드리 팽나무와 소나무, 상수리나무, 버즘나무 등이 고운의 학문적 다양성을 전해주는 것 같다.

상서장 왼쪽에는 〈문창후최선생유허비〉가 있다. 그 곁에는 단풍나무, 소나무, 은행나무, 감나무, 산수유나무 등이 자란다. 고운대로 이어진 계단에는 아름드리 상수리나무가 바위와 조화를 보여준다. 고운대 뒤편에는 서어나무의 피부를 닮은 갈참나무가 화려한 가지펴짐을 자랑한다. 멀리서 보았을 때 서어나무로 보였지만 나뭇잎과 꽃을 관찰한 결과 갈참나무인 것을 알았다. 나무를 자세히 관찰하는 격물치지(格物致知)의 방법은 새로운 사실을 이해하는 지름길이다.

계단을 천천히 걸어서 상서장으로 올라간다. 추모문을 마주하고 왼쪽으로 걸어가면 〈문창후최선생상서장비각〉이 있다. 비각 좌우에는 아름드리 조각자나무와 팽나무가 최치원의 학문적 기상을 전해준다. 최치원의 업적을 기념하는 뜻깊은 제삿날에 조각자나무와 팽나무는 꽃을 피워낸다. 평소와 달리 조각자나무와 팽나무가 꽃을 일찍 피워낸 것 같다. 기후위기로 인해 나무들의 꽃 피는 시기도 점차 변화할 수밖에 없다. 나무는 꽃을 피울 시기를 정확하게 알고 있어야 생존이 가능하기 때문이다.

최치원의 향사를 지내다

상서장 계단의 나무들

조각자나무와 팽나무, 꽃을 피우다

콩과에 속하는 조각자나무와 주엽나무는 구별하기 쉽지 않다. 토종인 주엽나무와 달리 조각자나무는 중국 원산이다. 어쩌면 최치원이 당나라 유학에서 조각자나무를 만났을 가능성도 배제할 수 없을 것 같다. 조각자나무와 주엽나무를 구별하기 위해서는 가을까지 기다려야 한다. 주엽나무 가시는 납작한데 그곳에 가시가 붙는다면 조각자나무는 가시가 통통한 편이다. 더욱이 주엽나무의 열매 꼬투리가 구불하게 꼬여있다면 조각자나무의 열매 꼬투리는 비교적 곧은 편이다. 그래서 가을 단풍이 찬란하게 물들 때 상서장을 방문하여 열매를 감싸고 있는 꼬투리를 확인하고 싶다. 그래야만 조각자나무와 주엽나무를 정확하게 구별할 수 있기 때문이다.

조각자나무에 달린 가시

추모문 안으로 들어가면 최치원의 위패를 모신 영정각이 보인다. 그 왼쪽에 오랜 세월동안 꽃을 피워낸 배롱나무가 힘겹게 살아간다. 배롱나무의 검붉은 꽃은 고운의 열정을 상징하는 듯하다. 어린 나이에 신라를 떠나 당나라 유학을 결정했던 그의 도전정신에 화답하는 백일홍이 피어날 때 상서장을 방문하면 좋을 것 같다. 다만, 아름드리 배롱나무의 목이 잘려서 앙상하게 자라는 모습이 안쓰러울 뿐이다. 배롱나무가 자신의 본성대로 살아가도록 보살피는 것이 최치원의 열망을 계승하는 것이 아닐까. 최치원을 모신 영정각 뒤편에는 아름드리 소나무와 바람에 흔들리는 대나무가 고운의 사상을 전해주는 듯하다.

2. 고청 윤경렬 생가의 살구나무

불곡 마애여래좌상과 고청기념관은 남천을 사이에 두고 자리한다. 남천을 건너서 양지마을 고청(古靑) 윤경렬 고택을 먼저 방문하고 싶다. 윤경렬은 남산의 노천박물관적 가치와 의미를 온몸으로 전해주었기 때문이다. 고청의 고택은 남산이 잘 보이면서도 경주국립박물관과 가까운 양지마을 서

윤경렬의 열정을 보여주는 살구나무

쪽에 있다. 남산의 매력에 빠진 고청은 남은 생애를 경주 남산에 미쳐 살았다고 해도 지나친 말이 아니다. 고청이 생을 마감할 때까지 살았던 고택 곁에는 고청기념관 건축이 한창이다.

고청은 신라인의 불국토(佛國土)로 자리매김한 남산의 속 깊은 내막을 이해하기 위해 600여 차례 현장을 답사했던 연구자다. 남산 26개 골짜기와 700여 불교 유적을 세상에 알리기 위해 평생을 바쳤던 마지막 신라인으로 유명하다. 그는 『경주 남산 고적순례』『경주 남산』『겨레의 땅, 부처님의 땅』 등의 책을 통해서 남산의 세계문화유산적 가치를 발굴하여 전해주었다. 또

윤경렬 생가의 석류와 모란

한 경주어린이박물관학교를 만들어서 우리 문화의 자부심을 심어준 선구자이기도 하다.

남천에 놓인 다리를 건너면 고청기념관 공사로 어수선하다. 그 곁에 고청이 25년 동안 살았던 디귿자 모양의 고택이 남산을 바라보기 좋은 서향에 자리한다. 고택 주변에는 아름드리 팽나무와 살구나무, 탱자나무, 모과나무, 감나무, 수수꽃다리 등이 살고 있다. 고택 정원에는 석류나무, 살구나무, 검붉은 꽃을 피운 모란이 한가족처럼 반겨준다. 살구나무는 고청의 육신이 사라져도 그의 남산에 대한 열정은 영원히 살아있음을 상징적으로 보여준다. 〈죽어서도 살구나무〉라는 나무 노래가 이를 증명해 준다. 살구꽃이 피어나면 고청의 환한 얼굴이 떠오르는 것 같다. 하얀 꽃을 피운 탱자나무는 홀로 남산 연구에 고심했던 고청의 선구자적인 모습과 닮았다. 주인이 떠난 고택에는 이웃집 강아지만 방문객을 경계하는 듯 멍멍 짖어댄다.

3. 불곡 마애여래좌상을 에워싼 이대

고청기념관에서 다리를 건너 마을길을 따라가면 흙길이 나온다. 그곳에는 아름드리 소나무가 불곡 마애여래좌상으로 들어가는 입구를 지켜준다. 여기서 400미터를 올라가면 마애여래좌상이 있다. 오솔길을 걸어가면 층층나무가 늘씬한 몸매를 보여준다. 왼쪽 웅덩이를 끼고 나무계단을 올라가면 청설모가 사뿐사뿐 자유롭게 노닌다. 이정표 주변에는 쓰러진 은사시나무와 아까시나무가 쌓여있다. 이정표에서 왼쪽으로 내려가면 키가 작은 이

불곡 마애여래좌상을 에워싼 이대

대 숲의 터널이 보인다. 솔향기가 코를 자극하는 오솔길을 걸어가면 기분이 너무도 상쾌하다. 신발을 신지 않고 맨발로 걷고 싶은 유혹을 간신히 참았다.

드디어 바위 속에 다소곳하게 앉아있는 불곡 마애여래좌상(보물 제198호)과 마주한다. 마애여래좌상은 7세기 전반에 조성된 불상으로 남산에서 가장 오래되었다고 한다. 더욱이 석굴암의 초기 형태로 미술사적으로 매우 중요한 유적이다. 마애여래좌상 주변에는 가녀린 이대가 울타리처럼 빽빽하게 바위를 감싸준다. 바위 속의 마애여래좌상은 이대가 바람을 막아주어 춥지는 않을 것 같다. 감실에 조성된 마애불은 언제 보아도 참 인자하다. 비 오는 날 우산을 들고 마애불을 보면 어떤 모습일지 궁금하다. 때로는 달이 휘영청 밝은 밤에 촛불을 들고 마애불과 이야기하고 싶어진다.

마애여래좌상은 살짝 고개를 숙이고 둥근 얼굴에 미소를 머금은 우리네 할머니를 닮았다. 그래서 친근하게 감실 할매부처라고 부른다. 감실 할매부처와 이런저런 이야기를 나누는 순간, 세상의 근심은 한순간에 사라질 것만 같다. 그런데 감실에 그늘이 생겨서 부처의 얼굴은 제대로 볼 수 없다. 부처 얼굴을 보려면 동짓날까지 기다려야 한다. 할매부처는 동짓날 오전 11시가 되면 얼굴에 햇살이 가득 비치기 때문이다. 동짓날 할매부처는 연분홍 얼굴이 달아올라 수줍은 새색시 모습을 보여줄지도 모른다.

감실을 감싸는 바위 위에는 어린 소나무가 누워서 절하고 있는 모습이 눈길을 끈다. 소나무의 소망이 얼마나 간절했으면 감실 할매부처를 향해 오체투지로 살아가는지 궁금하다. 간절한 소망은 쉽게 이루어지지 않는다. 더 낮은 자세로 살아야만 소망에 접근할 수 있을 뿐이다. 감실 할매부처의 인자한 표정을 보면 왠지 소나무의 소망을 들어줄 것만 같다. 할매부처를 지나 마을로 내려가면 대나무 숲이 펼쳐진다. 이 길을 따라가면 옥룡암 마애불군상으로 연결된다.

4. 옥룡암 마애불군상과 병꽃나무

옥룡암은 남산 탑골에 있다. 옥룡암으로 가는 길은 마을 오른쪽의 개울을 끼고 돌아간다. 개울물 소리도 좋지만 마을에 살고 있는 아름드리 소나무도 발걸음을 멈추게 하는 매력이 넘친다. 개울을 건너면 옥룡암 주차장에 굴참나무와 소나무가 반겨준다. 무심코 지나칠 수 있지만 소나무를 올려다보면 흔하지 않는 연리지를 만날 수 있다. 한 그루에서 두 갈래로 가지펴짐

소나무의 연리지

을 했는데 무슨 사연인지 다시 소나무 가지가 붙어버렸다. 연리지는 오랜 시간 나눠진 나뭇가지가 서로 연결되는 소통의 지혜를 보여준다. 허리가 약간 휘어진 소나무 연리지를 만나면 조그마한 소원을 빌어도 좋을 것 같다.

옥룡암으로 들어가면 삼소헌(三笑軒) 곁 소나무가 오랜 세월의 연륜과 당당함을 보여준다. 아름드리 소나무 두 그루의 기상이 예사롭지 않다. 천천히 걸어서 대웅전을 마주보는 의자에 앉아서 절집을 둘러본다. 대웅전에는 제법 허리가 굵은 병꽃나무와 붉은 꽃을 피운 영산홍, 배롱나무, 단풍나무 등이 화려한 봄날을 선사한다. 세월의 연륜을 간직한 병꽃나무는 하얀색

병꽃나무, 연륜을 꽃으로 피워내다

꽃과 분홍색 꽃을 여름에 피워낸다. 병꽃나무의 화려한 꽃을 보며 무언의 대화를 나누었다. 대웅전으로 올라갈 때는 병꽃나무를 보고 내려갈 때는 단풍나무 숲속으로 걸어가면 환상적인 산책이 될 것이다. 옥룡암은 가을 단풍이 아름답지만 봄 풍경도 정말 멋지다.

마애불군상(보물 제201호) 주변에서 조그마한 붉은 꽃을 피워낸 단풍나무에는 꿀벌들이 날아와 잉잉대며 생명의 응원가를 불러준다. 꿀벌이 사라진다는 소식을 자주 들어서 그런지 그 소리가 얼마나 반가운지 모른다. 너무도 평범한 일상의 반복이 왠지 낯설게 느껴지는 요즘이기 때문에 그런 것 같다. 단풍나무 아래서 발걸음을 멈추고 한참 동안 꿀벌이 만들어가는 생

소나무 사이로 삼존불상이 보인다

명의 약동을 들어보는 행운을 만끽한다.

옥룡암은 7세기 명랑 스님의 신인종 사찰인 신인사로 추정된다. 정토종 사찰인 불무사로 이름을 바꾸었지만 사람들은 여전히 옥룡암으로 기억한다. 불무사에는 탑곡 마애불군상이 있는데 이를 부처바위로 부르기도 한다. 마애불군상에는 불상, 비천상, 보살, 승려, 탑, 나무 등이 새겨져 있다. 그래서 마애불군상은 바위에 새긴 신라인의 불국토로 유명하다. 마애불군상 동쪽에는 보리수 아래 명상하는 승려의 모습이 자못 진지하다. 북쪽에는 9층 탑과 7층 탑을 새겨놓았는데 황룡사 9층 목탑을 복원할 때 참고 자료로 활용했다고 한다.

마애불군상 남쪽에는 감실 삼존불과 여래 입상이 발길을 붙잡는다. 귀여운 삼존불은 색칠했던 흔적이 고스란히 남아 있다. 그 맞은편 소나무 사이로 보이는 아담한 3층 석탑도 눈길을 끈다. 그런데 어디서 나타났는지 조그마한 다람쥐 한 마리가 마애불군상의 탑과 부처의 얼굴을 자유롭게 살랑살랑 꼬리를 흔들면서 다닌다. 다람쥐 놀이터가 된 마애불군상을 보면 자연의 변화는 사람의 경계를 너무도 쉽게 허물어버림을 느낀다. 자연의 넓은 품을 깨닫게 해준 다람쥐가 너무도 귀엽고 사랑스럽다.

이육사 시인의 요양처이자 창작의 산실인 옥룡암

옥룡암은 저항시인 이육사가 여러 차례 요양한 곳이다. 이육사 시인은 폐결핵을 치료하기 위해 1941년 절집을 찾았다. 이육사는 옥룡암에서 신석초에게 보내는 편지를 통해 "석초 형! 나는 지금 이 너르다는 천지에 진실로 내 하나만이 남아 있는 외로운 넋인 듯하다는 것도 형은 짐작하리라"라고 외로운 심경을 보여주었다. 옥룡암은 시인이 요양한 장소이자 시 창작의 산실로, 시인이 병마와 싸우면서도 창작의 불꽃을 태웠던 공간이기도

하다.

이육사 시인의 고민을 지켜본 생명체가 삼소헌의 소나무다. 색이 바랜 삼소헌은 허물어지고 있지만 소나무는 늘푸른 생명력을 보여준다. 소나무를 안고 옥룡암을 산책하면서 독립운동을 위해 고심했던 시인의 생애를 생각해보았다.

이육사 시인을 지켜본 삼소헌의 소나무

시인의 〈청포도〉도 옥룡암에 요양하면서 구상했다고 한다. 그래서 삼소헌 소나무 곁에 청포도나무를 심으면 시인에게 진 마음의 빚을 조금이라도 갚을 수 있을 것 같다.

내 고장 칠월은
청포도가 익어가는 시절.

이 마을 전설이 주저리주저리 열리고
먼 데 하늘이 꿈꾸며 알알이 들어와 박혀

하늘 밑 푸른 바다가 가슴을 열고
흰 돛단배가 곱게 밀려서 오면

내가 바라는 손님은 고달픈 몸으로
청포(靑袍)를 입고 찾아온다고 했으니,

내 그를 맞아, 이 포도를 따 먹으면
두 손은 함뿍 적셔도 좋으련.

아이야, 우리 식탁엔 은쟁반에
하이얀 모시 수건을 마련해 두렴.

5. 소나무와 석조여래좌상, 청미래덩굴과 마애석불

남산을 산책할 때 시간적 여유가 있으면 보리사 경내의 석조여래좌상을 만나볼 필요가 있다. 남산의 부처 중에서도 석조여래좌상(보물 제136호)이

가장 아름답기 때문이다. 마을과 인접한 보리사 주차장에서 오르막길을 걸어가면 왼쪽에 대나무 숲이 넓게 펼쳐진다. 대숲에 바람이 불어오면 내 마음도 한결 시원해진다.

보리사 주차장에서 절집으로 올라가면 소나무 사이에 호랑가시나무가 자란다. 범종각 앞에는 보리수가 붉은 열매를 잔뜩 매달고 있다. 석조여래좌상은 절집의 가장 높은 곳에 조용히 앉아서 명상에 잠겨있다. 석조여래좌상 뒤에 커다란 바위가 남산의 기운을 그대로 전해주는 듯하다. 석불 뒤편에는 선각으로 새겨진 부처가 보인다. 남산의 아름드리 소나무 숲이 사계절 석조여래좌상을 둘러싸고 청정함을 유지해준다. 석조여래좌상을 돋보이게 하는 화계에는 모란, 주목, 소나무, 백송, 섬잣나무, 영산홍, 사철나무, 비자나무 등이 살아간다. 그리고 삼성각 앞에는 소나무가 하늘로 자라

청미래덩굴의 열매

쇠물푸레나무, 바위 속에서 미소 짓는 마애석불과 대화하다

는 기상을 보여준다.

보리사 주차장으로 내려오면 마애석불로 가는 길이 보인다. 마애석불은 '나무 따라 경주 걷기'를 하면서 처음으로 방문한다. 좁은 산길을 따라 마애석불을 만나기 위해 지친 발걸음을 재촉했다. 마애석불 길에는 소나무, 갈참나무, 쇠물푸레나무, 생강나무, 노간주나무, 청미래덩굴, 철쭉 등이 자란다. 오솔길에서 가끔 마주친 청미래덩굴은 연한 잎사귀로 반겨준다. 망개나무로 알려진 청미래덩굴은 봄에 연한 꽃을 앙증맞게 피워내지만 가을에는 붉은 열매를 주렁주렁 달고 새들을 유혹한다.

마애불은 산 중턱 소나무 숲속의 커다란 바위에 다소곳이 앉아 있다. 바위에 새겨진 마애불을 보는 순간 등산하느라고 힘들었던 내 심장을 편안하게 다스려준다. 잠깐의 휴식을 취한 후에 마애석불이 바라보고 있는 풍경을 나도 물끄러미 바라보았다. 초여름 논에는 모심기가 한창이다. 마애석불은 농부들의 모내기를 아무런 말없이 미소 지으며 무심히 바라볼 뿐이다.

6. 나무가 궁금하면 경북산림환경연구원으로 가라

보리사에서 조금만 걸어가면 경북산림환경연구원으로 이어진다. 이곳 주변 도로에는 해송을 줄지어 심어놓았다. 경북산림환경연구원은 사계절 다채로운 나무를 공부하거나 산책하면서 휴식하기에 적당하다. 경주의 나무가 궁금하면 경북산림환경연구원으로 가라! 그곳 입구에는 봄날 명자나

경북산림환경연구원으로 가는 길에 있는 소나뭇과의 가로수

무가 검붉은 꽃을 피워낸다. 안쪽의 본관으로 가는 길에는 반송과 진달래가 줄지어 자란다. 봄날 진달래는 선홍빛 꽃을 피워내며 방문객을 맞이한다.

본관 중앙에는 커다란 은목서가 시선을 사로잡는다. 좌우에는 반송이, 그 곁에는 소나무 두 그루가 있고 오른쪽에는 측백나무가 살고 있다. 은목서는 주변에서 쉽게 만나지 못하기 때문에 매우 귀한 대접을 받는다. 나뭇잎에 돋아난 가시가 코뿔소의 뿔을 닮았기 때문에 '목서'라고 이름을 지었다. 흰색 꽃이 피면 은목서 주황색 꽃이 피면 금목서라 부른다. 은목서는 늦가을에 흰 꽃을 피워내며 진한 향기를 품어낸다. 그래서 은목서를 달 속에 사는 계수나무라고 부르기도 한다.

경북산림환경연구원에는 다양한 나무가 봄 채비에 분주하다. 여름에는 시원한 나무그늘 사이로 산책하기에 그만이다. 가을에는 나무들이 만들어낸 다양한 열매를 감상하는 것도 좋고 겨울에는 옷을 벗어버린 나무들의 맨살을 관찰하는 것도 좋다. 그래서 사계절 나무들의 변화를 관찰하면서 사색하기에 적당한 장소로 유명하다. '나무 따라 경주 걷기'를 하면서 모르는 나무가 나오면 이곳을 방문하기도 했다. 여기서 아름드리 중국 굴피나무는 처음 만났던 기억이 생생하다. 굴피나무에서 흙길을 따라가면 화랑교육원, 헌강왕릉과 정강왕릉, 통일전, 서출지, 남산리 석탑, 염불암 석탑, 칠불암 등으로 이어진다.

7. 화랑교육원에 핀 하얀 무궁화 꽃

화랑교육원은 소나무 숲속에 자리한다. 화랑교육원 대문인 화랑문 왼쪽은 벚나무가 줄지어서 있고 오른쪽은 소나무 숲이 둘러싸고 있다. 화랑문을 들어서면 저 멀리 메타세쿼이아가 소나무 사이에 삼각형으로 우뚝 서 있다. 연녹색 이파리들이 소나무의 짙은 녹색과 대비된다.

화랑교육원은 나무 따라 걷기에 아주 좋다. 나무이름표도 잘 만들어져 있어서 생태교육에도 적당하다. 소나무 숲속에 들어앉은 화랑교육원은 화랑의 정신을 오늘날 교육으로 실현하기 위해 만들었다. 그래서 늘푸른 소나무의 기상을 닮으려고 하는지 건물 사이에 소나무가 풍부하다.

산책하기 좋은 소나무 숲길

깔끔하게 정리된 회양목 울타리

소나무 숲을 산책하면 다양한 솔향기 덕분에 기분이 정갈하고 마음이 편안해진다. 화단의 오른쪽에는 회양목이 울타리로 살아간다면 왼쪽에는 둥근 모습의 회양목이 드문드문 자란다. 국기게양대 뒤에는 무궁화를 심어놓았다. 우리나라의 꽃인 무궁화를 모르는 사람은 없다. 무궁화는 종류가 많지만 흰색 무궁화 꽃이 우리나라를 상징한다. 그런데 꽃이 없을 때 무궁화나무를 알아보는 사람은 매우 드물다. 우리는 꽃이나 열매를 보고 나무를 인식하기 때문이다.

화랑의집 앞에는 소나무 사이에 전나무가 살아간다. 그런데 전나무 앞에 구상나무이름표가 놓여있다. 아마도 전나무와 구상나무를 정확하게 구별하지 못했기 때문에 이름표가 잘못 놓여진 것으로 보인다. 청심지 둘레길에는 소나무를 심어놓았으며 청심지 화장실 곁에는 낙우송 두 그루가 자란다. 씨름장에서 국궁장으로 가는 길에는 아름드리 벚나무가 화려한 꽃을 피워낸다. 국궁장에는 측백나무로 울타리를 만들어 놓았다. 저 멀리 화살의 과녁 뒤편에는 남산 소나무의 붉은 피부가 돋보인다.

꽃이 피고 지기를 반복하는 무궁화

분홍색 무궁화 꽃

흰색 무궁화 꽃

화랑문을 나와 시멘트 포장길을 걸어가면 왕버들과 소나무, 무궁화와 개나리가 자라는 입구와 연결된다. 왕버들은 세 갈래로 가지가 퍼지고 그 사이로 개나리와 사철나무가 더불어 살아간다. 여기서 흙길로 된 소나무 숲을 천천히 걸어가면 헌강왕릉과 정강왕릉으로 연결된다.

8. 소나무 따라 헌강왕릉과 정강왕릉을 만나다

헌강왕릉과 정강왕릉은 남산 동쪽 인근에 자리하고 있다. 신라의 마지막 불꽃을 피웠던 헌강왕릉으로 발길을 잡는다. 흙길의 편안함과 소나무 숲의 향기를 동시에 느낄 수 있어서 헌강왕릉을 찾아가는 발걸음은 자꾸만 느려진다. 흙길에서 오른쪽으로 돌면 왕릉으로 올라가는 소나무 숲길과 연결된다. 신라 최전성기를 만들었던 헌강왕은 소나무 숲속과 왕버들 사이에 잠들어 있다. 헌강왕릉은 소박하지만 네 단의 둘레돌을 쌓아 만들었다.

소나무 숲속에 가려진 헌강왕릉은 제대로 보이지 않는다. 신라에서 풍류를 즐길 줄 알았던 헌강왕은 고요한 소나무 숲속에서도 세속의 풍악을 듣고 있다. 왕릉 앞으로 자동차들이 쌩쌩 달려도 소나무 숲속에서는 아늑하게 풍류를 즐기기에 충분하기 때문이다. 헌강왕(875-886)은 11년 동안 통치했는데 크고 작은 반란이 자주 일어났다. 그래서 반란을 진압하기 위해 헌강왕은 여러 지역을 순행할 수밖에 없었다. 처용을 만나는 울산 개운포를 순행한 것은 지방 호족의 반란을 잠재우기 위한 여정이 아닐까 한다.

최치원이 지은 〈대숭복사비〉에는 "헌강왕은 젊은 나이에 덕이 높고 건강한 몸에 정신이 맑았다"라고 씌어있다. 헌강왕은 풍류를 즐기면서도 글 읽기와 시 쓰기를 좋아했을 뿐만 아니라 문경 봉암사 지증대사와 선문답이 가능할 정도로 지식을 쌓았다고 한다. 그러다가 남산 신이 나타나 춤을 추면 거리낌 없이 함께 어울리는 여유와 풍류도 즐길 줄 알았다. 그래서 헌강왕은 신라왕 중에서 가장 춤을 잘 추었을 뿐만 아니라 풍류를 즐겼던 왕으로 기억된다.

헌강왕릉을 둘러보고 다시 정강왕릉으로 발걸음을 이어간다. 정강왕릉으로 가는 길은 조그마한 나무다리를 건너서 대숲을 지나면 만날 수 있다.

헌강왕릉으로 가는 소나무 숲길

헌강왕릉에서 춤을 추는 소나무

철쭉이 핀 정강왕릉

그 길에는 소나무 숲이 울창하다. 소나무 사이로 쇠물푸레나무, 철쭉, 산벚나무, 왕벚나무, 갈참나무, 소나무, 밤나무, 때죽나무 등과 같이 다양한 나무가 자신의 존재를 묵묵히 보여준다.

정강왕릉은 헌강왕릉에 비해서 소박하고 단출한 느낌이다. 정강왕은 경문왕의 둘째 아들이자 헌강왕의 동생이다. 정강왕은 누이동생을 왕으로 지명했는데 그녀가 바로 진성여왕이다. 정강왕릉에서 소나무 숲길을 따라 포장길로 내려오면 개나리와 신나무가 무리지어 살아가는 길과 연결된다. 여기서부터 통일전으로 가는 시멘트 포장길이 시작되는 지점에는 무궁화, 탱자나무, 소나무, 팽나무 등이 살고 있다.

9. 통일전에서 화살나무의 생태를 이해하다

삼국통일의 주역을 모신 통일전을 생전 처음 방문하게 되었다. 서출지 가는 길에 통일전이 있지만 한 번도 방문하지 않았다. 경주의 문화유산에 관심을 가졌기 때문에 새로 만든 건물에는 좀처럼 발길이 닿지 않았기 때문이다. '나무 따라 경주 걷기'를 하면서 처음으로 통일전을 방문하여 거닐어 보았다.

통일전 입구에는 반송과 붉은 꽃을 피운 영산홍이 살고 있다. 부챗살같이 나뭇가지가 고르게 펴진 반송이 방문객 마음을 차분하게 만들어준다. 대문을 들어가면 느티나무, 은행나무, 매화나무, 살구나무 등이 반겨준다. 발걸음을 위쪽으로 옮기면 소나무가 둥근 모형에 무리지어 자란다. 그 위쪽에는 반송, 돌배나무, 목련, 화살나무, 이팝나무, 회잎나무 등이 살고 있다.

통일전 입구의 반송

그중에서도 노박덩굴과에 속하는 회잎나무와 화살나무를 자세히 관찰해 보기를 권한다. 회잎나무와 화살나무는 같은 부모 슬하의 자식들이라 비슷하지만 차이를 보여주기 때문이다. 화살나무는 회잎나무와 달리 나뭇가지에 화살 끝에 붙여놓은 깃털이 돋아나있다. 이렇게 같은 부모 밑에서 태어난 형제라도 서로 다름을 인정할 때 비로소 생태적 삶이 시작된다. 두 나무를 자세히 관찰하면 회잎나무와 화살나무의 특성과 다름을 이해할 수 있을 것이다.

통일전에서 본 은행나무 가로수길

오른쪽 연못에는 느티나무, 철쭉, 영산홍 등의 나무가 살고 있어서 천천히 산책하기에 적당하다. 연못을 감상할 수 있는 정자보다 느티나무 그늘에 앉아 쉬면서 바람을 쐬면 발걸음이 한결 가벼워진다. 느티나무에서 발길을 홍국문으로 향하는데 오른쪽에 삼국통일 순국 무명용사비석이 보인다. 홍국문에는 배롱나무, 단풍나무, 자목련과 분홍목련, 모과나무, 반송 등이 계단에 뿌리내리고 살아간다. 예원문에는 모란, 오죽, 자목련, 주목, 백목련 등이 살고 있다. 홍국문과 예원문의 나무들이 다채로운 꽃을 피워내

단풍이 예쁘게 물든 화살나무

가지펴짐이 멋진 화살나무

면 통일전은 화려한 풍경으로 변신한다.

통일전 둘레에는 히말라야시더로 알려진 개잎갈나무를 심어놓았다. 개잎갈나무는 하늘 높이 자라는 기상을 그대로 보여준다. 통일전 좌우에 휴식할 수 있는 조그마한 난간이 마련되어 있다. 그곳에 앉아서 남산 솔바람 소리를 들으면 감탄사가 절로 나온다. 인적이 드문 통일전은 자연과 온전히 공감할 수 있어서 너무도 좋다. 통일전에서 휴식하면서 나를 되돌아보는 성찰하는 시간을 보냈다.

다만, 아쉬운 점은 통일전 방문객이 많지 않다는 것이다. 삼국통일의 업적을 추모하는 무열왕, 문무왕, 김유신 등을 모신 사당까지 방문객을 유인하는 생태적 방안을 고민해야 한다. 더욱이 삼국통일 과정에서 희생된 무명용사비석도 사당에 함께 모시는 것이 차등을 없애고 대등한 세상을 열어가는 생태적 통일이라 생각한다. 그래서 '고요한 생태 산책을 통해서 생명의 가치가 대등한 세상을 기원합니다' 라고 통일전 방명록에 적어 놓았다.

10. 서출지를 더욱 신비롭게 하는 배롱나무

남산의 동쪽 기슭에 서출지(書出池)에는 검붉은 연꽃이 한창이다. 가냘픈 연꽃은 여름의 무더위를 식혀줄 만큼 아름답다. 연못 주위에는 배롱나무 서른네 그루가 서출지를 감싸고 있다. 붉은색 꽃망울을 터뜨린 배롱나무의 자태는 고운 새색시의 화사한 얼굴을 닮았다. 이러한 배롱나무는 연꽃과 함께 서출지의 신비로움을 더해준다.

배롱나무 꽃이 피어난 서출지

배롱나무 꽃을 '백일홍'이라 부르지만 활짝 핀 꽃은 열흘을 넘기기 어려운 것이 자연의 이치다. 배롱나무 꽃은 '화무십일홍(花無十日紅)'과는 거리가 먼 것처럼 보인다. 그런데 모든 꽃은 활짝 피면 시들기 마련이다. 배롱나무에 핀 백일홍을 관찰하면 그 이유를 확인할 수 있다. '백일홍'은 백일 동안 꽃이 피고 지기를 반복할 뿐이다. 그 모습이 마치 백일 동안 꽃이 피어있는 것 같은 착각이 들기 때문이다. 붉은 꽃망울을 터뜨린 배롱나무의 자태는 고운 새색시의 화사한 얼굴을 닮았다.

서출지의 배롱나무는 연못의 안쪽으로 기울어 자란다. 서출지의 둑을 따라 제법 허리가 굵은 배롱나무도 있다. 아름드리 깨끗한 피부와 검붉은 꽃은 서출지의 풍경을 더욱 밝게 연출한다. 물 위에 떨어진 배롱나무 꽃은 서출지를 더욱 화려하게 물들인다. 여기에 붉은 저녁 하늘의 노을까지 더하면 한 폭의 수채화를 감상하는 느낌이 들기도 한다.

서출지에서 거문고 갑을 쏘았다

서출지는 제21대 소지왕이 천천정(天泉亭)에 행차하는 사금갑(射琴匣) 전설에 등장하는 현장이다. 소지왕 10년(488)에 행차한 천천정이 어디에 있었는지 알 수 없다. 이 때문에 서출지의 정확한 위치에 대한 의견도 분분한 실정이다. 서출지는 발굴조사와 지표조사도 없이 주민들의 구전을 토대로 확정했기 때문이다. 그래서 남쪽에 자리한 양피지를 서출지로 비정하기도 한다.

서출지는 노인이 소지왕에게 글을 올렸던 사건에서 유래했다. "열어 보면 두 사람이 죽고, 열지 않으면 한 사람이 죽는다.(開見二人死, 不開一人死)"라는 글이 씌어져 있었다. 궁궐로 돌아온 소지왕은 신하들과 논의한 끝에 글을 열어보고 거문고 갑을 쏘았다. 그랬더니 궁중에서 은밀한 애정행각을

벌이던 그들은 소지왕의 쏜 화살에 맞아 죽임을 당한다.

노인은 소지왕에게 무엇을 전해주려고 했을까? 궁중에서 몰래 정을 통한 중과 여인의 비밀을 전해주었을 것이다. 왕실 여인과 중이 정을 통한 것은 기득권 세력이 신흥 불교를 탄압하는 장면으로 읽을 수도 있다. 기득권 세력이 소지왕에게 신흥 불교 세력을 탄압하도록 음모를 꾸민 것으로 보인다. 그래서 노인이 소지왕의 목숨을 위협하는 긴박한 사실을 전해주려고 한 것은 아닐까.

까마귀와 쥐는 지방을 행차하던 소지왕을 찾아와 울었다고 한다. 소지왕이 천천정에 행차할 때 나타난 까마귀와 쥐는 궁중의 음모에 대한 경각심을 일깨워주고 있다. 까마귀와 쥐는 소지왕에게 비밀을 알려주는 일반 백성의 상징적 표현이 아닐까 한다. 이러한 사금갑 이야기 덕분에 매년 정월 달을 조심하고 함부로 출입하지 않는 풍습이 유래한 것이다. 더욱이 정월 대보름날에는 감나무 아래서 까마귀에게 찰밥을 지어 제사하는 풍습도 여기서 비롯되었다.

서출지의 풍광을 더해주는 정자, 이요당

서출지의 멋스러운 풍광을 더해주는 정자는 이요당(二樂堂)이다. 이요당은 조선 현종 5년(1664)에 학문을 좋아하고 후학 양성에 힘을 쏟은 임적(任勣, 1612-1672)이 건축했다. 서출지 마을은 임적이 출생한 풍천 임씨의 집성촌이다. 서출지의 아름다운 풍광은 이요당의 마루에서 바라볼 때가 최고다. 그래서 이요당을 개방하는 것이 무엇보다 시급하다. 이요당에 앉아서 연꽃과 배롱나무의 꽃을 바라보면 세상의 근심은 한순간에 사라진다.

서출지의 사계는 언제나 변화무쌍하다. 봄이 오면 개나리와 벚나무가 화려하게 꽃망울을 터뜨린다. 이어서 박태기나무가 가지마다 뻥튀기를 붙여

서양산딸나무 꽃이 물든 서출지

놓은 것처럼 분홍 꽃을 피워낸다. 늦봄에서 초여름에는 감나무가 앙증맞은 감꽃을 떨어뜨린다. 여름은 남산의 푸른 소나무와 들녘의 바람결에 흔들리며 자라는 벼가 눈의 피로를 덜어준다. 시원한 비라도 한줄기 내리면 밭에는 풋고추가 주렁주렁 달리고 연분홍 참깨 꽃이 방울방울 피어난다. 커다란 연잎 사이로 송이송이 피어오르는 연꽃이 세상을 구경하기에 바쁘다.

가을이 오면 서출지는 새로운 옷을 갈아입는다. 노란 은행잎이 따사로운 햇살을 받으며 서출지를 밝혀준다. 그 주변에는 단풍나무가 붉은색으로 서출지의 풍광을 변화시킨다. 연못의 갈대는 푸른색에서 점점 연하게 변해간다. 화려한 연꽃은 어느새 사라지고 꽃이 진자리마다 연씨가 가득하다. 겨

박태기나무 꽃이 핀 서출지

울이 오면 연꽃의 줄기가 이리저리 쓰러진다. 연못에 비친 연꽃이 마치 추상화를 보는 듯하다. 눈이 내리는 겨울에도 당당히 서 있는 팽나무는 온몸으로 추위와 싸운다.

이밖에도 서출지에는 소나무, 곰솔, 향나무, 잣나무 등이 자란다. 그중에서도 향나무는 서출지를 들어가는 대문처럼 두 그루가 둥글게 손을 맞잡고 있다. 아름드리 팽나무는 일제강점기에 찍은 사진에도 지금과 동일한 모습으로 등장한다. 소나무는 서출지 바깥에 아름드리로 자란다. 소나무는 새봄을 준비하는 듯 연신 바람에 눈을 털어낸다. 향나무, 팽나무, 소나무는 서출지의 오랜 세월의 흔적을 고스란히 나이테에 저장한다.

서출지의 향나무

서출지의 신비로움은 소나무의 청량함과 향나무의 향기로움 때문에 한층 높아진다. 여기에 아름드리 그늘을 만들어주는 팽나무도 한 몫을 하고 있다. 팽나무 그늘 아래서 마을주민들이 더위를 식히며 한가한 이야기꽃을 피워낸다. 변화무쌍한 서출지를 오랫동안 지켜본 장본인은 바로 향나무, 팽나무, 소나무다. 그중에서도 소나무와 향나무는 서출지를 변함없이 늘 푸르게 유지하도록 도와준다. 향나무와 소나무는 날씨가 추운 겨울에 진정 자신의 존재를 과시한다. 향나무와 팽나무는 소지왕에게 글을 전해준 서출지 노인처럼 세월의 연륜이 묻어난다.

11. 폐사지를 거닐며 바람을 쐬다

서출지를 지나 남산리 마을길을 따라 걸어가면 아름드리 팽나무 곁에 산수유나무가 자란다. 그 길을 걸어가면 남산리 3층 석탑과 만나게 된다. 3층 석탑(보물 제124호)은 20미터 거리를 두고 서로 다른 양식을 보여준다. 동탑은 단층 기단에 모전석탑을 닮았다면 서탑은 2층기단의 석탑을 닮았다. 서탑의 하층 기단부에는 십이지신상을, 상층 기단부에는 팔부신중을 조각해 놓았다. 이들 석탑은 서로 다른 양식으로 조성되어 있어서 눈길을 끈다.

남산리 석탑은 소박하면서도 균형이 잘 잡힌 모양새를 보여준다. 석탑 사이에 뿌리를 내린 감나무가 푸른 젊음을 뽐내며 살아간다. 쥐똥나무는 석탑의 가장자리를 둘러싼 울타리로 살아간다. 석탑 앞쪽에는 반송, 사철나

남산리 3층 석탑 사이에서 자라는 감나무

무, 은행나무가 나지막하게 자리를 잡았다. 3층 석탑은 마을과 소통하는 중앙에 위치한다. 마을 주민들은 석탑의 사계절을 바라보면서 살아가는 행복을 느끼고 있을까. 봄날 마을길에 자두나무 꽃이 활짝 핀 그늘에서 바라본 남산리 동서 3층 석탑은 환상적인 풍경을 보여준다.

남산리 3층 석탑에서 가까운 거리에 양피저수지가 있다. 임적의 산수당은 양피저수지 가장자리에 자리한다. 양피저수지에는 벚나무 다섯 그루, 느티나무 다섯 그루, 배롱나무 열한 그루, 왕버들 두 그루, 회화나무 세 그루, 주엽나무 등이 못뚝을 따라 줄지어 살고 있다. 봄에는 벚꽃, 여름에는 연꽃, 능소화, 백일홍, 가을에는 억새 등이 저수지를 화려하게 장식한다. 특히 산수당 담장을 따라 피어난 능소화는 방문객의 발걸음을 붙잡을만큼 아름답다. 이렇게 양피저수지를 따라 걸어가면 시원한 바람과 함께 남산의

양피지에 살고 있는 나무들

소나무 숲과 아기자기한 마을 풍경을 감상할 수 있다.

남산리 3층 석탑에서 마을길을 따라가면 염불사지 3층 석탑이 자리한다. 남산마을과 인접한 염불사지를 거닐며 화려했던 절집을 상상해보았다. 아름드리 나무도 없는 염불사지는 석탑만이 절집의 위상을 보여준다. 우여곡절 끝에 3층 석탑은 제자리를 찾았지만 염불사에 사용된 석재들만이 옛 모습을 어렴풋이 기억하고 있는 듯하다. 3층 석탑의 기품을 보면 염불사도 제법 절집의 규모를 갖춘 것으로 생각된다. 석탑 사이로 탑돌이를 하듯이 산책하다가 문득 발걸음을 멈추고 남산 기슭으로 시선을 돌려보았다. 남산 기슭의 소나무 숲에 부는 바람소리가 염불소리처럼 들려온다. 이제 염불소리가 끊어진 절집에서 발길을 돌려 칠불암으로 향한다.

염불사지 3층 석탑

12. 단풍나무 속에서 칠불암을 만나다

소나무 숲속을 걸어가야 볼 수 있는 칠불암

염불사에서 칠불암으로 가려면 다리를 건너야 한다. 흙길을 따라 소나무들이 일렬로 줄을 서서 내 발길과 함께 해준다. 칠불암 등산로 입구는 평탄하지만 개울을 몇 개 건너가면 험한 산길이 나온다. 그래서 제법 등산하는 기분이 든다. 다리를 건너면 나무를 키우는 조경회사와 맞닿은 오른쪽 길에 젊은 자귀나무가 꽃을 피우려고 준비한다. 자귀나무를 지나면 길이 왼쪽으로 굽어진다. 그 길의 오른쪽에 아름드리 팽나무가 사과밭 과수원을 지켜준다. 팽나무는 지상에서 2미터로 자라다가 사방팔방으로 가지를 펼치며 그늘을 만들어준다. 흙길에는 아름드리 아까시나무의 탐스런 꽃이 떨어져 온통 하얗다.

칠불암 길에는 소나무, 해송, 벚나무, 갈참나무 등의 나무들이 세월의 연륜을 보여준다. 오리나무, 사방오리, 물오리나무, 철쭉, 개옻나무, 때죽나무 등은 젊음을 뽐내고 있다. 그중에도 아름드리 소나무가 칠불암 등산로를 따라 다채로운 모습을 보여준다. 소나무 곁에서 갖은 애교를 부리며 살아가는 산벚나무 자태가 등산객 입가에 잔잔한 미소를 짓게 한다.

나무로 만든 다리에는 물오리나무와 사방오리나무가 넓은 가지를 펼치고 있다. 돌계단에는 아름드리 서어나무가 단단함 몸매를 자랑한다. 칠불암 등산로에는 커다란 돌과 나무뿌리가 이리저리 얽혀있다. 커다란 돌을 피해서 흙이나 나무뿌리를 밟고 가야 한다. 그래서 발걸음을 조심스럽게

단풍나무 숲에서 본 칠불암

뿌리가 드러난 소나무

디딜 수밖에 없다. 소나무 뿌리를 밟을 때마다 자꾸만 미안한 마음이 들었기 때문이다.

개울을 건너면 돌로 만든 길에 아름드리 사방오리가 자란다. 개울을 가로지르는 곳에는 물오리, 사방오리, 해송 등이 터 잡고 살아간다. 태풍으로 인해 아름드리 소나무가 고사한 모습은 발걸음을 붙잡기에 충분하다. 뿌리가 드러난 소나무는 껍질이 벗겨지고 누런 알몸을 드러낸 채 서서히 고사하고 있다.

단풍나무 숲에서 본 칠불암의 환상적 풍경

다시 개울을 건너면 소나무와 사방오리가 배를 맞대고 살아간다. 여기서부터 칠불암까지 500미터가 남았다. 발걸음이 느려지고 숨이 점점 차오른다. 칠불암 방향으로 시선을 고정하면 기와 건물이 보인다. '이제 칠불암에 다 왔구나!' 하는 생각이 든다. 한옥 건물 주변에는 너도밤나무, 이대, 소나무, 개가죽나무, 산뽕나무 등이 살아간다. 이대의 숲속으로 들어가면 돌계단의 연속이다. 숨을 헐떡거리며 이대의 숲 터널을 통과하면 드디어 칠불암에 도착한다.

칠불암에 닿으면 제일 먼저 듣는 소리가 있다. 암자에서 수도하는 외국인 비구니가 "물 한 잔 하세요! 사탕 드세요! 전도 맛있어요!"라고 방문객에게 말한다. 그 소리가 너무도 정겨워서 칠불암이 달리 보이기도 한다. 칠불암은 네모난 바위의 사방에 불상이 새겨져 있고 그 뒤의 바위에는 삼존불이 조각되어 있다. 그래서 칠불암(국보 제312호)이라 부른다. 삼존불은 절집에서 흔히 볼 수 있지만 사방불은 화엄세계와 불국토를 염원한 불상으로 좀처럼 보기 어렵다.

칠불암 불상 오른쪽에는 소나무, 단풍나무, 서어나무 등이 아름드리로 자

이대의 숲 터널을 지나면 칠불암이 보인다

란다. 단풍나무 숲속에서 본 칠불암은 사계절 멋진 풍경을 보여준다. 단풍이 붉게 물들어가는 가을에는 환상적인 모습이다. 왼쪽에는 젊은 살구나무가 앳된 모습으로 살고 있다. 봄날 살구꽃이 활짝 피어나면 칠불암도 화사한 모습으로 물든다. 암자 마루에 걸터앉아서 올라온 발길을 되짚어보면 온통 소나무 숲으로 가득하다. 칠불암을 찾는 등산객에게 한낮의 뜨거운 열기를 식혀주는 소나무 숲이 너무도 고맙다. 칠불암 앞에는 소나무, 복사나무, 개가죽나무, 산뽕나무, 벚나무 등이 살아간다. 건너편 바위산에는 소나무가 드문드문 자란다.

칠불암 불상에서 바위 따라 산 위로 고개를 올리면 신선암 마애불(보물 제199호)이 보인다. 신선암 가는 길에는 다시 이대의 숲을 지나야 한다. 칠불암에서 오른쪽 길로 접어들면 이대가 줄지어 선 숲속으로 연결된다. 신선암 마애불 등산로를 따라가면 쇠물푸레나무, 노간주나무, 사람주나무, 졸참나무, 소나무 등이 땅에 납작 엎드려 살아간다. 세찬 바람에 적응한 나무들의 생존전략에 감탄할 수밖에 없다.

신선암 마애불은 높이 1.5미터 정도이고 구름 위에 의자를 놓고 앉은 모습이다. 맑은 날보다 구름이 낀 날이나 비가 내릴 때 마애불은 신비로움을 더한다. 신선암 마애불 앞에는 아름드리 소나무와 굴참나무, 쇠물푸레 등이 사계절 가족처럼 살고 있다. 마애불과 오랫동안 마주보았다. 아무도 찾아오지 않는 늦은 시간에 마애불과 무언의 대화를 나눠보고 싶었기 때문이다. 그리고 마애불이 바라보는 방향으로 고개를 돌려 초록이 물든 남산을 바라보았다. 저 멀리 남산 기슭의 멋진 풍경이 내 마음의 욕심을 조금씩 밀어내는 것 같다.

산선암 마애불

제4장.
남산의 서쪽 자락을 산책하다

경로 ① 월암 종택 – ② 오릉 – ③ 나정 – ④ 양산재 – ⑤ 창림사지 – ⑥ 포석정 – ⑦ 지마왕릉 – ⑧ 망월사 – ⑨ 삼릉

1. 으름덩굴과 월암 종택

마을길을 따라 식혜골로 걸어가면 화려하지 않은 고택을 마주하게 된다. 월암(月菴) 종택 주차장에 수수꽃다리와 매화나무가 살고 있다. 솟을대문을 들어서면 정면에 있는 일자형의 고택과 왼쪽의 초가집, 오른쪽의 조그마한 연못과 정원 나무들이 포근하게 감싸준다. 월암 종택은 임진왜란 때 경주 의병장으로 활약한 김호 장군의 생가다. 그는 당시 59세 노익장을 발휘하여 경주를 지켜낸 의병장으로 유명하다. 고택을 지키는 종부의 부지런한 손길 덕분에 마당에는 봄 생명의 약동으로 가득하다. 정원에는 키 작은 나무들이 적절한 거리를 두면서 조화롭게 살아간다.

으름덩굴의 화려한 꽃망울

솟을대문 왼쪽에는 수수꽃다리가 보라색 꽃망울을 터뜨리며 담장 밖의 수수꽃다리와 향기로 수다를 떤다. 오른쪽 연못에는 따사로운 햇살에 반짝이는 수련이 싱그럽다. 그 곁에 으름덩굴이 화려한 꽃을 피워서 꿀벌을 유혹한다. 해마다 으름덩굴 꽃이 피면 찾아오던 꿀벌이 올해는 무슨 이유인지 찾아오지 않는다고 종부가 무진장 걱정한다. 으름덩굴은 산에서 자주 만나는 나무다. 가난한 시절 구황식물로 요긴했던 으름덩굴은 가을에 바나나 모양의 열매가 달린다. 그래서 '한국의 바나나'라고 부르기도 한다. 으름덩굴을 '월하미인'으로 부르는 것은 꽃망울이 화려하고 아름답기 때문이다.

월암 종택에 핀 으름덩굴 꽃

정원의 백목련이 지면 자목련이 화려한 꽃망울을 살며시 내민다. 안쪽으로 좀 더 들어가면 신라시대 만들어진 우물이 눈길을 끈다. 예전에 월암 종택 자리는 절집이었다고 한다. 종택 정원의 석물들이 절집에 사용된 것이 보인다. 천 년 세월을 간직한 우물 주변에는 향나무와 사철나무의 허리를 감싸고 하늘로 오르는 능소화가 공생하며 살아간다. 덩굴성 식물인 능소화는 사철나무에 의지하여 살지만 사철나무와 공존하는 삶의 지혜를 보여준다.

고택 정원의 나무들은 김호 장군의 사당을 사계절, 색다른 모습으로 지켜준다. 불천위 사당 주변에는 목련, 불두화, 배롱나무, 앵두나무, 산수유와 함께 충신목(인정목)도 더불어 살아간다. 이러한 나무들은 풍전등화의 위기에서 경주를 지켜낸 의병장 김호 장군의 노익장을 영원히 기억할 것이다. 그런데 날씬한 몸매로 하늘을 찌를 듯이 자라는 충신목(인정목)이 어떤 나무인지 자꾸만 궁금해진다. 나무 이름을 알기 위해서는 꽃이 피고 열매가 열릴 때까지 기다려야 한다. 나무가 궁금하면 사계절 나무의 생태를 관찰해야 한다.

김호 장군의 생가인 월암 종택

2. 오릉을 에워싼 소나무를 지켜주는 왕버들

비가 그친 뒤 오릉은 방금 세수한 꼬마의 상기된 얼굴처럼 깨끗하다. 물기를 머금은 왕버들 기둥에는 푸른 이끼가 돋아나고 소나무는 껍질 사이로 물기를 털어내고 있다. 오릉 주차장 주변에는 줄지어 선 해송과 느티나무가 바람을 막아준다. 이들 큰 나무 사이에 무궁화와 개나리도 자신의 존재를 분명히 보여준다. 주차장에는 키가 작은 향나무와 사철나무가 도로를 따라 자란다.

오릉 대문을 들어가면 마사토를 깔아놓은 흙길이다. "싸각싸각" 흙 밟는 소리가 정겹다. 오릉에 들어서면 곧장 능을 볼 수 없다. 박혁거세의 탄생이 신비하듯 무덤도 신비로워야 한다. 그래서 소나무, 잣나무, 느티나무, 왕버들, 배롱나무 등 각종 나무가 오릉을 에워싸고 있다. 신선한 바람이 살결에 닿는 청량한 느낌은 한낮의 무더위를 식혀주기에 충분하다. 수많은 생명을 품은 오릉의 숲은 바쁜 사람들에게 천천히 걸으면서 자신을 되돌아보게 하는 매력이 숨어 있다.

젊은 왕버들의 왕성한 생명력

흙길을 걸어가다 왼쪽으로 발길을 잡으면 왕버들이 연못으로 인도한다. 대추나무 사이의 오솔길을 따라가면 소나무 숲속에 오릉이 살며시 보인다. 그 반대편 연못에는 비를 맞은 왕버들이 싱싱한 가지를 뽐낸다. 연못 주변에는 왕버들, 소나무, 해송, 배롱나무, 은행나무, 능수버들, 목련 등이 나뭇가지를 펼치고 살아간다. 아름드리 능수버들은 속이 썩어서 부름켜로 살아

오릉의 소나무

오릉을 에워싼 소나무와 왕버들

가면서도 무성한 나뭇가지로 생명력을 전한다. 그 곁에 젊은 팽나무가 두 줄기로 살아간다. 연못의 수련과 땅의 목련이 서로 바라보면서 대화하는 듯하다.

오릉에는 왕버들이 젊음을 뽐내고 있다. 왕버들은 오릉의 정원, 연못 주변, 담장 등에 뿌리를 내리고 살아간다. 버드나무는 빨리 자라는 속성 때문에 대부분 노거수로 자라기 어렵다. 그런데 버드나무 중에서도 왕버들만이 유일하게 모양새 좋은 노거수로 자란다. 한여름 태양을 정면으로 받으면서도 왕버들은 넓은 그늘을 만들어준다. 왕성한 생명력을 보여주는 왕버들을 볼 때마다 청춘이 얼마나 좋은지를 새삼 실감하곤 한다.

화장실 주변에는 해송이 무리지어 살아간다. 흙길에서 포장길로 바뀌고 조금만 걸어가면 숭의문 앞에 왕버들이 우람하게 자란다. 숭의문을 들어가면 소나무 숲이 오릉을 감싸준다. 오릉 소나무의 생태는 다채롭다. 오릉을

오릉 사이의 소나무 숲

산책하면 왕릉으로 휘어진 소나무, 왕릉의 반대 방향으로 굽은 소나무, 무심하게 하늘로 우뚝 솟은 소나무 등을 만날 수 있다. 소나무 숲이 에워싸는 오릉은 솔향기가 진하다. 오릉은 소나무 숲이 감싸고 있지만 소나무 숲은 왕버들이 지켜주고 있다. 왕버들 사이에 상수리나무, 굴참나무, 갈참나무, 이팝나무, 측백나무, 주엽나무 등이 드문드문 자란다.

박혁거세는 나라를 평안하게 다스린 지 61년 만에 하늘로 승천하고, 7일 뒤에 유체가 흩어져 땅에 떨어졌다. 그래서 죽은 황후와 함께 합장하려 했으나 커다란 뱀이 방해하여 오체를 그대로 장사하여 오릉 또는 사릉(蛇陵)이라 부른다. 오릉은 박혁거세 왕과 알영왕후를 비롯한 남해왕, 유리왕, 파사왕 등이 잠들어 있는 일종의 가족무덤이다. 오릉의 소나무 숲은 바쁘게 살아가는 사람들에게 천천히 걸으면서 자신을 되돌아보는 성찰의 시간을 갖게 하는 특별함이 숨어 있다.

오릉 사이의 소나무 숲, © 변미영

오릉을 에워싸는 소나무 숲속을 상쾌한 기분으로 산책한다. 아름드리 소나무는 오릉의 주인을 호위하듯이 고개와 허리를 숙이며 함께 늙어간다. 소나무는 세월의 무게를 온몸으로 부대끼며 생명이 다하는 순간까지 오릉을 지키는 충성스런 신하 같기도 하다. 오릉 주변에 자라고 있는 소나무는 평범한 나무가 아니다. 예전에는 왕릉 주변에만 소나무를 심었기 때문에 소나무는 왕후의 반열에 오른 귀중한 나무다. 이 때문에 소나무는 왕이나 우두머리를 상징하는 '솔'이라는 뜻이 있다.

오릉 뒤에는 굴참나무, 갈참나무, 상수리나무 등의 참나뭇과 나무들이 아름드리로 자란다. 소나무에 터 잡은 어린 뽕나무가 살아가는 모습은 신기하다. 어떻게 상처난 소나무에 뿌리를 내리고 살아가는지 궁금할 따름이다. 후문에는 아름드리 주엽나무가 무서운 가시를 펼치고 자란다. 속이 썩어버린 주엽나무는 나뭇가지에 무성한 생명력을 불어넣고 있다. 소나무 숲속에서 서로 몸을 맞대고 살아가는 소나무들을 만나면 입가에 미소가 번진다. 오릉의 소나무는 가끔 사랑에 빠지기도 한다.

소나무에 뿌리내린 뽕나무

대나무와 알영정, 향나무와 숭덕전

오릉의 오른쪽에는 알영정이 있다. 오릉 숲에는 무덤만 있는 게 아니다. 무덤을 한 바퀴 돌고나서 대나무 숲에 자리한 알영정(閼英井)으로 걸어간다. 박혁거세 부인이 알영정에서 태어났기 때문이다. 『삼국유사』에는 알영정(閼英井)에 나타난 계룡의 왼쪽 갈비에서 동녀가 탄생했는데 입술이 닭의 부리와 같았다고 한다. 동녀의 입술이 닭의 부리와 같은 것은 신비로운 인물의 신화적 출현을 보여준다.

알영정의 대나무 숲

알영정 대숲에는 죽순이 봉긋봉긋 솟아오르고 있다. 새로운 생명을 하늘로 힘껏 밀어 올리는 대나무의 생명력은 그 자체만으로도 신비롭고도 감동적이다. 알영부인이 태어날 때 용이 함께 나타난 것은 하늘의 자손을 표방한 왕권의 신화적 출현을 의미한다. 그래서 박혁거세는 경주의 토착세력과 혼인관계를 통해 왕위에 올랐다.

〈신라시조왕비탄강유지〉 비각에는 사방에 용과 봉황이 조각되어 있다. 용의 옆구리에서 알영부인이 탄생한 이야기를 상징하는 것 같다. 알영정

수령 350년의 향나무

맞은편에는 숭덕전의 연못이 있는데 석류나무, 모과나무, 장미, 산수유, 단풍나무, 무궁화, 생열귀, 골담초 등의 키 작은 나무가 연못을 다채롭게 꾸며준다. 연못 가운데 소나무는 담장 너머 알영정을 구경하기 위해 목을 빼고 자란다.

알영정과 담을 맞댄 숭덕전에는 350년 세월의 무게를 감당하는 향나무가 용트림을 시작하면서 승천을 준비하는 듯하다. 그 곁에 회양목이 100년의 당당한 기품을 보여준다. 박혁거세를 모신 숭덕전 담장을 따라 목련이 줄지어 자란다. 봄에 하얀 목련꽃이 피어나면 환상적인 풍경을 감상할 수 있다. 햇살이 따가운 여름에 오릉과 맞닿은 대숲을 거닐면 서늘한 기운 덕분에 발걸음이 느려진다.

오릉의 수돗가에는 잣나무가 두 줄로 자란다. 그중에서도 느티나무 뿌리를 감싸고 살아가는 잣나무 뿌리를 보면서 안타까움과 대견함이 교차한다. 느티나무와 잣나무의 공생이 생명체의 조화를 보여준다. 오릉에도 가끔 나무이름표가 달려 있지만 좀 더 촘촘하게 나무이름표를 달아야 한다. 그래야 오릉을 찾는 방문객들이 나무의 생태를 이해하는 데 도움이 되기 때문이다.

이제 알영정과 숭덕전까지 둘러보았으니 나정으로 발길을 잡아야 한다. 오릉을 나와 오른쪽 담장을 따라가면 왕버들과 벚나무 가로수가 숲 터널을 만들어준다. 아름드리 왕버들과 젊은 벚나무는 오릉 담장을 따라 산책하는 사람들에게 싱그러운 나무 향기를 전해준다. 비가 내려서 그런지 오릉 방문객이 드물어서 호젓한 산책을 즐기는 호사를 마음껏 누렸다.

3. 나정의 소나무 숲에서 박혁거세가 탄생하다

나정에서 오릉을 내려다보면 넓은 숲이 펼쳐진다. 그래서 오릉의 주인공인 박혁거세가 탄생한 나정으로 발길을 옮긴다. 나정의 소나무 숲에서 오릉을 바라보면 신화적 인물의 탄생과 죽음을 제대로 느낄 수 있기 때문이다. 나정은 아름드리 소나무 숲의 서사시가 봄바람을 타고 들려온다. 나정(蘿井)은 신라의 탯자리이고, 탯자리는 소나무 숲이다. 천년고도 신라 역사의 출발점이 바로 나정이다. 나정을 찾아가는 시간은 언제나 고향의 부모님을 찾아가는 것처럼 포근하다. 소나무 숲속에 자리한 나정을 천천히 산책하면 주변의 봄꽃을 감상할 수 있어서 즐겁다.

박혁거세가 탄생한 소나무 숲. © 이지용

박혁거세가 탄생하는 신비로운 이야기는 나정의 소나무 숲에서 펼쳐진다. 기원전 69년 삼월 초하룻날 신라 육부의 촌장들이 알천 언덕에 모여서 백성을 다스릴 덕이 있는 사람을 찾아서 왕으로 삼고자 했다. 높은 곳에 올라가서 남쪽을 보았는데 양산 밑 나정 곁에서 이상한 기운이 땅에 드리우고 흰 말이 꿇어앉아 절을 하고 있었다. 그곳에 있던 붉은 알에서 태어난 아이를 목욕시켰더니 몸에서 광채가 사방으로 퍼졌다고 한다.

나정의 신비로운 소나무 숲에서 탄생한 박혁거세는 신라 천 년의 문을 활짝 열었다. 천년고도 신라의 시작을 알려주는 신화적 인물이 박혁거세다. 그는 신라의 시조이면서도 경주 박씨의 시조이기도 하다. 박혁거세는 씨족의 시조와 국가 창업의 군주를 겸하고 있다. 신라 건국의 신화적 인물인 박혁거세는 나정의 소나무 숲과 생태적으로 연결될 수밖에 없다. 나정을 발굴하면서 소나무 숲이 크게 훼손되었다. 소나무가 사라지면 나정의 가치도

발굴로 사라진 나정의 소나무 숲

사라진다.

경건한 마음으로 나정의 중앙에 서면 박혁거세가 탄생한순간을 간접적으로 체험할 수 있다. 낮은 산과 논으로 둘러싸인 나정에서 눈을 감으면 땅과 하늘의 기운을 느낄 수 있다. 눈을 뜨면 소나무 숲이 펼쳐진다. 바로 앞의 소나무를 바라보면 하늘과 맞닿아 있는 느낌이다. 구불구불한 소나무의 줄기는 나무가 하늘로 오르려는 몸부림이다. 어떤 소나무는 금방이라도 승천할 용 같다. 소나무의 다양한 모습은 나정에서 박혁거세가 태어난 신화의 현장을 신비롭게 해준다.

신라의 시조 박혁거세가 나정에서 탄생한 것은 결코 우연이 아니다. 나정의 '나'는 소나무 겨우살이(蘿)를 의미하고 '정(井)'은 우물이다. 겨우살이는 우리나라뿐 아니라 유럽에서도 신령스러운 존재였다. 특히 겨우살이가 소나무에 산다는 것도 의미심장하다. 소나무를 의미하는 '솔'이 '으뜸'을 의미하니, 겨우살이는 나무 중에서 최고인 소나무에 살고 있는 셈이다. 신라의 시조가 '으뜸'을 의미하는 소나무와 관련해서 탄생한 얘기는 무척 자연스러우면서도 신비롭다.

하지만 박혁거세가 나정의 소나무 숲에서 탄생했다는 기록은 『삼국유사』에도 등장하지 않는다. 그럼에도 6,000년 전 경주 지역에는 소나무가 살고 있었다는 점에 착안하면 나정의 소나무 숲에 주목해야 한다. 나정의 소나무는 피부가 붉어서 하늘에서 내려오는 '자줏빛'과 유사한 모습을 보여준다. 여기에 흰 말이 알을 보호하는 모습과 '자주빛' 소나무의 피부는 묘한 색상 대비로 알을 더욱 돋보이게 한다.

나정의 소나무 숲에서 박혁거세는 신비로운 알로 탄생한다. 신화적 인물은 대체로 비정상적인 탄생을 보여주는 것이 일반적이다. 박혁거세가 탄생한 소나무 숲은 신성한 인물에게 생명을 지펴주는 어머니의 자궁처럼 신비롭다. 이 때문에 나정의 소나무 숲이 사라지면 박혁거세의 탄생 신화도 사라진다. 나정의 신화적 상징이 박혁거세가 탄생한 신비로운 소나무 숲이기 때문이다.

나정은 박혁거세가 소나무 숲에서 탄생한 신비로운 이야기를 전해주고 있지만 방문객이 거의 없어서 너무도 고요하다. 나정에서는 소나무를 안고 박혁거세 신화의 생태인문학적 상상력을 길어 올리기에 제격이다. 박혁거세 신화의 신비로움을 체험하기 위해 나정의 소나무를 안고 우주목의 기운을 느껴보았다. 소나무는 하늘과 땅을 연결해주는 신목(神木)의 기능을 수행하고 있기 때문이다.

가끔 나정 방문객들이 소나무를 안고 대화하는 나를 이상한 눈으로 힐끗힐끗 쳐다보았다. '소나무도 생명체일뿐 아니라 그 속에 박혁거세 신화와 신라의 역사가 숨 쉬고 있다'는 생태문화적 인식과 상상력이 필요한 시점이다. 박혁거세가 탄생한 소나무를 안고 나눈 침묵의 대화는 오랫동안 생태인문학적 소통으로 기억될 것이다.

나정의 소나무를 안고 대화하다

4. 양산재에는 버드나무가 무성하게 자란다

나정에서 남산 자락으로 올라가면 신라의 육부를 모신 양산재가 있다. 나정에서 양산재로 가는 길에는 벚나무가 신음하고 있다. 남간마을로 가는 인도를 확장하기 위해 시멘트로 벚나무를 완전히 포위했기 때문이다. 나정을 방문한 관광객들은 벚꽃의 화려함에 열광하여 사진 찍기에 여념이 없다. 그런데 벚나무의 가쁜 숨소리에 귀를 기울이지 않으면 벚나무는 사라지고 만다. 아무리 생명력이 강한 벚나무라 해도 시멘트에 목이 졸려서는 살아갈 수 없기 때문이다. 벚나무가 사라지면 나정과 양산재의 풍경도 시들해지기 마련이다.

양산재는 신라의 시조 박혁거세를 군왕으로 추대한 경주의 토착세력을 모신 사당이다. 양산촌, 고허촌, 진지촌, 대수촌, 가리촌, 고야촌 등의 육부

육부 촌장을 모신 양산재

촌장은 씨족 신화의 주인공인데, 모두 하늘에서 내려온 신성한 인물이다. 나정의 소나무 숲에서 탄생한 박혁거세를 신라의 시조로 추대했다는 점에서 육부 촌장의 공로를 인정해야 한다. 박혁거세가 육부 촌장의 추대로 왕위에 오른 것은 나정이 경주의 토착세력과 밀접한 관계가 있다는 것을 의미한다. 그래서 육부 촌장을 모신 사당인 양산재가 나정 옆에 위치하고 있다.

양산재에는 버드나무가 무성하게 자라고 있었을 것이다. 양산(楊山)이란

양산재의 능수버들

지명에도 버드나무가 들어있기 때문이다. 지금도 양산재 주변에는 두 그루의 버드나무가 옛날의 이야기를 들려주고 있다. 신라 탄생의 주역을 모신 양산재에 버드나무를 심는다면 옛 정취를 감상하기에 훨씬 좋을 것 같다. 양산재로 들어가면 백목련이 한여름을 맞이하고 있다. 나무에 핀 연꽃을 의미하는 목련은 불교적인 성격이 짙은 나무다. 이밖에도 양산재에는 무궁화, 가이즈카향나무, 사철나무, 석류나무, 회양목, 가죽나무, 버즘나무, 잣나무 등이 자라고 있다. 늘 푸른 사철나무, 회양목, 잣나무 등과 같이 수많은 갈등을 조정했던 육부 촌장의 변함없는 품성과 생태적 삶의 지혜를 배우고 싶다.

5. 소나무 숲속의 궁궐, 창림사지

박혁거세는 알영정에서 출생한 동녀와 결혼해 지금의 창림사 주변으로 추정되는 남산 서녘 기슭에 궁궐을 지었다. 신라 최초의 궁궐터로 추정되는 창림사지는 배동의 남산신성 아래에 자리한다. 그 궁궐에도 숲이 울창했던 것으로 짐작된다. 절집 이름에 창림(昌林)이 들어있기 때문이다. 창림사가 창건되기 전에는 박혁거세와 알영왕비가 머물렀던 신라 최초의 궁궐이 들어선 곳이다.

신라의 초기 왕궁터인 창림사지로 가는 길에 남간마을이 자리한다. 예전의 화려한 절집을 상상하면서 남간마을을 산책하다 보면 남간사지의 석조유물들을 만날 수 있다. 남간마을에서는 절집에서 사용했던 석물들이 다양

남간사지의 당간지주

하게 재활용되는 모습을 눈여겨 볼만하다. 폐사지에서 만나는 석물은 발걸음을 멈추게 하는 매력이 있다. 남간사지(南澗寺址) 당간지주(보물 제909호)가 그렇다. 당간지주(幢竿支柱)는 절의 행사 때 깃발을 세웠던 석조유물이다. 논 가운데 자리한 당간지주는 3.6미터로 미끈하게 생겼다.

남간마을 안쪽에는 제7대 일성왕릉(逸聖王陵)이 있다. 소나무 숲속에 자리한 일성왕릉은 깔끔한 모습을 보여준다. 남간마을에서 남산으로 이어지는 곳에 일성왕릉 소나무는 부챗살을 펼친 것처럼 서로 의지하고 살아간다. 남간마을에서 일성왕릉이 보이는 것을 막기 위해 소나무 숲을 조성한 것이다. 일성왕은 신라 제3대 유리왕의 맏아들이다. 20년 동안 재위한 일성왕(134-154)은 농토를 늘리고 제방을 수리하여 농업을 권장하며 검소한 생활을 장려했다고 한다.

소나무 숲속의 일성왕릉

남간마을의 소나무 숲속에 신라 초기 궁궐이 들어섰다. 박혁거세가 출생한 나정과 가까운 창림사에도 소나무 숲이 가득하다. 창림사지는 박혁거세가 탄생한 나정숲과 신라 육부촌의 하나인 양산재와 가까운 곳에 자리한다. 창림사는 통일신라시대에 창건되어 고려시대까지 존속했으나 조선 초기에 폐사된 것으로 추정된다. 이 때문에 지금은 초기 궁궐의 흔적도 찾기 어려운 실정이다.

창림사지를 발굴하면서 울창한 소나무 숲도 사라졌다. 예전처럼 소나무 숲에서 3층 석탑을 찾아보는 즐거움도 함께 사라진 것이다. 소나무 숲이 사라지면서 아름다운 석탑의 기품을 확인할 수 있어서 다행인지도 모른다. 그런데 숲이 사라진 창림사지는 왠지 황량하다. 소나무 숲속에 감춰진 창림사지 3층 석탑이 더욱 정겹기 때문이다.

창림사지 3층 석탑

창림사 3층 석탑은 제46대 문성왕 17년(855)에 조성되었다. 문성왕이 중생들의 극락왕생을 기원하는 발원문이 새겨진 탑지가 조선후기 경주를 방문한 추사 김정희에 의해 세상에 알려졌기 때문이다. 조선후기 금석문의 대가 김정희는 1828년 경주 창림사지를 방문한다. 그곳에서 김생 글씨가 적힌 비석을 확인하고 싶었던 것이다. 당시 추사가 확인한 비석은 사라지고 비석을 받쳤던 쌍두귀부와 건물의 주초석이 옛날의 이야기를 전해준다.

신라 최초의 궁궐터에서 보면 선도산 자락에 자리한 무열왕릉의 우아한 곡선이 뚜렷하다. 박혁거세 왕과 알영왕비가 궁궐에서 바라본 경주의 풍광이 지금과는 다를지도 모른다. 하지만 형산강과 산등성이는 예나 지금이나 크게 변하지 않았을 것이다. 산과 물은 옛 것이지만 사람만 세월을 따라 변해버린 것은 아닌지 곰곰이 생각해본다.

6. 포석정의 유상곡수를 지켜보는 느티나무

포적정 주차장에는 아름드리 왕벚나무가 화려한 꽃망울을 피워낸다. 왕벚나무에 핀 벚꽃을 감상한다는 것은 정말로 행운이다. 벚꽃이 피는 계절에는 경주로 가는 고속도로에서 국도까지 온통 자동차 물결로 넘쳐나기 때문이다. 포석정 입구에는 소나무 한 그루가 서 있다. 그 곁에 제법 허리둘레가 굵은 구골나무가 자란다. 구골나무는 개의 뼈를 닮았다고 해서 붙여진

포석정의 유상곡수를 지켜보는 느티나무

이름이다. 하얀 꽃은 늦가을이나 초겨울에 피고 열매는 이듬해 봄에 익어 간다.

매표소 왼쪽에는 은행나무가 줄지어 포석정으로 발길을 안내한다. 고개를 삐쭉하게 내면 담장의 소나무가 방문객을 반겨준다. 포석정으로 걸어가면 숲으로 가득하다. 포석정에는 느티나무 아홉 그루와 팽나무가 살고 있다. 포석정 정원에는 소나무를 비롯한 침엽수가 풍부하지만 포석정에는 활엽수만 터 잡고 살아간다. 멀리서 보았을 때 느티나무만 있는 것으로 생각했으나 가까이 가서 살펴보면 팽나무도 더불어 뿌리를 내렸다. 거북의 머리에 해당하는 곳에 자리한 느티나무는 수술 흔적을 안고 힘겹게 살아간다.

포석정은 유흥과 놀이를 진행했던 유상곡수(流觴曲水)의 공간으로 유명하다. 유상곡수는 술잔을 물에 띄워놓고 시를 지었던 신라 귀족들의 풍류문화다. 포석정의 느티나무는 유상곡수의 홍취와 함께 내 모습도 나이테에 오롯이 새겼을 것이다. 느티나무는 수많은 유상곡수의 현장을 지켜본 생명체다. 그래서 사계절 다채롭게 변화하는 느티나무와 팽나무도 함께 감상해야 한다. 느티나무와 팽나무는 포석정의 생태문화적 가치를 풍성하게 만들어주기 때문이다.

포석정은 느티나무와 팽나무가 숲을 이루는데, 이들은 모두 느릅나뭇과 자손들이다. 그중에서도 느티나무가 새봄의 여린 새순을 살랑거리고 있다. '늦게 티가 난다'는 의미를 가진 느티나무는 언제 보아도 늠름한 모습이다. 그래서 나는 느티나무를 아주 좋아한다. 늦게 티가 나는 것도 나와 닮았기 때문이다. 화강암을 다듬어 만든 포석정 주변에는 감나무, 왕벚나무, 소나무, 목련, 단풍나무, 잣나무 등이 살고 있다.

신라 패망의 오명을 쓴 포석정에는 아름드리 느티나무가 오랜 세월 동안 생명력을 품고 자란다. 포석정은 초등학교 수학여행 때 처음 방문했던 기억이 생생하다. 그때는 포석정의 역사에만 관심을 가졌을 뿐 나무에 대한

포석정의 여름 풍경

관심은 없었다. 나무를 공부하면서 비로소 포석정의 생태문화에 대해서 관심을 가지게 되었다. 나무가 눈에 들어오면서 나무의 역사와 생태를 결합한 생태문화에 대한 관심이 넓어졌다.

주차장으로 나와서 휴식할 장소를 찾았다. 포석정 주차장 뒤쪽 왕벚나무 의자에 앉아서 배낭에 넣어온 캔맥주를 마시고 싶었다. '나무 따라 경주 걷기'를 하면서 목이 마르면 언제든지 마실 수 있도록 캔맥주를 챙겨 다닌다. 봄날 아내와 함께 왕벚나무 아래서 맥주를 마시는 기분은 정말 황홀하다. 그래, 이 맛에 '나무 따라 경주 걷기'를 하는지도 모른다. 왕벚나무는 꽃잎을 바람에 떠나보내고 붉은색 열매 자리만 앙상하게 매달려 있다. 사랑이 끝난 후의 허망함이 이런 모습이 아닌지 궁금해진다.

7. 소나무 숲속의 지마왕릉과 왕버들

왕벚나무 아래서 잠시 휴식을 했으니 다시 지마왕릉으로 발길을 잡는다. 그런데 주차장 오른쪽 왕벚나무는 목이 잘린 채로 힘겨운 삶을 살아가고 있는 게 아닌가. 왕벚나무 목을 왜 잘라야 했는지 도저히 이해할 수 없다. 이런 장면을 목격할 때마다 마음이 너무도 아프다. 내 자유로운 기상이 타

탱자나무가 가시 사이로 꽃을 피워낸다

지마왕릉 앞의 탱자나무 울타리

인에 의해서 잘려나간 것 같기 때문이다. 그래서 얼른 지마왕릉 방향으로 빠른 발걸음을 옮길 수밖에 없었다.

신라 제6대 지마(祗摩)왕릉 가는 길에는 블록을 깔아놓아 걷기에 편리하다. 산책길은 과수원 울타리로 탱자나무를 활용하고 있다. 동네 아이들의 서리를 막기 위해 예전 과수원에는 무시무시한 가시로 무장한 탱자나무 울타리가 많았다. 탱자나무는 가시가 달린 가지마다 하얀 꽃을 피워낸다. 마치 탱자나무 가시에 흰 눈이 쌓인 것 같다. 무서운 가시가 있지만 탱자나무는 청초한 꽃을 피운다. 산책길을 걸어가면서도 하얀 탱자나무 꽃이 자꾸

소나무 숲에 자리한 지마왕릉

만 생각난다.

산책길 오른쪽에 아름드리 잣나무가 이정표 역할을 한다. 잣나무를 지나 조금만 걸어가면 지마왕릉이다. 왕릉에 도착하면 제일 먼저 푸른 하늘과 푸른 소나무가 눈길을 사로잡는다. 아름드리 소나무의 다채로운 모습을 보면서 왕릉을 거닐면 생사가 한 몸이라는 것을 실감한다. 왕릉을 둘러보고 계단을 내려오면 아름드리 왕버들이 봄기운에 왕성한 꽃을 피워낸다. 소나무 숲속에 자리한 지마왕릉 곁에 왕버들이 있어서 봄날이 더욱 화려한 것 같다.

지마왕은 23년(112-134)간 이사금으로 재위하면서 가야, 왜구, 말갈 등의 침입을 막아 신라를 지켜낸다. 왕의 사후에 붙여진 '지마'는 공경하는 마음으로 백성들을 어루만졌다는 의미를 담고 있다. 소나무 숲속에 자리한 왕릉을 거닐며 기운을 재충전했기 때문에 발걸음이 사뿐사뿐 가벼워진다. 왕버들 그늘에서 지마왕릉 소나무 숲을 가슴속에 담고 다시 길을 떠난다.

산책길은 다시 남쪽으로 이어진다. 지마왕릉에서 태진지로 연결되는 흙길에는 탱자나무 울타리와 개나리, 등나무가 발걸음을 따라온다. 태진지에는 박석을 깔아놓아 걷기에 편리하다. 나무로 만든 쉼터에 앉아서 태진지 풍경을 한동안 쳐다본다. 시원한 바람이 땀을 식혀주며 지나간다. 쉼터 주변에 젊음을 뽐내고 있는 전나무들이 연한 새순을 살며시 내밀며 봄 인사를 건낸다.

8. 배롱나무와 망월사 그리고 배동 석조여래삼존입상

태진지에서 산길을 따라 걸어가면 망월사와 배동 석조여래삼존입상으로 연결된다. 망월사 앞에는 세 갈래로 가지퍼짐을 보여주는 아름드리 팽나무가 자란다. 절집의 대문을 들어가면 불두화, 비파나무, 배롱나무, 벚나무 등이 시선을 사로잡는다. 그중에서 배롱나무는 방문객의 발걸음을 한동안 붙잡아두기에 충분할 정도로 멋지다. 대웅전에도 배롱나무가 미끈한 피부를 보여준다.

망월사의 배롱나무

연못 속에 기단을 만든 3층 석탑 아래는 잉어가 자유롭게 노닌다. 석탑의 기단부에 연화문을 새기는 대신 살아 있는 연꽃을 심어놓은 지혜가 돋보인다. 대웅전 뒤에는 자목련, 불두화, 음나무, 산수유 등이 옹기종기 자라며 봄날 따사로운 햇볕을 쬐고 있다. 노란색 산수유 꽃이 지면 붉은 색 자목련 꽃이 뒤란을 화려하게 수놓는다.

망월사 앞에는 차를 마실 수 있는 금오산방이 있다. 금오산방 곁에 팽나무, 밤나무, 가죽나무, 왕벚나무, 은행나무, 능수버들, 해송들이 조그마한 숲을 이룬다. 이들 숲을 바라보면서 따뜻한 차 한 잔을 마실 수 있는 여유를 누리고 싶어진다. 망월사는 예전에 '선방사'라고 불렀다. 선방사는 조선 초기 매월당이 방문했을 때도 방치되었다. 방외인 김시습이 500년 전 선방사를 방문하여 세상사 흥망성쇠가 끝없이 반복됨을 노래한 시가 전해진다.

선방사의 보리밭에서 생명력을 보다

담장가의 보리밭에 가스랑이 가는데
섬돌가의 구기자 열매 젖빛이 빼어나네
흥망이란 그것은 곧 끝이 없는 일이어서
이제와 옛날 미루어보니 눈이 자주 도는구나

선방사의 위치와 규모를 짐작해볼 수 있는 증거물은 보리밭이다. 매월당 김시습이 선방사에서 노래했던 보리밭을 통해서 망월사가 선방사 터에 들어선 것을 알 수 있다. 예전에 『김시습과 떠나는 조선시대 국토기행』을 집필하면서 선방사를 방문했을 때 푸른 보리밭을 보고 얼마나 기뻤는지 모른다. 그런데 지금 보리밭에는 건물을 세우느라 시끄러운 소리만 가득하다. 이제 선방사의 위치를 알려주던 보리밭이 사라져 너무도 아쉽다. 김시습 시에만 존재하는 선방사의 보리밭을 쓸쓸하게 추억할 뿐이다.

배동 석조여래삼존입상과 무언의 대화를 하다

국도에서 삼불사 주차장으로 가는 길에는 아름드리 왕벚나무가 줄지어 발걸음을 따라온다. 주차장에는 상수리나무 두 그루 사이에 나무로 만든 조각품이 전시되어 있다. 자연과 인간의 조화가 아름답게 느껴진다. 삼불사 석탑 주변에는 단풍나무, 배롱나무, 왕벚나무, 소나무 등이 살고 있다. 그곳에서 조금 위쪽에 배동 석조여래삼존입상(보물 제63호)을 모신 전각이 자리한다.

석조여래삼존입상은 주변에 흩어졌던 조각들을 모아서 1923년 다시 세운 불상이라고 한다. 7세기에 만들어진 배동 석조여래삼존입상은 미소를 띤 어린이와 같은 얼굴이 매우 특이하다. 특히 중앙 불상은 상투 모양의 머리와 네모난 얼굴이 신라 어린이를 모델로 했을 가능성도 보인다. 서쪽 남

배동 석조여래삼존입상

산 기슭을 걸을 때마다 배동 석조여래삼존입상 앞에서 잠시 쉬어가곤 했다. 석조여래삼존입상(삼존석불)을 바라보고 앉아있으면 조각솜씨보다도 개구쟁이로 자랐던 어린 시절의 추억이 떠오르기 때문이다.

예전 소나무 숲속에 삼존석불이 있었을 때는 자연과 어울린 모습이 좋았다. 지금은 전각 속에 삼존석불이 모셔져 있지만 마치 삼존석불이 갇혀버린 것처럼 느껴진다. 삼존석불의 자유로운 표정을 보고 싶어서 여러 차례 방문했지만 전각이 햇빛을 차단하여 제대로 감상하지 못했다. 그래서 삼존석불 주변의 소나무 숲속으로 고개를 돌릴 수밖에 없다. 푸르고 시원한 눈맛이 삼존석불의 답답함을 조금 풀어주는 듯하다.

9. 소나무의 생태미학을 보여주는 삼릉

망월사에서 삼릉으로 가는 길에 조그마한 공동묘지가 있다. 길을 따라 걸어가면 대나무 숲속의 수런거림을 만날 수 있다. 대숲을 지나면 소나무가 가장 아름다운 삼릉이 나온다. 삼릉은 남산 소나무 숲의 백미다. 삼릉에는 신라 제8대 아달라왕, 제53대 신덕왕, 제54대 경명왕이 잠들어 있다. 이들은 모두 박혁거세의 후손들이다.

삼릉의 소나무 숲

삼릉은 소나무 숲이 울타리가 되어 신라 왕릉을 보호한다. 아름드리 빽빽한 소나무 숲에는 삼릉이 적막함을 더해준다. 삼릉을 감싸고 있는 소나무는 이리저리 굽은 자태가 예사롭지 않다. 특히 삼릉의 아름드리 소나무는 한국의 자연미를 보여주는 사진에 단골로 등장한다. 소나무의 신비로운 생명력은 흐리거나 안개 낀 날에 더욱 장관이다. 삼릉에 살고 있는 건강한 소나무의 위풍당당함이 천 년의 생태미학을 고스란히 보여준다.

소나무 숲은 생명체의 역사와 문화를 그대로 담고 있다. 삼릉에 누워있는 신라왕들은 재임기간 뚜렷한 업적이 없다고 한다. 그럼에도 삼릉은 아름드리 소나무의 매력 때문에 해마다 수많은 방문객을 유혹한다. 삼릉의 왕들은 살아있을 때보다 죽어서 더 많은 사랑을 받고 있다. 그 곁에 소나무가 있

잠에서 깨어난 삼릉의 소나무 숲

어서 삼릉의 주인공은 덜 외로웠는지도 모른다. 소나무는 삶과 죽음을 구분하지 않고 자신의 생명을 유지하기 위해 치열하게 살아갈 뿐이다.

삼릉에서 조금 더 걸어가면 경애왕릉이 나온다. 소나무 숲속에 자리한 경애왕릉은 조그마한 석교를 건너가면 만날 수 있다. 신라 제55대 경애왕(924-927)은 포석정에서 제사를 지낸 후 연회를 베풀고 있었다. 그런데 경주를 침입한 견훤에게 사로잡혀 자결로 세상을 마감한다. 비극적 죽음을 당한 경애왕을 슬퍼하면서도 허리를 굽히고 살아가는 소나무가 애처롭게 보인다.

소나무 숲에 자리한 경애왕릉

제5장.
남산에 올라 불국토를 산책하다

경로 ① 남산 자락 ② 삼릉 ③ 금오산 ④ 용장사지

1. 남산 자락은 신라인의 불국토다

남산은 소나무 숲으로 가득하다. 남산의 소나무 숲속에는 천 년의 역사와 문화가 살아 숨 쉬고 있다. 이 때문에 남산 자락은 신라 천 년의 생태문화가 공존하는 세계문화유산이기도 하다. 숲속에 자리한 남산 자락의 문화유산을 생태인문학적 관점에서 산책하면 불국토의 생명력을 느낄 수 있다. 남산은 신라의 처음과 마지막을 보여주는 신화와 역사의 무대다. 신라의 첫 하늘을 열었던 신화의 현장인 나정(蘿井)과 신라 패망의 현장인 포석정(鮑石亭)이 남아 있기 때문이다.

남산의 싱싱한 소나무

남산 자락은 신라인의 불국토(佛國土)로 오랫동안 생명력을 유지하고 있다. 6세기부터 남산에는 수많은 탑과 불상을 포함한 절집, 왕릉, 다양한 유적들이 들어서면서 살아있는 박물관으로 거듭나게 되었다. 이러한 노천 박물관의 아름다움을 소개한 고청 윤경렬의 열정을 기억해야 한다. 그분의 발자국 덕분에 남산 자락의 불국토가 빛을 발하게 되었기 때문이다.

남산은 온통 푸른색으로 가득하다. 그 푸른색의 정체는 소나무 숲이다. 소나무는 남산의 내면을 쉽게 보여주지 않는다. 다만 땀을 흘리며 남산을 오르는 사람에게만 조금씩 자신의 속내를 보여줄 뿐이다. 소나무는 남산의 역사와 문화를 지켜온 소중한 생명체다.

그렇다고 남산에는 소나무만 있는 게 아니다. 남산에는 때죽나무, 철쭉, 물푸레나무, 싸리나무, 옻나무, 노간주나무, 물오리, 사방오리, 진달래, 팥배나무, 청미래덩굴, 서어나무, 갈참나무, 굴참나무, 신갈나무, 국수나무, 사람주나무 등 수많은 나무가 어울려 살아간다. 이렇게 남산 자락은 생태문화의 보고이기도 하다.

남산에서 본 삼릉의 소나무 숲. ⓒ 이지용

2. 삼릉에서 금오산으로 등산하다

남산을 산책하는 코스는 여러 갈래가 있다. 그중에서도 삼릉에서 출발해 상선암(上禪庵)을 거쳐 용장계곡으로 내려오는 길이 가장 역사와 문화가 풍성하다. 냉골로 가는 등산로에는 나무로 만든 바닥이 깔려 있다. 등산객의 편안한 발걸음을 유도하여 남산을 보호하려는 세심한 배려로 보인다.

냉골에는 머리가 없는 석불여래좌상이 시선을 붙잡는다. 옷 주름과 매듭이 아름다운 불상 주변에는 때죽나무, 철쭉, 팥배나무 등이 자란다. 그중에서도 때죽나무는 5월에 하얀색 꽃송이가 아름답게 피어난다. 지금은 향기로운 꽃이 진 자리마다 동자승 머리 모양처럼 열매가 주렁주렁 매달려 있다.

때죽나무는 석불여래좌상 왼쪽 40미터에 있는 마애관음보살입상 주변에

냉골의 소나무 숲길

머리가 없는 석불여래좌상

때죽나무의 열매

도 자란다. 때죽나무의 열매는 깨달음을 위해 참선하는 스님의 머리처럼 매끄러운 모습이 정겹다. 그런데 불상 좌우에는 동백나무를 심어 놓았다. 따뜻한 남쪽에서 잘 자라는 동백나무를 심은 것은 조금 어색하다. 머리 없는 불상을 위로한다고 해도 낯선 환경에 적응하면서 힘겹게 살아가는 동백나무가 애처롭기도 하다. 어쩌면 인간의 무지와 욕심 때문에 동백나무를

마애관음보살입상 곁의 때죽나무

남산에 심었는지도 모른다.

나뭇잎에 떨어지는 빗방울 소리와 계곡의 물소리는 거문고의 산조 가락을 연주하는 듯하다. 장마철이라 제법 시원한 물소리는 세상의 근심을 씻어주기에 충분하다. 물가에 자라는 물오리, 사방오리, 서어나무 등은 싱싱했지만 고사한 나무들은 그루터기에 새로운 생명을 품어준다.

선각육존불로 가는 길에는 소나무 뿌리가 흙을 안고 있는 모습이 계단처럼 자연스럽다. 남산의 흙을 뿌리로 감싸고 있는 소나무의 내공이 대단해 보인다. 인공이 아닌 자연 계단은 힘겨운 발걸음을 훨씬 가볍게 한다. 선각육존불과 선각여래좌상 주변에는 소나무, 아까시나무, 때죽나무, 쇠물푸레나무 등이 유물과 상생하며 살아간다.

이제 조금만 더 가면 금오산 정상으로 이어지는 능선에 닿을 수 있다. 그렇지만 정상에 오르기 전에 상선암에서 잠시 쉬어가는 것이 좋다. 상선암에는 측백나무, 느티나무, 살구나무, 호두나무, 벚나무 등이 절집을 감싸고 있다. 사람이 거주하는 상선암에는 아름드리 살구나무가 눈길을 끈다. 따뜻한 봄날에 살구나무와 벚나무가 꽃망울을 터뜨리면 상선암에는 신선이 내려올 것만 같다. 비가 오락가락하는 궂은 날씨에도 상선암에서 바라본 형산강의 시원한 풍광은 자연이 빚은 생명력으로 넘쳐나고 있다.

마애석가여래좌상은 남산에서도 커다란 불상이다. 화강암의 하얀색에 돋을새김 한 불상은 웅장하면서도 인자한 모습이다. 그 왼쪽에는 아름드리 소나무가 불상과 반대편으로 가지를 뻗어서 푸른색의 싱싱한 젊음을 뽐낸다. 불상의 머리 위에는 노간주나무가 바위에 뿌리를 내리고 힘겹게 살아간다. 노간주나무는 촛불처럼 부처의 후광을 빛내고 있다. 입구에 심어 놓은 회양목의 둥근 모양새가 세상을 둥글게 살아가는 지혜를 보여준다. 그곳에서 바라본 삼릉계곡은 물길을 따라 나무들이 싱싱하게 자란다. 계곡의 물이 나무를 키우고 나무가 물을 품어주는 생태적 상생관계를 보여준다.

마애석가여래좌상 곁의 소나무

3. 정상에 오르면 내려가는 것이 자연의 순리

드디어 해발 468미터 금오산 정상에 닿았다. 금오산은 해발고도가 낮다고 해서 단숨에 오를 수 있는 산이 아니다. 화강암에 뿌리내린 소나무들의 끈기를 생각하며 천천히 올라야 한다. 그 옛날 남산에서 소원을 빌었던 수많은 사람도 수행하는 마음으로 낮은 자세로 올랐기 때문이다. 어쩌면 남산을 오르는 것만으로도 근심을 풀어내고 소원을 성취했는지도 모른다.

『삼국유사』에 의하면 삼화령 대연화대에는 충담 스님이 해마다 삼짇날과 중구절에 돌미륵에게 차를 공양했다고 한다. 차는 달마대사의 눈꺼풀에서 태어났기 때문에 불교의 깨달음과 관계가 깊다. 비가 그친 뒤에 발아래로 보이는 삼릉의 소나무 숲은 마치 푸른색 물감을 풀어놓은 바다처럼 잔잔하다.

정상에 오르면 반드시 내려가야 한다. 산을 내려가는 것은 오르는 것보다 위험하다. 그래서 조심했지만 나무에 시선을 빼앗겨 넘어질 뻔했다. 금오산 정상에서 소나무 숲길을 따라 남쪽의 용장사지로 향했다. 남산의 바위를 기단부로 활용한 지혜 덕분에 용장사지 3층 석탑(보물 제186호)은 가장 아름답고도 맵시가 넘친다. 석탑 주변에는 소나무가 분재처럼 바위틈에 뿌리를 내리고 살아간다. 소나무는 척박한 환경에서도 오랜 세월동안 3층 석탑을 지켜본 친구다.

3층 석탑 밑에는 삼륜대좌불(보물 제187호)이 얼굴도 없이 하염없이 서쪽을 바라본다. 『삼국유사』에는 "용장사에는 높이 열여섯 자되는 돌미륵상이 있었는데 절의 주지인 대현(大賢) 스님이 미륵상을 돌며 염불했다. 그러면 돌미륵상도 스님을 따라 머리를 돌렸다"라는 기록이 전한다. 8세기 유가종의 시조인 대현 스님은 당나라까지 알려질 만큼 학식이 뛰어났다. 널따란

용장사지 3층 석탑

섬륜대좌불, 머리가 없지만 구름을 토해내다

바위를 기단부로 삼고 세 개의 둥근 반석 사이에 작은 둥근 반석을 끼워넣어 쌓아올린 다음 그 위에 여래상이 앉아있는 독특한 형식을 보여준다. 그 안쪽 바위에 8세기에 조각된 마애여래좌상(보물 제913호)이 살짝 미소 짓고 있다.

4. 김시습이 금오신화를 지었던 용장사지

김시습의 방외인적 삶은 평생 동안 지속되었다. 세조의 왕위찬탈로 전국을 유랑하던 끝에 경주 남산 자락의 용장사에 은거하면서 『금오신화』를 지었다. 당시에도 선비의 양심을 지키기란 쉬운 일이 아니었던 것으로 보인다. 그는 사람들이 찾아오지 않는 용장사 주변에 매화나무, 소나무, 차나무, 대나무 등을 심어놓았다. 김시습은 매화에 대한 각별한 애정을 보여주었다.

김시습이 사랑한 들매화

자신이 거처하던 집을 매월당(梅月堂)이라고 짓고 들매화를 보고 시(詩)를 지었다.

버섯 자라 산골짜기 깊숙하여
사람이 오는 것을 보지 못해라
가랑비에 시냇가의 대나무가 자라고
비낀 바람은 들매화를 보호하는구나!
작은 창에서 사슴과 함께 자고
마른 의자에 앉았으니 재와 같은데
깨닫지 못하겠도다, 초가집 처마에서
뜰 꽃이 떨어지고 또 피어남을

김시습은 선비의 양심을 지키기 위해 매화나무를 심고 싶었다. 한겨울에 봄소식을 전해주는 매화나무는 선비의 절개를 상징하고 있기 때문이다. 그런데 매월당이 살았던 용장사지에 매화나무가 없다는 것이 너무도 아쉬웠다. 지금은 무성한 칡과 대나무가 엉켜있는 집터만이 을씨년스럽게 방치되어 세월의 무상함을 보여준다. 집터 주변에는 곰솔, 느티나무, 말채나무, 대나무, 소나무 등이 자라고 있다. 이러한 나무들에도 김시습의 생태의식이 숨어있을 것이라 생각하며 위안을 삼았다.

용장사지에 매화나무를 심다

김시습의 국토기행에 동참하면서 아름다운 자연과 나를 탐색하는 기회로 삼았다. 이 때문에 남산 자락을 등산할 때마다 용장사지는 빼놓을 수가 없었다. 김시습의 흔적을 찾을 수 있을 것만 같았기 때문이다. 그럼에도 문학 창작의 현장에 매화나무를 심을 거라고는 상상도 못했다.

『금오신화』에는 〈만복사저포기〉 〈이생규장전〉 〈남염부주지〉 〈용궁부연록〉 〈취유부벽정기〉 등의 5편이 수록되어 있다. 그중에서도 〈만복사저포기〉와 〈이생규장전〉은 기이한 이야기로 구성되어 감동을 주기에 충분하다. 『금오신화』에 수록된 5편의 이야기는 김시습의 방외인적 삶과 선비의 양심 고백이 반영되어 있다. 이 때문에 김시습의 삶과 『금오신화』는 분리될 수 없는 것인지도 모른다.

처음으로 아내와 함께 용장사지에 매화나무를 심었다. 『김시습과 떠나는 조선시대 국토기행』을 출간한 것이 직접적인 계기가 되었다. 용장사지에 매화나무를 심는다는 것이 꿈만 같았다. 약간 설레기도 하고 내가 매화나무를 심어도 되는지 궁금하기도 했다. 용장사지에 매화나무를 심은 뒤에 그 매화나무에게 김시습의 시를 낭독해 주었다. 그렇게 하면 매화나무가 나의 행동을 기억해 줄 것만 같았기 때문이다.

용장사지에 심은 매화나무는 시련의 연속이었다. 왜냐하면 용장사지에 무덤 2기가 있었기 때문이다. 무덤 가장자리에 가녀린 매화나무를 심었지만 가을에 벌초할 때마다 풀과 함께 잘려나가는 안타까운 사건이 반복되었다. 나는 매화나무에게 너무도 미안한 마음이 들었다. 그래서 다른 곳으로 옮겨주려고 했지만 생각보다 쉽지 않았다.

나무인문학을 공부하는 회원들과 함께 용장사지의 매화나무를 옮기고 새로 세 그루를 더 심었다. 그랬더니 간밤에 비가 내려서 매화나무가 잘 자랄 것 같아서 정말 좋았다. 나무인문학 회원들도 나와 같은 마음이었는지 비가 오자마자 용장사지 매화나무의 성장을 기원하는 문자 메지시를 보내주었다. 김시습을 상징하는 매화나무가 용장사지에 생명의 뿌리를 내리기를 간절하게 기원한다.

나무인문학 회원들과 매화나무를 심다

설잠매로 생태문화를 실천하다

용장사지에 심은 매화나무 이름을 '설잠매(雪岑梅)'로 지었다. 김시습은 매월당, 동봉, 설잠, 췌세옹 등과 같이 다양한 호를 사용했다. 그중에서 '설잠매'가 가장 적절한 것 같았기 때문이다. '설잠매'가 피어날 때 제일 먼저 용장사지를 찾아갈 것이다. 김시습이 살았던 용장사지에서 봄날 활짝 핀 매화를 볼 수 있다면 정말 행복할 것 같다. 그 매화 향기를 맡으며 생태인문학의 실천을 자축하고 싶다.

김시습이 살았던 용장사지를 지나 용장계곡으로 내려가면 아름드리 해송과 느티나무, 왕대 등이 무성하다. 대나무 중에서도 왕대는 특유의 연녹색을 띠고 있다. 해송은 칡의 손길을 피하기 위해 나뭇가지를 하늘 높이 올려서 햇볕을 받으며 자란다. 용장계곡 설잠교 아래에는 버들치 가족이 맑은 물에서 자유롭게 헤엄친다. 어떻게 이런 높은 곳까지 버들치가 거슬러 왔는지 생명체의 신비로움은 항상 내 상상력을 가볍게 넘어버리곤 한다.

제6장.
낭산과 보문들판을 산책하다

경로 ① 선덕여왕릉 ② 중생사 ③ 진평왕릉 ④ 설총묘 ⑤ 보문사지 ⑥ 명활산성

1. 선덕여왕릉에서 모란을 만나면 얼마나 좋을까

선덕여왕(善德女王)은 재위 16년(632-647) 동안 분황사, 첨성대, 황룡사 9층 목탑 등을 세우고 삼국통일의 기초를 마련했다. 선덕여왕을 만나기 위해서는 낭산(狼山)을 찾아가야 한다. 높이 100여 미터로 나지막한 낭산 정상에 선덕여왕의 안식처가 있기 때문이다. 낭산의 지명유래는 이리가 엎드린 모양에서 비롯되었다고 한다. 이러한 낭산의 정상에 묻힌 선덕여왕이 세 가지 사실을 미리 알았던 이야기가 『삼국유사』의 〈지기삼사〉에 전한다.

낭산은 예로부터 신라의 신들이 노닐던 신유림(神遊林)으로 유명하다. 아마도 신라의 시조들이 신성한 숲에서 탄생한 것과 연관되어 있는 듯 하다. 『삼국사기』에는 실성왕 12년(413) 8월 구름이 낭산에 일어났는데 그 모습이 누각 같고 사방에 아름다운 향기가 퍼져 오랫동안 사라지지 않았다고 한다. 그래서 실성왕은 낭산을 신령스러운 곳으로 여겨, 나무 한 그루도 베지 못하게 했다. 이런 신성한 곳에 신라 최초로 여성 군왕인 선덕여왕릉이 자리한다.

선덕여왕은 어떻게 왕위에 오를 수 있었을까? 진평왕의 첫째 딸이 왕이 될 수 있었던 원인은 신라의 신분사회에서 찾을 수 있다. 진평왕은 슬하에 아들이 없었고 딸인 덕만, 천명을 두었다. 골품제도에 의하면 성골만이 왕이 될 수 있었다. 이런 우여곡절 끝에 첫째 딸인 덕만 공주가 선덕여왕으로 등극하게 되었다. 여성으로서 군왕에 등극한 선덕여왕은 신라 귀족의 반발을 잠재우기 위해 노심초사했을 것이다. 이러한 신라 귀족의 반발과 백성의 불안을 잠재우기 위한 선덕여왕의 세 가지 이야기가 신비롭기도 하다.

선덕여왕, 모란꽃에는 향기가 없음을 알다

당 태종이 모란 그림과 그 씨앗을 선물로 보내왔을 때 선덕여왕은 향기가 없다는 사실을 예견했다. 모란 씨앗을 뜰에 심어서 꽃이 필 때를 기다렸는데 향기가 없었다. 왜냐하면 부귀를 상징하는 모란 그림에 나비가 없었기 때문이다. 선덕여왕은 모란을 그린 화폭에 나비가 없었기 때문에 향기가 없다는 사실을 미리 알았던 것이다.

모란 그림에 나비가 없다는 것은 신라 선덕여왕을 희롱하기 위한 외교적 술수이기도 하다. 당시 선덕여왕은 남편을 여의고 혼자 살고 있었기 때문이다. 당 태종의 의도를 꿰뚫어본 선덕여왕은 사물을 관찰하는 예지력과

부귀영화를 상징하는 모란꽃

선견지명을 겸비하고 있었다. 이 때문에 선덕여왕은 모란에 나비가 없는 그림을 보고 향기가 없다는 점을 예견했다.

모란은 아름답고 화려한 꽃의 대표다. 모란은 예로부터 화왕(花王)이라 하여 꽃 중의 꽃으로 꼽았다. 중국인의 사랑을 받던 모란은 신라 진평왕 때 우리나라에 들어왔다. 대부분의 식물이 언제 수입되었는지 명확하지 않으나 모란은 『삼국사기』와 『삼국유사』에 확실한 기록이 전한다. 선덕여왕 1년(632), 세 가지 일을 예견했던 사건에 모란의 전래가 기록되어 있기 때문이다. 신라에 전래된 이후 신라인들은 탐스럽고 커다란 모란꽃을 좋아하게 되었다. 고려시대와 조선시대에도 모란은 부귀영화를 상징하는 꽃으로 사랑받았다.

선덕여왕의 예지력과 달리 실제로 모란꽃에는 향기가 있다. 모란은 암수한꽃으로 4~5월 새로 나온 가지 끝에 크고 소담한 꽃이 핀다. 10개 정도의 꽃잎이 있는 모란꽃은 지름 15센티미터 이상으로 매우 큰 편에 속한다. 화려한 모란꽃의 크기에 비하여 향기는 상대적으로 적은 편이다. 모란꽃은 향기보다 커다란 꽃을 감상하기 위해 정원에 즐겨 심는다. 모란은 꽃의 향기보다 탐스런 꽃의 색깔이 사람들의 마음을 사로잡았기 때문이다.

선덕여왕, 낭산이 도리천임을 알다

선덕여왕은 낭산이 자신의 영원한 안식처인 도리천임을 알았다고 한다. 선덕여왕은 생전에 자신이 죽으면 도리천에 묻히길 소원했다. 그런데 신하들이 도리천이 어딘지 몰라 당황하고 있을 때 선덕여왕은 낭산이라고 말해주었다. 선덕여왕이 낭산에 묻힌 지 32년 후 문무왕이 그 아래에 사천왕사를 창건한다. 불교에서 도리천은 사천왕 위에 있는 수미산 꼭대기의 부처님 세계를 말한다. 그래서 사천왕사 위쪽의 선덕여왕릉은 불교에서 말하는 도리천이 되었다. 비로소 선덕여왕의 생전, 자신의 무덤자리 예감이 적중한 것이다.

낭산은 아무런 준비를 하지 않아도 산책하기에 좋다. 더욱이 관광객이 붐비지 않아서 호젓하게 걷는 즐거움이 제법 쏠쏠하다. 선덕여왕릉을 찾아가는 길은 사천왕사지를 가로질러야 한다. 주차장에 차를 세우고 철길 밑 시멘트 포장길을 걸어가면 넓은 보문들판이 펼쳐진다. 그 황금들판 가장자리에 선덕여왕의 부친인 진평왕릉이 있다. 보문들판의 진평왕릉과 낭산의 선덕여왕릉은 죽어서도 부녀 사이에 애틋한 정을 나누고 있는지도 모른다.

산등성이를 따라 걸어가면 나무로 길을 만들어 놓았다. 아마도 방문객이 증가하면서 흙이 쓸려가는 것을 방지하려는 생태적 선택으로 보인다. 낭산에는 날씬하고 키가 큰 해송이 불꽃처럼 하늘로 향하고 있다. 나무로 포장된 길이 끝나는 지점에는 해송 대신에 육송이 빽빽하게 자라고 있다. 우리와 친숙한 소나무는 서식지를 기준으로 해송과 육송으로 구분한다. 바닷가의 거친 바람을 맞은 해송은 솔잎이 강하지만 육지에서 자란 솔잎은 부드럽고 매끄럽다. 해송에 비해 부드러운 피부와 유연한 몸매를 자랑하는 육송은 왠지 친근하다.

선덕여왕릉에는 피부가 붉은 소나무가 매력적이다. 굽은 허리에서 가지가 위로 뻗은 소나무는 살아있는 솟대처럼 보인다. 조금만 더 가면 아름드리 소나무 세 그루 앞에 선덕여왕릉을 중수한 기념비가 있다. 그곳에서 산봉우리로 시선을 돌리면 소나무 사이로 선덕여왕릉이 보인다. 여기서 왕릉까지는 그리운 여인을 만나러 가는 것처럼 마음이 급해진다. 심장 박동소리도 예사롭지 않다. 그래도 천천히 걸으며 주변의 소나무를 유심히 살펴보는 게 좋다. 소나무가 선덕여왕릉을 중심으로 허리를 굽히고 있기 때문이다.

부채살 모양의 소나무 줄기 사이로 선덕여왕릉은 초록색 옷을 입고 있다. 그곳에서 잠시 발걸음을 멈추고 왕릉을 유심히 관찰해야 한다. 푸른 하늘

선덕여왕을 추모하는 가야금 연주

선덕여왕릉, 소나무 속의 뒷태가 아름답다

의 햇살이 왕릉을 따사롭게 감싸고 있기 때문이다. 깜깜한 무대의 주인공에게 비춰지는 한줄기 빛처럼 소나무 숲에서 바라본 선덕여왕릉은 모든 시선을 사로잡기에 충분하다. 하늘로 통하는 문이 있다면 선덕여왕릉에 햇빛이 비치는 이런 장면이 아닐까 한다.

선덕여왕릉 앞 소나무에는 누군가 솟대를 조각해 놓았다. 선덕여왕을 사모했던 지귀(地鬼)의 못 다한 사랑에 대한 환생으로 솟대를 걸어 놓았을 가능성도 있다. 선덕여왕을 사모하여 불귀신이 되었던 지귀가 여왕을 지켜주는 솟대가 된 것은 사랑의 힘으로 생각된다. 아름다운 여왕의 뒷모습을 훔쳐보았던 지귀의 사랑과 설렘이 이런 느낌일지도 모른다. 소나무에 걸려 있는 솟대 덕분에 우리는 다양한 상상력을 발휘하는 즐거운 시간을 보냈다. 선덕여왕은 선견지명으로 신라를 통치했기 때문에 백성들의 가슴에 한 송이 모란꽃으로 기억되었을 것이다.

2. 능지탑에서 중생사로 가는 길의 회양목

사천왕사지에서 선덕여왕릉을 산책하고 문무왕을 화장한 능지탑으로 걸어간다. 선덕여왕릉을 지나면 소나무 숲을 따라 오솔길이 구불구불 이어진다. 오늘은 서울에서 온 출판사 사장님과 선덕여왕릉을 걸어보았다. 왕릉 뒤편의 소나무 숲속에서 “선덕여왕릉은 뒤태가 더 아름답다” 이런 말을 했을 때 사장님은 너무도 흥미롭다고 했다. 선덕여왕릉 뒤쪽에서 앞쪽을 보아야 왕의 시선과 일치하기 때문이다. 풍수는 왕릉 뒤쪽에서 주변을 바라보면서 봉분의 위치를 결정한다.

능지탑은 티벳 사원처럼 커다란 탑을 닮았다. 능지탑 주변에는 아름드리 소나무 세 그루와 해송이 삼국통일을 달성한 문무왕의 늘푸른 기상을 상징적으로 보여준다. 능지탑 사이로 난 오솔길을 천천히 걸어가면 중생사에

능지탑의 소나무

닿는다. 마애보살삼존상이 있는 중생사에는 늘푸른 전나무가 마당에 일렬로 줄지어 젊음을 자랑한다. 중생사 지장전 옆에는 동백나무가 붉은 꽃을 화려하게 떨구고 있다. 봄날 동백꽃이 툭툭 떨어지면 인생무상을 경험하게 된다.

그런데 절집 입구에는 회양목이 자유롭게 자란다. 울타리로 자라는 것과 달리 제법 키가 큰 회양목은 방문객의 시선을 사로잡기에 충분하다. 중생사 입구의 나무 사이에서 자신의 존재를 부각하는 회양목을 찾아보아야 한다. 오랜 세월동안 나이테가 촘촘한 회양목의 생태를 보면 자신을 성찰할 수 있기 때문이다. 더불어 회양목을 보면 중생사 마애보살삼존상 앞에서 간절히 빌었던 소망도 언젠가는 성취될 것이라 생각한다.

동백꽃이 핀 중생사의 마애보살삼존상
중생사 입구의 회양목
방문객의 시선을 사로잡는 회양목

3. 왕버들의 기상을 볼 수 있는 진평왕릉

숲머리에 자리한 진평왕릉

경주 시내에서 보문호 방향으로 가다보면 제법 넓은 들판이 펼쳐진다. 진평왕릉은 경주 보문동의 너른 들판의 가장자리에 아늑하게 자리하고 있다. 진평왕릉이 들어선 자리는 오리 숲머리로 불린다. 오리 숲머리는 마을의 홍수를 막기 위해 제방을 쌓고 그곳에 숲을 조성한 인공림이다. 예전에는 분황사에서 명활산까지 5리에 걸쳐서 무성한 숲이 늘어서 있었다고 한다.

황복사지 3층 석탑에서 본 진평왕릉의 숲

하지만 인간의 무분별한 개발 논리에 밀려서 무성한 숲은 점차 사라지고 말았다.

지금은 진평왕릉 입구에만 과거 오리 숲머리의 흔적을 보여준다. 예전 숲머리는 사라져도 오늘날까지 지명유래에 그 의미가 담겨있다. 숲머리의 지명이 유지되는 한 진평왕릉의 숲이 사라질 염려는 없다. 더욱이 진평왕릉 주변에는 왕버들, 팽나무, 소나무, 느티나무, 느릅나무 등의 아름드리 고목이 무성한 숲을 이루고 있다. 넓은 벌판에 자리한 진평왕릉은 숲속에서 외로움을 달래고 있는지도 모른다.

진평왕은 진흥왕의 태자 동륜의 아들이다. 그런데 부친 동륜이 일찍 죽어서 금륜이 왕위에 올랐는데 그가 바로 진지왕이다. 진지왕은 즉위 4년 만에 정치가 어지럽고 황음하다는 이유로 폐위되었다. 그 바통을 동륜의 아들 백정(白淨)이 이어받았는데 그가 바로 신라 제26대 진평왕이다. 12살에 즉위하여 65살에 세상을 떠난 진평왕은 재위(579-632) 기간이 무려 54년이다. 신라의 시조 박혁거세 다음으로 오랫동안 재위하면서 신라의 토대를 구축했다.

성골 남자로서는 마지막 왕위에 오른 진평왕은 기골이 장대하고 식견이 풍부했던 인물이다. 『삼국사기』에 따르면 진평왕은 얼굴이 기이하고 신체가 장대하였으며 의지가 깊고 식견이 명철했다고 한다. 더욱이 『삼국유사』에는 진평왕의 키가 11척 장신으로 기록되어 있다. 즉위 원년에는 천사가 대궐의 뜰에 내려와 진평왕에게 옥대를 전한다. 왕은 종묘제사에 항상 옥대를 착용했다고 한다. 이러한 '천사옥대(天賜玉帶)'는 왕위계승 과정에서 귀족의 권력을 제어하고 왕권을 강화하는 정치적 상징물이다.

진평왕은 불교에 심취하여 유학승을 중국에 파견하는 일에 적극적이었다. 그중에서도 진평왕 11년(589)에 원광을 중국에 파견한다. 중국에서 귀국한 원광법사는 신라의 호국불교에 상당한 영향을 미친 인물이다. 덕분에 진평왕은 국방력 강화를 위해 명활산성과 남산산성을 축조한다. 재위 13년

(591)에 축조된 남산산성은 경주 남산 북쪽 산허리를 중심으로 주변의 골짜기를 둘러싸고 있다. 경주국립박물관에 보관된 〈남산신성비〉를 통해 남산의 방어를 얼마나 중요하게 생각했는지 짐작하고도 남는다.

삼국통일 이전 평지에 조성한 왕릉은 진평왕릉이 유일하다. 진평왕릉을 포함한 신라의 왕릉은 대부분 무덤의 주인을 확정할 단서를 확보하지 못한 상황에서 추정한 것이다. 『삼국사기』에는 진평왕을 632년 한지(漢只)에 장사지냈다는 기록이 전한다. 그곳이 정확하게 어디인지 현재로써는 알 수 없다. 『동국여지승람』에는 농업용수를 공급받지 못한 이곳의 지명을 한지(閑地)라고 한다. 이러한 지명의 유사성에 초점을 두고 현재의 진평왕릉을 확정한 것이다.

진평왕릉은 여느 왕릉처럼 화려하지도 위엄이 느껴지지도 않는다. 봉분에 아무런 치장이 없는 소박하면서도 보문 들녘의 온화한 느낌을 선사해준다. 왕릉의 높이 7.6미터, 지름 38미터로 자연석으로 둘레를 했으나 지금은 잘 보이지 않는다. 대신에 왕릉 주변의 고풍스런 나무들이 생태적 품격을 더해준다. 습기가 많은 왕릉 주변에는 침엽수보다 활엽수가 풍부하다. 홍수에 대비하기 위해 나무를 심을 때는 활엽수가 제격이다. 나무의 잔뿌리가 흙을 감싸줄 뿐 아니라 습기에도 잘 견디기 때문이다.

아름드리 왕버들이 진평왕릉을 에워싸다

주차장에서 진평왕릉을 살펴보기 위해서는 조금 불편하더라도 오른쪽 수로의 물소리를 들으며 입장하는 게 좋다. 보문 들판의 수로는 왕릉 주변의 수많은 생명을 살려주는 원동력이기 때문이다. 하지만 보문 들판에 생명을 불어넣는 수로가 시멘트로 건설되어 너무 아쉽다. 자연석을 활용한 친환경 수로가 만들어졌다면 훨씬 좋았을 것이다.

입구에 들어서면 아름드리 팽나무 세 그루와 소나무가 시멘트로 포장된 농로와 경계를 이룬다. 울퉁불퉁한 근육질 몸매를 자랑하는 팽나무는 한가족처럼 무리지어 자란다. 지상 3미터에서 여러 갈래로 가지가 퍼진 팽나무가 남성의 젊음을 보여준다면, 그 곁의 날씬한 몸매를 하늘로 밀어올린 팽나무는 여성의 다소곳함을 보여주기에 충분하다. 왕성한 청춘을 뽐내는 팽나무 가지는 주변의 소나무와 연결되어 둥근 출입문을 만들어준다. 인공이 아닌 나무가 만들어준 출입문이라 더욱 상쾌하게 느껴진다.

조금 더 안쪽으로 걸어가면 팽나무 세 그루와 회화나무가 무리지어 자란다. 아름드리 회화나무는 상층부가 부러졌을 뿐만 아니라 생육상태도 부진한 편이다. 그 앞에는 솔잎 우산을 쓴 늘씬한 소나무가 우아한 자태를 자랑한다. 보드라운 피부를 가진 소나무는 정말 예쁘다는 탄성이 저절로 나올 수밖에 없다. 소나무는 왕릉의 좌우에서도 늘 푸른 모습을 보여준다. 특히 왕릉 앞의 소나무는 오랜 세월의 무게를 감당하지 못하고 그만 허리가 굽은 채로 살아간다. 이렇게 진평왕릉의 소나무 다섯 그루는 생전의 궁녀처럼 아름다운 자태를 뽐내고 있다.

평지에 조성된 진평왕릉은 소나무보다 왕버들이 우점종이다. 왕버들은 습기가 풍부한 곳에서도 잘 자라는 특성이 있다. 예전에 홍수가 잦았다는 기록을 참고할 때 왕릉 주변은 습기가 많은 곳이다. 이 때문에 소나무보다 왕버들이 번식하기에 유리하다. 오랜 세월이 흘렀지만 왕릉을 에워싸는 숲머리에는 습기에 강한 왕버들이 풍부하게 서식했을 것이다. 왕버들은 시멘트로 포장한 농로와 수로 건너편에도 자란다. 따라서 수로와 농로는 숲머리를 동서로 갈라놓은 흉물스러운 인공적 구조물이다.

왕버들은 버드나뭇과의 나무 중에서도 가장 크고 우람한 가지퍼짐을 보여준다. 그래서 버드나무 중에서도 왕버들이라는 이름을 가졌다. 아름드리 왕버들이 왕릉을 감싸고 있으니 더욱 싱그러운 젊음이 넘치는 듯하다. 넓은 들판에 자리한 왕릉의 소박한 곡선미와 왕버들의 우람한 고목이 색다른

왕버들이 에워싼 진평왕릉

아름드리 왕버들 사이로 본 진평왕릉

아름다움을 전해준다. 특히 해질 무렵에 왕릉을 거닐면 붉은 노을에 물드는 하늘과 푸른 나무들이 만들어준 황홀한 풍경을 잊을 수 없다. 가을날 벼가 누렇게 익어가는 황금 들판은 세상에서 가장 풍요로움을 선사한다.

맨발로 걸으며 땅의 기운을 느낀다

진평왕릉은 온통 녹색천지다. 여름에는 무성한 나무와 잔디가 푸른색을 덧칠한다. 이런 왕릉을 감상하기 위해서는 신발을 벗고 땅의 기운을 느껴보는 것도 좋다. 입구에서 도랑을 따라 걸어가면 마사토가 깔린 흙길이 나타난다. 보드라운 땅을 맨발로 걸으면 발바닥에 닿는 촉감이 그렇게 좋을 수가 없다. 도시에서 무뎌진 발바닥의 감각이 새록새록 살아나는 듯하다. 이러한 발바닥을 통해 자연이 온몸에 전해지는 생태적 경험은 정말 오랜만이다. 맨발은 목적에 치중한 방문객의 조급한 마음도 사라지게 한다. 맨발로 걸어가면 자연히 속도가 느려질 수밖에 없기 때문이다. 이렇게 느리게 걷는 것이야말로 현대사회의 속도경쟁에서 벗어나는 가장 손쉬운 방법이다.

흙길 주변에 넓은 그늘을 만들어주는 왕버들 두 그루가 살고 있다. 땅에서 두 갈래로 갈라진 거대한 왕버들 사이로 왕릉이 또렷하게 보인다. 왕버들은 무성한 가지로 방문객의 무더위를 식혀주기에 충분하다. 그래서 잠시 발걸음을 멈추고 왕릉 주변의 풍광을 감상하기에 좋다. 그 곁에는 무서운 가시로 무장한 조각자나무가 살고 있다. 중국이 고향인 조각자나무는 매우 귀한 대접을 받는다. 조각자나무는 아무 곳에서 쉽게 볼 수 없기 때문이다. 왕버들의 모습에 눈길을 빼앗기면 조각자나무를 지나칠 수 있으니 마음의 여유가 필요하다.

왕릉 주변에는 돌을 쌓아 조그마한 도랑을 만들어놓았다. 벼가 자라는 논과 인접한 진평왕릉의 습기 제거를 위해 설치한 것으로 보인다. 더욱이 북풍을 막기 위해 도랑 주변에는 느릅나무, 느티나무, 팽나무, 말채나무, 왕버들 등이 숲을 이루고 있다. 왕릉의 서쪽에는 여덟 그루의 해송이 찬바람을 막아준다. 날카로운 잎과 거친 피부를 가진 해송은 마치 군사들이 도열하여 무덤을 지키는 것 같다.

봉분 앞에는 불꽃모양 양버들이 무심히 하늘로 솟아오른다. 무성한 가지 퍼짐을 보여주는 왕버들과 달리 양버들은 하늘로 향하는 전략을 선택한다. 둥근 봉분의 곡선과 곧은 양버들의 직선은 묘한 대조를 보여준다. 가녀린 양버들은 오늘도 바람이 부는 방향으로 기울어진다. 진평왕은 양버들처럼 유연한 통치 덕분에 오랫동안 군왕의 자리를 지켰는지도 모른다. 이 때문에 하늘에서 받았다는 진평왕의 '옥대'는 백성과의 소통을 강조하고 있다. 다만, 예전에 보았던 양버들이 고사하여 허전한 마음을 감출 수가 없다.

진평왕릉에서 농수로를 따라 걸어가면 저 멀리 벼가 자라는 끝에 황복사지 3층 석탑이 보인다. 시멘트로 포장된 세 갈래 길에는 젊은 두충나무가

진평왕릉 주변에서 고사한 양버들

자란다. 그곳에서 왼쪽으로 걸어가면 황복사지 3층 석탑이 있는 마을길이다. 좁은 마을길을 따라 이대가 줄지어 따라온다. 이대 속에 팽나무, 상수리나무, 밤나무, 찔레 등도 함께 뿌리를 내리고 살아간다. 밤꽃과 찔레꽃 향기를 맡으며 마을로 걸어가면 매끈하게 생긴 하얀 3층 석탑이 보인다. 석탑 주변에는 측백나무, 매화나무, 복사나무, 뽕나무 등이 자란다. 제법 노란 물결이 감도는 매실이 누렇게 익어서 밭에 툭툭 떨어진다.

농수로를 따라가면 황복사지가 보인다

4. 설총 무덤에서 만난 장미꽃

시내에서 보문호 방향으로 가다보면 제법 넓은 들판이 펼쳐진다. 보문동에는 설총 무덤으로 전해지는 커다란 봉분이 있다. 이 무덤은 지름 15미터, 높이 7미터로 보호석의 흔적이 곳곳에 보인다. 그런데 설총의 무덤은 지금까지도 의견이 분분하다. 신라의 수도인 경주가 아닌 경산에 묻혔을 것이라 주장하기도 한다. 이런 설총 무덤에 대한 이견은 고고학적 연구가 더 필요하리라 생각한다.

설총 무덤은 마음의 여유를 가지고 찾아가야 한다. 보문들판의 아름다움에 매료되어 서둘다보면 무심코 지나칠 수도 있기 때문이다. 진평왕릉 입구에 차를 세워두고 자전거를 타고 보문동 들판을 둘러보는 게 제격이다. 보문들판에는 설총의 무덤과 보문사지 유물이 곳곳에 숨어 있기 때문이다. 보문들판에 숨어 있는 보물을 찾기 위해서는 느림의 미학이 필요하다. 논둑길을 산책하듯이 천천히 걸어가면 천 년의 생태문화를 만날 수 있다.

마을 안쪽에 자리한 설총 무덤에는 배롱나무에 핀 백일홍이 한창이다. 한여름의 무성한 초록 무덤과 비교하면 너무도 붉어서 슬프다. 배롱나무는 겉과 속이 동일하여 무덤가에 주로 심는다. 왜냐하면 배롱나무는 조상과 후손의 표리일체를 상징하고 있기 때문이다. 선선한 바람이 불면 배롱나무도 단풍으로 옷을 갈아입는다. 배롱나무는 줄기의 껍질을 벗어버린 채 한겨울을 온몸으로 견뎌낸다.

설총 무덤의 입구에는 무궁화가 울타리로 사용되고 있다. 흰색과 분홍색 꽃을 피운 무궁화나무는 서로 빽빽하게 어깨를 맞댄 채 무덤을 지킨다. 무덤을 방어하는 울타리에는 무궁화만 있는 것은 아니다. 사철나무도 무덤과 밭의 경계를 구분하는 울타리로 살아간다. 이 때문에 무덤을 보호하는 생울타리는 무궁화나무와 사철나무의 몫이다. 봉분의 뒤편에는 젊은 소나무 열세 그루가 북풍을 막아준다. 무덤에서 보면 소나무는 왼쪽에 아홉 그루, 오른쪽에 네 그루가 살고 있다. 늘 푸른 소나무는 봉분의 주인을 변함없이 지켜주는 듯하다. 설총의 무덤을 당당하게 지켜보고 있는 키 작은 소나무가 믿음직스럽다.

신라시대는 우리말과 한자의 불통이 매우 심각한 상황이었다. 지금도 소통이 매우 중요한 화두이지만 그 당시는 더욱 심각했을 것이다. 이러한 불통을 해소하기 위해 이두(吏讀)를 집대성한 인물이 바로 설총이다. 이두는 한자의 음과 훈을 빌려 우리말을 표기하는 차자(借字) 표기법을 말한다. "나라말쌈"과 한자의 차이로 인한 의사소통의 어려움을 해소하기 위해 이두를 정리한 설총 덕분에 신라인들은 좀더 편리하게 향가를 짓고 표기할 수 있었다.

설총은 경덕왕 때의 학자로 강수, 최치원과 함께 신라 3대 문장가로 유명하다. 그는 원효대사와 요석 공주 사이에서 태어난 인물이다. 설총의 정확한 출생년도는 알 수 없지만 천성이 명민하고 경사와 문학에 능통했던 학자다. 이 때문에 설총은 고려 현종 13년(1022)에 '홍유후(弘儒侯)'에 추봉되어 문묘에 배향되었다. 조선시대에는 고향인 경주 서악서원에 설총 위패가 배향되었다.

아첨하는 장미꽃을 내치시오!

『삼국사기』에는 설총이 신문왕의 요청으로 〈화왕계(花王戒)〉를 지었다고 한다. 예나 지금이나 막강한 권력을 가진 사람에게 충언하기는 쉽지 않은 것 같다. 다양한 꽃을 의인화한 〈화왕계〉는 작품의 내용을 파악한 뒤에 붙인 이름이다. 〈화왕계〉는 임금에게 올바른 정치를 하도록 충언한 가전체소설이다.

국왕에게 아첨하는 여인의 애교보다 정직한 신하의 충고에 귀를 기울일 것을 권유하고 있다. 꽃나라 화왕인 모란은 장미를 사랑했는데 할미꽃이 충언을 하게 된다. 할미꽃의 충직한 말에 감동한 화왕은 올바른 도리로 정치를 바로잡게 된다. 이렇게 꽃을 의인화한 가전체소설 〈화왕계〉는 임금에게 올바른 지혜를 가르쳐준 이야기로 유명하다.

〈화왕계〉에 등장하는 모란꽃, 장미꽃, 할미꽃 등을 설총의 무덤에서 만날 수 있으면 얼마나 좋을까? 다행히 무덤 주변 텃밭에 붉은 장미꽃이 있어서 정말 반가웠다. 가녀린 줄기에 피어난 탐스러운 장미꽃은 지나가는 사람의 마음을 홀리기에 충분하다. 특히 붉은 장미는 욕망, 열정, 절정 등의 꽃말을 가지고 있다. 화려한 꽃과 달리 줄기에 무서운 가시를 품은 장미는 오감을 마비시키는 사랑의 묘약인지도 모른다. 이 때문에 요염하고 진한 향기를 풍기는 장미꽃의 자태에 정신을 빼앗긴 사람은 화왕만이 아닐 것이다.

그런데 화왕을 상징하는 모란이 화려한 장미꽃에 현혹되지 않도록 충고한 할미꽃은 설총의 무덤 그 어디에서도 찾을 길이 없다. 〈화왕계〉에 등장하는 모란과 할미꽃을 새봄에 볼 수 있다면 얼마나 좋을까? 세상살이의 잘못을 깨우쳐준 할미꽃의 지혜와 그것을 수용한 모란의 포용력을 진정 배우고 싶다.

미나리아재빗과에 속하는 할미꽃은 여러해살이풀이다. 할미꽃은 한국의 산과 들에 자라는 야생화다. 메마른 양지에서 잘 자라고 키는 40센티미터 정도이며 전체에 흰색의 털이 촘촘하게 나있다. 잎에는 흰색 잔털이 빽빽하게 나있고 잎의 표면은 진녹색이다. 뿌리는 땅 속 깊이 들어가고 흑갈색이며 윗부분에서 많은 잎이 나온다. 뿌리에서 잎이 바로 나오므로 줄기를 따로 구분하기 어렵고 꽃은 적자색으로 4월에 핀다. 노인의 백발을 연상하여 한자로는 '백두옹(白頭翁)'이라고 부르기도 한다.

설총의 무덤에는 모란꽃, 할미꽃, 장미꽃 등을 심어서 〈화왕계〉를 문화콘텐츠로 활용해야 한다. 꽃을 의인화한 〈화왕계〉의 생태문화적 서사를 활용하여 고전의 현재화 또는 고전의 대중화 전략을 모색해야 할 시점이 되었다. 고전을 활용한 생태인문학 기행을 통해서 나무와 풀을 역사적 인물과 결부시켜 이해할 필요가 있다. 왜냐하면 생태문화적 관점에서 문학, 역사, 조경 등을 결합한 스토리텔링이 관광산업으로 부상하고 있기 때문이다.

장미꽃이 핀 설총의 무덤

설총의 묘

5. 보문사지 당간지주와 벼로 충만한 연화문 당간지주

명활산과 낭산 사이에는 제법 넓은 보문평야가 펼쳐진다. 보문사지는 그 동쪽에 있는데 들녘의 황량함으로 가득하다. 예전의 화려한 보문사는 폐사되어 역사의 뒤란으로 사라지고 말았다. 이곳을 보문사 터로 추정하는 까닭은 보문이라는 기와조각이 발견되었기 때문이다. 현재 보문사지에는 아름다운 당간지주와 석조 및 절집에 사용된 부재들이 자신의 존재를 말해준다.

보문사지는 어린 왕버들과 부들 사이로 난 길을 걸어가야 만날 수 있다. 절집이 허물어진 곳에는 어김없이 논이 들어서 있다. 물이 풍부한 논에는 왕버들과 부들이 자리를 잡았다. 보문들판에는 절집에 사용된 각종 유물이 논바닥에 흩어져 있다. 흙으로 조금 높이 쌓은 축대 위 금당 터에는 건물의 기단석과 초석이 남아 있다. 석탑지 중앙의 대형 초석에는 연화문이 조각되어 있고, 목탑 터는 금당 터 앞의 높은 단 위에 남아 있다.

들판의 남쪽과 서쪽에는 당간지주가 일정한 거리를 두고 옛 이야기를 전해준다. 남쪽의 당간지주는 높이 3.8미터로 돌기둥의 한쪽이 부러진 채로 서 있다. 오른쪽은 세 개의 구멍이 있다면 왼쪽은 가운데 한 개 홈이 있다. 서쪽의 당간지주는 아름다운 연화문을 바깥에 새겼고 높이 1.46미터로 아담하다. 연화문 당간지주는 보문들판에서 가장 아름다운 유물이다. 사계절 벼의 성장과 함께 색다른 풍경을 보여주기 때문이다.

우리는 폐사된 절집을 자주 찾지 않는다. 화려한 석탑이나 불상, 건축물 등의 유적이 별로 남아 있지 않기 때문이다. 그럼에도 폐사지는 예전 절집의 모습과 그곳을 왕래했던 신라사람들의 생활상을 그려볼 수 있는 곳이다. 세월의 무게를 감당하지 못하고 폐사되었지만 말하지 않는 유물들과

보문사지 당간지주

도란도란 이야기를 나눌 수 있는 장소다. 이 때문에 보문사지는 폐허에 방치된 것처럼 보이지만 또 다른 충만으로 가득하다.

진평왕릉에서 마을길을 따라 조금 더 내려가면 연화문 당간지주가 있다. 도로에서 벼가 자라는 농로를 따라가면 당간지주가 앙증맞게 보인다. 부지런한 농민이 논두렁에 대추나무를 심어놓았다. 농수로에 분홍 꽃이 핀 자귀나무도 있다. 보문사지 연화문 당간지주는 논 가운데 자리한다. 예전에는 절터였지만 지금은 벼농사를 짓는 논으로 바뀌었다.

천 년의 빛을 온축시켜온 보문사지에 서 있는 느낌은 과연 어떨까? 연화문 당간지주에서 보문들판을 바라보면 비움과 충만이 끊임없이 교차한다. 봄에는 수많은 풀이 계절의 변화를 이야기해준다. 여름에는 하얀 개망초 꽃이 지천으로 피어나 나비들을 불러 모은다. 여름날 연화문 당간지주에는 하얀 개망초 꽃이 지천으로 피어나 나비들을 불러 모은다. 가을에는 누렇

보문사지 연화문 당간지주에서 포즈를 취하다

게 낱알이 토실하게 여물고 있는 벼가 고개를 숙인다. 황금들녘의 당간지주가 세상의 중심임을 보여준다. 벼가 출렁이는 황금들판은 당간지주를 충만으로 가득 채운다. 겨울에는 차가운 화강암에 핀 연화문이 추위를 녹여준다. 그래서 연화문 당간지주가 있는 보문사지는 외롭지도 쓸쓸하지도 않다. 오히려 보문사지는 화려함이 사라졌지만 다양한 계절의 아름다운 미학으로 충만하다.

벼가 누렇게 고개를 숙이고 있는 보문들판의 연화문 당간지주는 폐허의 흔적 대신에 가을의 풍요로움으로 가득하다. 폐사지의 현장은 말하지 않는 유물과 대화하는 즐거움을 느낄 수 있다. 그 침묵의 대화에서 새로운 위안을 얻는지도 모른다. 벌써부터 황금들판의 벼들이 수런거리는 가을이 자꾸만 기다려진다. 연꽃이 핀 당간지주에서 바라본 황금들판은 풍요의 바다이고 침묵의 만다라인지도 모른다.

6. 생강나무 따라 명활산성을 거닐다

보문호 오른쪽의 천군동과 보문동에 걸쳐있는 명활산성은 경주를 방어하는 군사시설이다. 명활산성은 혼자 걷기에 가장 적당하다. 나무가 자라는 산기슭을 따라 탐방로가 연결되어 사색하기에 적당하기 때문이다. 비가 오는 날에도 우산을 들고 명활산성을 천천히 걸어보았다. 나무 따라 탐방로를 산책하는 기분은 조금 무서울 정도로 고요하다. 번잡한 도시를 벗어나 호젓한 산책을 즐기고 싶으면 명활산성을 걸어보면 새로운 에너지를 충전할 수 있다.

알싸한 꽃 향기를 내는 생강나무

명활산성 주차장에는 고로쇠나무, 벚나무, 단풍나무, 낙우송 등이 숲을 이루고 살아간다. 명활산성의 북문을 복원한 입구에는 벚나무 두 그루와 젊은 단풍나무가 살고 있다. 명활산성 탐방로에는 상수리나무, 생강나무, 쇠물푸레나무, 소나무 등이 발길을 안내한다. 젊은 상수리나무가 명활산성 오솔길을 따라 풍부하게 자생한다. 그 사이로 키 작은 생강나무가 넓은 잎으로 햇볕을 받으며 살아간다. 봄날 생강 꽃이 지천으로 피어나면 산책의 즐거움은 배가 될 것이다.

경주를 방어하는 명활산성에서 647년 상대등 비담이 반란을 꾀하게 된다. 경주에 커다란 별이 떨어지는 천문현상이 발생했다. 이 소식을 들은 김유신이 다음날 불붙인 연을 하늘로 날려서 다시 올라가도록 했다고 한다. 김유신의 지혜 덕분에 비담의 반란군을 진압할 수 있었다. 비담의 난으로 명활산성은 폐허로 방치된 것으로 보인다.

명활산성 주차장에서 보문들판의 진평왕릉으로 가는 길이 연결된다. 나무로 만든 다리를 건너면 마사토를 깔아놓은 흙길에 아름드리 겹벚나무가 줄지어 자란다. 겹벚나무는 일본에서 산벚나무를 육종하여 만들었다고 한다. 겹벚나무 사이로 주목, 감나무, 산수유나무 등도 자신의 존재를 뽐낸다. 비가 내려서 그런지 벚나무 열매인 버찌가 땅에 떨어져 새들을 불러들이고 있다. 우산을 들고 흙길을 걸어가면 싸각싸각 흙이 밟히는 소리가 너무도 좋다. 어느새 젊은 겹벚나무가 줄지어 발길을 진평왕릉으로 안내해준다.

이 길은 봄에만 방문객이 붐빈다. 봄에는 벚꽃보다 조금 늦게 피어나는 겹벚나무가 피워낸 화려한 꽃망울에 이끌려 수많은 방문객이 찾아오기 때문이다. 하지만 겹벚나무의 탐스런 꽃이 지고나면 아무도 찾지 않는다. 겹벚나무의 외로움을 달래주기 위해서 비가 내리는 날에도 혼자 걸어보았다. 겹벚나무는 한여름에는 시원한 그늘을 만들어주고 가을에는 아름다운 단풍으로 물들어간다. 봄을 제외한 여름, 가을, 겨울에도 방문객이 많이 찾는지 겹벚나무에게 물어볼 일이다.

명활산성 가는 길

제7장.
경주 도심을 산책하다

경로 ① 흥륜사지 ② 분황사 ③ 황룡사지 ④ 도림사지 ⑤ 황성공원 ⑥ 경주읍성

1. 흥륜사, 보리수나무를 만나다

신라는 경주의 신성한 숲인 천경림을 특별히 보호했다. 천경림에 건축된 흥륜사는 이차돈의 순교를 통해서 신라 왕실불교의 중심으로 성장하게 된다. 사정동 흥륜사(興輪寺)는 옛 영광이 사라진 초라한 절집에 불과하다. 경주의 신성한 천경림(天鏡林)에 창건된 화려한 왕실불교의 위상을 상상할 수 없을 만큼 폐사되었기 때문이다. 그래도 흥륜사는 신라 최초의 왕실불교 도량인 것은 분명하다. 신라의 고명한 스님과 불자들에게는 천하의 복된 땅이 천경림의 흥륜사다.

흥륜사의 중심인 이차돈의 순교비

절집의 중심은 부처님을 모신 대웅전이다. 대웅전 앞 화단에는 모란과 소나무가 키 작은 모습으로 자란다. 그 주변에는 흰 꽃을 둥글게 뭉친 불두화가 새색시처럼 수줍은 얼굴을 살포시 내밀고 있다. 대웅전 뒤쪽에는 커다란 기둥의 받침돌이 당시 절집의 위용을 온몸으로 보여준다. 더욱이 몸이 절반만 남은 부처님 곁의 수수꽃다리와 석류나무는 폐사된 아픔을 보듬고 있는 듯하다. 범종각 주변의 아름드리 벚나무는 범종소리를 나이테에 갈무리하면서 무성하게 성장한다.

흥륜사의 중심은 대웅전이 아니라 이차돈 순교비가 차지하고 있다. 그만큼 신라의 불교 공인에 커다란 역할을 했기 때문이다. 대웅전과 이차돈의 순교비는 서로 마주보고 있다. 순교비 주변에는 키 작은 반송 세 그루가 자란다. 반송 아래는 새 출발을 시작하는 어린 새싹이 엄마의 품 안에서 양육되고 있다. 하지만 어린 새싹은 부모의 그늘에서 벗어나지 않으면 생명을 지켜낼 수 있을지 의문이다.

홍륜사에는 느티나무, 벚나무, 배롱나무, 은행나무, 잣나무, 칠엽수, 측백나무 등과 같은 나무가 절집을 풍요롭게 한다. 그중에서도 소나무가 절집 마당보다 높은 곳에 살고 있는 까닭을 비구니 스님에게 물어보았다. 절집의 지대가 낮아서 습기가 차기 때문에 흙을 넣어 소나무를 높게 만들었다고 한다. 아마도 예전 홍륜사 주변에 연못이 있었던 것으로 추측된다. 홍륜

홍륜사의 소나무

사의 소나무를 살리기 위한 비구니 스님들의 불살생 손길이 참으로 아름답다.

불교는 법흥왕 14년(527) 이차돈의 순교로 공인되었다. 물론 그 이전에 불교의 유입이 없었던 것은 아니다. 중국과 고구려를 통해서 간헐적으로 불교신앙이 유입된 것으로 짐작된다. 신라에 불교가 전파되면서 기존의 토착신앙을 지지하던 귀족세력과 마찰이 생길 수밖에 없었을 것이다. 이차돈의 순교는 고유한 토착신앙과 새로운 불교신앙의 대립에서 발생한 사건이다.

법흥왕은 새로운 사상을 내포한 불교를 신라의 통치이념으로 삼아 국가체계를 일신하려고 했다. 그런데 신라 귀족들의 반발이 생각보다 완강해 불교의 공인이 쉽지 않았다. 신라의 정치적 안정과 미래를 위해서 법흥왕의 정책에 힘을 실어줄 사람이 필요했다. 법흥왕의 측근이기도 한 이차돈은 누구보다 당시 불교 공인의 중요성을 인식하고 있었다. 그래서 이차돈은 귀족세력의 반발을 무마하고 신라의 사상적 통일을 위해서 순교의 길을 선택한다.

이차돈의 순교는 언제 들어도 신비롭다. 이차돈이 불교 공인을 위해 순교할 때 흰 젖이 한 길이나 솟아올랐다고 한다. 갑자기 맑은 하늘이 어두워지고 땅이 진동하면서 꽃비가 내렸다. 그리고 샘이 갑자기 마르고 물고기가 서로 다투어 뛰었을 뿐만 아니라 나무가 꺾어지니 원숭이들이 떼 지어 울었다고 한다. 이러한 이차돈의 고결한 순교 덕분에 비로소 신라에 불교가 공인되었다.

이차돈의 순교로 창건된 흥륜사는 공사가 중단되는 우여곡절을 겪었다. 왕실의 후원을 받았지만 천경림에 절집을 짓는 대역사는 그리 간단하지 않았다. 진흥왕 5년(544) 2월에 대흥륜사가 준공되었다. 흥륜사는 처음 아도화상이 창건했는데 그 당시에는 조그마한 초가의 절집이었다. 그런데 이차돈의 순교로 불교를 공인한 후 신라왕실 불교도량으로 흥륜사가 중창된 것이다.

경주를 가로지는 서천 주변의 천경림에 창건된 흥륜사는 이차돈의 순교 정신을 담고 있다. 이차돈의 고결한 희생정신을 기리는 순교비는 경주국립박물관에 소장되어 있다. 이차돈 순교비는 육각면의 기둥에 별도의 받침돌과 지붕돌이 존재한다. 비의 정면에는 이차돈의 순교 장면을 돋을새김하고 나머지 면에는『삼국유사』에 기록된 순교와 관련한 명문을 적었다. 비문은 당시 중국까지 알려진 신라의 명필 김생의 글씨로 유명하다.

이차돈의 희생 덕분에 신라에 불교 공인이 가능하게 되었다. 천경림에 흥륜사가 준공된 이후에 신라 왕실의 적극적 후원을 받았던 것이다. 그래서 수많은 왕실 사람들이 승려가 되거나 불교에 귀의하는 일도 빈번했다. 특히 진흥왕은 수많은 불사의 창건과 법회의 개최 등을 통해서 불교사상의 중흥을 촉진한다. 만년에는 삭발하여 승복을 입고 스스로 법운(法雲)이라 불렀다고 한다. 왕비도 비구니가 되어 영흥사에서 살았다고 한다. 이렇게 신라 최초 가람 흥륜사는 이차돈의 순교로 찬란한 불교문화의 꽃을 피웠던 것이다.

신라 최초의 왕실불전인 흥륜사에서 찰피나무를 만나다

흥륜사지에는 다양한 나무가 살고 있다. 흥륜사에는 느티나무, 벚나무, 배롱나무, 은행나무, 잣나무, 칠엽수, 측백나무 등이 절집을 풍요롭게 한다. 그럼에도 불교 공인을 위해 순교한 이차돈 추모비가 자리한 절집의 분위기는 왠지 을씨년스럽다. 아마도 천경림에 들어선 흥륜사의 자리를 찾지 못했기 때문이 아닌가 한다.

흥륜사에는 부처님이 수도하여 깨달음을 얻은 보리수가 눈길을 끈다. 신라 최초의 왕실불전에 보리수나무를 심어놓은 것은 지극히 당연하다. 보리

부처의 깨달음을 상징하는 보리수

흥륜사지의 찰피나무에 꽃이 피어나다

수는 부처님의 깨달음을 상징적으로 보여주기 때문이다. 하지만 대웅전 오른쪽에서 무성한 잎사귀를 하늘로 피어내는 젊은 보리수는 부처와 아무런 관련이 없다. 인도 아열대지역의 보리수는 온대지역인 경주에서 자랄 수가 없기 때문이다. 그래서 절집에서 흔히 부르는 보리수는 피나뭇과의 찰피나무를 말한다.

인도 보리수 대용으로 절집에서는 찰피나무를 심어놓았다. 찰피나무는 잎과 열매 모양이 인도의 보리수와 비슷하다. 찰피나무는 피나무보다 열매가 크고 단단해 염주를 만드는 재료로 애용되기도 한다. 인도 보리수의 잎은 부채꼴이고 잎자루 반대편에는 긴 꼬리가 뾰족하다. 그래서 흥륜사를 비롯한 절집에는 찰피나무를 심어놓고 보리수라고 부른다. 보리수는 비구니 스님들의 방 앞에도 한 그루 자란다. 깨달음을 상징하는 보리수 대신 찰피나무를 심어서 부처의 가르침을 실천하려는 의지를 엿볼 수 있다.

부처님이 깨달음을 얻었던 인도의 보리수는 어디 있을까? 인도 비하르주 보드가야의 마하보디 사원에는 거대한 보리수가 오랜 세월동안 불법의 깨달음을 상징하고 있다. 보드가야는 부처가 탄생한 룸비니, 최초의 설법지 사르나트의 녹야원, 열반지인 쿠시나가르 등과 함께 불교의 4대 성지 중에서도 가장 많은 순례자가 찾는 곳이다. 석가족 태자 출신인 고타마 싯다르타가 이곳의 보리수 아래서 무상정각(無上正覺)의 경지를 깨달았기 때문이다.

부처의 깨달음을 지켜본 마하보디 사원의 보리수는 그의 손자나무다. 부처의 선정을 지켜본 보리수는 생명을 다하여 윤회를 거듭하는 중이기 때문이다. 비록 부처와 함께한 보리수는 생명을 다했지만 여전히 그 아들과 손자를 거치면서 질긴 생명을 이어가고 있다. 인도의 보리수는 단순한 나무가 아니다. 고통스런 세상에서 해탈한 부처님의 묘행무주(妙行無住)와 같은 깨달음을 상징한다.

찰피나무는 우리나라의 계곡과 산기슭에 자생한다. 수피는 잿빛이고 1년 자란 가지는 노란색을 띠는 갈색이다. 찰피나무 잎은 손바닥만 한 크기에 가장자리에는 톱니가 있으며, 전체 모양은 완벽한 하트형이다. 초여름에 깔때기 모양의 꽃차례에 작은 꽃이 모여 피는데 향기가 아주 강하다. 꽃이 지면 헬리콥터의 날개를 닮은 포엽(苞葉) 가운데 긴 열매 대궁이 나와 콩알 굵기만 한 열매가 열린다. 단단한 씨앗으로 스님들의 염주를 만들기도 한다. 그래서 찰피나무를 '염주나무'라고도 부른다.

천경림 흥륜사지의 찰피나무

2. 분황사의 느티나무가 모전석탑을 감싸다

선덕여왕의 숨결이 깃든 분황사(芬皇寺)는 향기로 가득하다. 절집 이름에 '부드럽다, 온화하다, 향기롭다' 등을 뜻하는 분(芬)이 들어있기 때문이다. 임금을 의미하는 황(皇)과 결합하여 부드럽고 온화하며 향기로운 분황사는 여왕의 숨결이 곳곳에 배어있다. 여왕은 신라의 귀족세력과 타협하면서도 수많은 정치적 압박을 감당할 수밖에 없었다. 이러한 정치적 압력과 내부적 비판을 잠재우기 위해 분황사를 창건했다. 숲속에 자리한 모전석탑, 화쟁국사비, 삼룡변어정 등의 석조유물이 예전 분황사의 숨결과 향기를 전해준다.

느티나무로 둘러싸인 모전석탑

분황사 입구는 가정집 대문처럼 소박하다. 대문을 들어서면 느티나무 숲속에 있는 모전석탑이 발길을 막아선다. 아름드리 느티나무가 모전석탑 주변을 둘러싸고 있다. 분황사의 중심은 느티나무 속에 자리한 모전석탑이다. 돌을 벽돌처럼 다듬은 모전석탑은 더 높았을 것으로 추정하지만 현재는 3층으로 존재한다. 몽골의 침략과 임진왜란으로 절집이 완전히 소실되었기 때문이다.

모전석탑 기단부는 크기가 다른 막돌로 쌓았는데 높이는 1미터, 길이는 13미터다. 기단부에는 화강암으로 조각한 사자와 물개 두 마리가 놓여있다. 동해 방향에는 물개, 내륙 방향에는 사자의 조각상을 배치했다. 모전석탑 1층의 네 방향에 감실을 만들어 놓았는데 그 좌우에는 인왕상을 설치해

놓았다. 불법을 수호하는 인왕상은 막강한 힘을 느끼게 할 만큼 생동감이 넘친다. 더욱이 1915년 2층과 3층 사이의 석함에 봉안된 사리장엄구가 출토되면서 탑에 대한 관심과 가치는 높아지고 있다.

이러한 모전석탑에는 느티나무 열네 그루가 손을 맞잡고 탑을 감싸준다. 느티나무는 사계절 내내 다양한 옷을 갈아입으면서 모전석탑과 함께 한다. 분황사의 백미는 느티나무가 모전석탑을 감싸 안은 모습을 최고로 친다.

모전석탑을 둘러싼 느티나무

느티나무는 새 생명의 싹을 피워내는 봄, 싱그러운 그늘을 만들어주는 여름, 오색 단풍으로 위로하는 가을, 앙상한 나뭇가지의 속내를 드러낸 겨울 등과 같이 계절의 변화를 다채롭게 보여준다. 그중에서도 단풍이 곱게 물든 청명한 가을날 느티나무 아래서 모전석탑을 바라볼 때 가장 아름답다.

삼룡변어정은 신라의 신성한 우물이다. 신라사람들이 사용한 우물의 원형이 그대로 남아 있다. 우물의 겉은 팔각이고 내부는 원형이다. 이러한 아름다운 우물은 실용적 기능만을 담당했던 것은 아니다. 삼룡변어정에는 세 마리의 호국룡이 살고 있었다. 그런데 원성왕 11년(795) 당나라 사신이 이 우물 속에 사는 용을 물고기로 변하게 한 뒤에 가져가 버렸다. 이 사실을 알게 된 원성왕이 사람을 보내 용을 다시 찾아와 우물에 넣었다고 한다. 그래서 이 우물을 삼룡변어정이라고 부른다.

화쟁국사비석 받침돌 곁의 나무들

분황사에는 원효 스님의 화쟁국사비석이 있다. 고려 숙종 6년(1101) 8월 원효에게 '대성화쟁국사'의 시호를 내리고 비석을 건립했다. 분황사를 방문한 김시습은 평소 존경하던 원효를 위해 무쟁비를 지었다. 현재 비석 받침돌에 새겨진 '차신라화쟁국사지비적(此新羅和諍國師之碑蹟)'은 조선후기 금석학자 추사 김정희의 글씨다.

화쟁국사비석 받침돌에는 느티나무 두 그루와 회화나무가 그늘을 만들어준다. 회화나무는 느티나무와 햇빛 경쟁을 하지 않고 보광전으로 나뭇가지를 뻗는다. 느티나무도 서로 간섭하지 않고 반대 방향으로 가지를 펼친다. 느티나무와 회화나무는 원효의 화쟁사상을 실천한다. 원효의 자유로운 행보는 세상의 쓸데없는 권위를 허무는 소중한 가르침이다. 이 때문에 분황사에는 선덕여왕의 향기와 함께 원효의 깨달음도 오랜 향기로 전해진다.

화쟁국사비석 받침돌 곁의 느티나무

원효 스님은 648년 황룡사에서 출가하여 '자신의 내면에서 진리를 찾아야 한다'는 깨달음 덕분에 당나라 유학도 포기한다. 그는 불교 전파를 위해 기존의 권위를 과감하게 파계하고 『화엄경』의 이치를 누구나 이해할 수 있도록 '무애가(無㝵歌)'를 지었다. 무애가는 '모든 것에 거리낌이 없어야 생사의 편안함을 얻는다'는 진리를 담고 있다. 또한 왕실 중심의 귀족화된 불교를 백성 중심의 민중불교로 변화시켰을 뿐만 아니라 불교의 종파주의를 회통(會通)시키는 노력을 게을리하지 않았다. 원효는 불교 이론에 얽매이지 않고 실천의 중요성을 몸소 보여준 '화쟁사상'의 통섭을 강조한다.

분황사는 향가 〈도천수대비가〉의 창작 현장이다. 경덕왕 때에 희명의 딸이 갑자기 눈이 멀었다. 희명은 딸을 안고 천수대비 앞에서 〈도천수대비가〉를 부르면서 간절히 빌었다. 천개의 손을 가진 천수대비의 신통력과 딸의 눈을 뜨게 하려는 어머니의 간절함 덕분에 신비로운 치유의 감동을 보여준다. 딸이 광명을 되찾도록 간절하게 기원한 어미의 마음은 여왕의 숨결을 닮았다.

약사여래불을 모신 보광전에는 감나무가 주황색 감을 주렁주렁 매달고 있다. 약사불은 영조 50년(1774)에 조성되었다. 보광전 마당에는 모감주나무, 골담초, 물푸레나무, 작살나무, 층층나무, 참빗살나무, 뽕나무 등과 같이 다양한 나무가 살고 있다. 좁은 생태 공간에서도 서로 의지하며 생명의 소중함을 보여준다. 다만, 분황사에는 향나무가 없어서 아쉽다. 향나무가 있었다면 선덕여왕의 향기를 전해줄 수 있었을 텐데….

그렇다고 절집에 향기가 없는 것은 아니다. 모감주나무, 피나무, 뽕나무, 참빗살나무 등이 향기를 품고 자란다. 모감주나무는 열매로 염주를 만들기도 하지만 깨달음의 향기를 전하기 위해 심었던 것으로 보인다. 피나무는 절집에서 흔히 '보리수'로 부른다. 하지만 뽕나무를 심어둔 경우는 매우 낯설다. 뽕나무는 오디뿐만 아니라 뽕잎차로 활용되기도 한다. 노박덩굴과의 참빗살나무는 예쁜 단풍 옷으로 갈아입느라 분주하다. 이러한 나무들의 향기와 고운 단풍은 선덕여왕의 이미지와 잘 어울린다.

분황사에는 당시의 유명한 고승 원효와 자장이 주석했다. 왕족 출신인 자장은 634년 당나라에서 대장경 일부와 불전을 장식하는 물건을 가지고 귀국한다. 그래서 선덕여왕은 자장 스님을 새로 창건한 분황사에 머물도록 요청했다. 원효는 분황사에 머물면서 『화엄경소』『금강명경소』 등과 같은 수많은 책을 집필했다. 원효 스님이 열반한 뒤에는 그의 아들 설총이 아버지의 소상을 만들어 분황사에 봉안했다고 한다.

범종각은 참으로 낯설어 보인다. 심지어 관광객이 일정액의 돈을 시주하고 타종하고 있는 게 아닌가. 관광객이 타종하는 소리는 세상의 만물을 깨우기보다는 단순한 놀이로 전락한 느낌이다. 범종 소리는 사람들의 마음을 편안하게 해야 한다. 세상의 근심과 걱정을 잠시 내려놓을 수 있는 깨달음의 종소리가 필요하다. 하지만 분황사 범종 소리는 그 어디에서도 진리의 빛을 전하는 은은함을 찾아볼 수 없다. 범종 소리는 바쁜 발걸음을 멈추고 하늘을 바라볼 수 있는 여유를 주지 못한다. 더욱이 분황사를 산책하면서 옛 숨결을 느끼고 싶었는데, 종소리는 그마저도 방해하고 있는지 모른다.

요사채에는 아름드리 은행나무와 느티나무가 푸른 젊음을 뽐낸다. 그 주변은 백송, 산딸나무, 화살나무, 개나리, 석류, 목련, 동백, 이팝나무, 가죽나무, 피나무 등이 어울려 살아간다. 분황사는 다양한 나무가 숲을 이루고 있어서 산책하기에 좋다. 분황사 정원은 예전과 달리 유실수를 많이 심어놓았다. 복사나무와 자두나무는 여름 햇살을 받아서 열매를 주렁주렁 달고 있다. 참빗살나무와 층층나무도 한 곳에 자리를 잡았다. 그런데 분황사에는 나무이름표가 없다. 나무이름표가 있다면 나무의 생태를 이해하는 데 도움이 될 텐데….

3. 황룡사지, 감나무가 쓸쓸함을 덜어주다

분황사 당간지주에는 참빗살나무와 뽕나무가 줄지어 자란다. 화강암을 다듬어 세운 당간지주 사이에는 귀여운 거북이 땅에 납작 엎드리고 있다. 당간지주의 적절한 간격 유지에 힘쓰는 거북을 볼 때마다 입가에 잔잔한 미소가 번진다. 거북은 당간지주의 적당한 거리가 얼마나 중요한지 깨우쳐 주는 듯하다. 인간관계에서도 적정한 거리와 균형을 유지해야만 서로가 행복해진다. 행복은 적절한 거리 유지에서 비롯되기 때문이다. 당간지주 돌기둥을 따라가면 푸른 하늘에 뭉게구름이 떠간다. 당간지주의 회색 돌기둥과 맞닿은 숲속의 분황사는 맑은 호수같이 잔잔하다.

황룡사지로 가는 길

황룡사지, 황량하지만 창조적 상상력의 샘터다

분황사 당간지주에서 길을 따라 황룡사지로 걸어간다. 한여름 햇볕이 따갑지만 폐사한 절집을 산책하는 기분은 왠지 모르게 자꾸만 설렌다. 모든 것이 무너진 황룡사지에서는 과거의 화려한 절집을 상상해 볼 수 있어서 너무도 좋기 때문이다. 황룡사지는 쓸쓸하고 황량하지만 무한한 상상력이 펼쳐지는 공간이다. 자유로운 생각을 펼칠 수 있는 황룡사지는 창조적 상상력의 샘터다.

황룡사는 진흥왕 14년(553)에 창건되었다. 불교가 공인된 후에 진흥왕은 '반월성 동쪽에 새 궁궐을 짓고자 했으나 황룡이 나타나 절을 지었다'고 한다. 황룡사를 창건하기 위해 늪지를 매운 흔적은 연못을 통해서 확인할 수 있다. 지금도 작은 연못에는 갈대가 무성하게 자란다. 갈대 주변 언덕에는 참빗살나무가 바람을 막아준다. 진흥왕 30년(569)에 1차 공사가 완료되었으나 주요 건물은 미완성이었다. 진흥왕 35년(574)에는 금동장륙상을 봉안한다.

신라 최대 가람 황룡사는 동서 288미터, 남북 281미터다. 가람배치는 남쪽에서 남문, 중문, 목탑, 금당, 강당 등이 중심 선상에 자리한다. 중 금당 좌우에는 동서 금당이 위치한 일 탑, 삼 금당의 독특한 건축양식을 보여준다. 더욱이 남문 3칸, 중문 5칸, 목탑 7칸, 금당 9칸, 강당 11칸 등과 같이 내부로 들어갈수록 칸수를 늘려 부처님 세계로 들어가는 느낌을 주도록 건축했다. 황룡사의 건축 규모를 살펴보면 불국토를 염원한 신라인의 마음을 엿볼 수 있다.

선덕여왕 12년(634)에 자장 스님의 권유로 9층 목탑을 건축했다. 백제의 장인 아비지를 초청해 2년 동안 거대한 목탑을 완성한다. 황룡사는 9층 목탑이 완공되면서 비로소 대찰의 모습을 갖추었다. 더욱이 경덕왕 13년(754)에는 황룡사 범종을 만들었다. 황룡사에 걸었던 범종은 에밀레종으로 유명한 성덕대왕신종보다 네 배나 크다고 한다. 비로소 황룡사는 명실상부한 동양 최대의 절집으로 거듭나게 되었다.

선덕여왕의 숨결과 향기는 황룡사 9층 목탑에도 고스란히 남아 있었을 것이다. 아쉽게도 고려 고종 25년(1238) 몽골의 침략으로 황룡사가 소실되어 화려한 목탑은 볼 수 없다. 그나마 건물의 주춧돌이나 탑과 불상을 받쳤던 심초석이라도 남아 있어서 얼마나 다행인지 모른다. 심초석에 누워서 하늘을 바라보면 세상의 근심이 사라진다. 해 질 무렵 황룡사지는 붉은 노을로 충만해진다. 밤하늘에는 사무치도록 그리운 샛별이 반짝이기도 한다.

쓸쓸함을 덜어준 감나무

황룡사지를 천천히 거닐어보면 과거의 웅장함을 주춧돌로 표시해 놓았다. 황룡사지 심초석에 올라가면 저 멀리 보이는 나무가 궁금해진다. 싱싱한 젊음을 뽐내는 나무를 만나기 위해 비지땀을 흘리며 천천히 걸어간다. 멀리서 보았던 나무는 시골집에서 흔히 볼 수 있는 아름드리 감나무다. 주춧돌에서 서쪽을 바라보면 아름드리 감나무가 황량한 벌판에 우뚝 서 있다. 이 넓은 황룡사지를 산책할 때 감나무라도 없었다면 너무도 삭막하고 쓸쓸했을 것이다. 감나무 덕분에 무너진 절터를 산책하면 침묵 속에서도 삶의 열정이 꿈틀거린다.

시원한 감나무 그늘에서 황룡사지 풍경을 감상하는 것도 색다른 경험이다. 감나무에서 황룡사 역사문화관으로 걸어가면 아름드리 수양버들이 길 가운데 살고 있다. 수양버들을 지나면 까치집을 품은 아름드리 살구나무가 노란 살구를 잔뜩 달고 방문객을 기다린다. 땅에 떨어진 살구를 먹어보니 맛이 시큼하여 입에 생침이 솟는다. 봄날 살구꽃이 피면 황룡사지를 아름답게 수놓을 것 같다. 연못에는 갈대와 참빗살나무가 무더위를 식혀준다.

황룡사지의 감나무

장륙상과 협시불 대좌석이 웅장하다

바람이 불어오면 갈대의 수런거림이 황룡사지 이야기를 침묵으로 전해준다. 황룡사지 발굴현장에는 산뽕나무가 방문객을 맞이한다.

『동경잡기』와 『유금오록』에는 황룡사에 장륙상이 홀로 언덕에 남아 있다고 한다. 적어도 몽골의 침략에도 장륙상은 황룡사에 존재했을 텐데 지금은 그 흔적도 없다. 예전 금당 자리에는 거대한 석가여래 삼존상 좌우에 십대 제자상과 신장상 두 구가 있었다. 심초석을 통해서 불상과 조각상의 위상을 짐작하기에 충분하다. 특히 삼존불의 받침돌로 사용된 심초석은 아무런 말없이 석가여래 삼존상을 상상하게 한다.

신라의 보물은 모두 사라지고 주춧돌로 황량한 공간을 메우고 있다. 높고 화려한 건축물이 사라진 넓은 절터에는 바람만이 휑하니 불어온다. 그래도 황룡사지는 고개를 들어 밤하늘을 올려보기에 가장 좋다. 봄철의 북두칠성과 카시오페아, 큰개자리의 시리우스, 여름철의 전갈자리와 궁수자리, 가을철의 페가수스, 겨울철의 큰개자리와 오리온 등의 별자리가 밤하늘을 수놓고 있다. 더욱이 독수리자리의 알타이르와 거문고자리의 베가는 은하수를 사이에 두고 칠월 칠석에 만나는 견우와 직녀 이야기로 유명하다.

늦가을 무서리가 내리면 잔디 색깔도 옷을 갈아입는다. 한겨울의 차가운 바람이 제법 옷깃을 여미게 한다. 애장왕 때 정수 스님이 황룡사로 돌아오던 길에 추위와 굶주림으로 죽어가던 여인과 아기를 자신의 체온으로 살려준 이야기는 정말 애잔하다. 추위에 떨고 있던 가난한 여인과 아기를 위해 자신의 옷을 벗어준 정수 스님 덕분에 황룡사지는 자비로 충만해진다.

최근에 황룡사지를 복원한다는 말이 심심치 않게 들린다. 황룡사지를 지나가는 바람에게 말을 걸어본다. 흐트러진 마음을 세찬 바람에 날려 보내고 싶다. 황룡사지는 힘들고 지친 사람들에게 마음을 비우고 삶의 위안을 주는 생불의 현장인지도 모른다. 마음속에 빈 공간을 남겨두어야 행복하듯이 무한한 상상의 나래를 펼칠 수 있는 황룡사지도 남겨둘 필요가 있다. 아무것도 없는 황량한 절집에서 가장 중요한 생각의 전환이 가능하기 때문이다.

4. 왜 경문왕은 대나무를 베고 산수유를 심었을까

〈임금님 귀는 당나귀 귀〉는 어릴 때부터 많이 들었던 전래동화다. 이 이야기의 창작 현장은 도림사 대나무 숲이다. 『삼국유사』에는 '입도림'으로 도림사의 위치를 제시하고 있지만 아직까지 도림사의 위치를 확정하기 어렵다. 배반네거리에서 보문관광단지로 가는 도로 오른쪽에 폐사지가 있다.

도림사지로 추정되는 절집

구황동 모전석탑지가 예전 도림사지로 추정된다. 절터에서 '도림'이라는 기와 명문이 발견되었기 때문이다.

구황동 모전석탑지에서 제48대 경문왕(861-874)의 이야기를 들어본다. 응렴이 18세에 국선이 되었을 때 헌안대왕이 대궐에 불러서 잔치를 베풀었다. 사방으로 국토를 유람한 응렴에게 어떤 것을 보았는지 물었다. 그때 응렴이 아름다운 행실을 지닌 세 사람을 보았다고 대답한다. 첫째는 윗자리에 있는 사람이 그 자리를 사양하고 아랫자리에 앉는 사람, 둘째는 부호한 가세에도 의복 차림이 검소한 사람, 셋째는 큰 세력을 지녔음에도 위세를 부리지 않는 사람 등을 이야기한다. 이는 국선으로서 응렴은 군왕의 자질을 갖추고 있음을 보여준다.

응렴의 인물됨에 감탄한 왕은 "짐이 딸 두 명을 두었는데, 그대와 혼인하도록 하겠네"라고 말했다. 응렴의 부모는 얼굴이 못생긴 첫째 공주보다 얼굴이 예쁜 둘째 공주와 결혼하라고 당부한다. 그런데 범교사는 첫째 공주와 결혼해야 세 가지 아름다움이 있을 것이라 응렴에게 말해주었다. 결혼 후 병석에 누운 왕이 "짐은 손자가 없으니 맏사위 응렴이 왕위를 계승하라"라고 유언했다. 그래서 응렴은 헌안왕의 사위로서 경문왕이 되었다.

대나무 숲에서 '임금님 귀는 당나귀 귀'를 외치다

경문왕은 별안간 귀가 당나귀처럼 길어졌다. 자신의 신체적 결함은 왕후와 궁인들도 몰랐지만 유독 복두장이만 알고 있었다. 복두장이는 평생 경문왕의 귀가 당나귀 귀처럼 크다는 사실을 말하지 않았다. 하지만 복두장이는 죽음을 앞둔 무렵에 도림사 대나무 숲에 가서 소리쳤다.

"우리 임금님 귀는 당나귀 귀와 같다" 그 뒤로 바람이 불면 이런 소리가 났다. "우리 임금의 귀는 당나귀 귀" 그 소리를 너무 싫어한 경문왕은 대나

무를 베고 산수유나무를 심게 했다. 그랬더니 바람이 불면 "우리 임금의 귀는 길어"라는 소리가 들렸다.

경문왕의 비밀을 알고 있는 복두장이의 행동에 초점을 맞출 필요가 있다. 당나귀 귀를 가진 비밀을 알게 된 복두장이는 얼마나 힘들었을까? 복두장이는 비밀을 지켜야 한다는 당위성과 비밀을 털어놓고 싶은 현실적 욕망이 충돌하는 지점에서 고민의 나날을 보냈을 것이다. 그래서 도림사 대나무 숲속은 비밀을 말하지 못하는 괴로움을 풀어줄 수 있는 가장 좋은 장소였을 것이다. 서걱서걱하는 대나무의 소리 때문에 비밀을 말해도 전혀 들리지 않기 때문이다. 우리도 비밀을 말하지 못하는 고민이 있을 때 대나무 숲속에 들어가 마음껏 외쳐보는 것도 좋을 것 같다.

산수유는 백성들의 작은 소리를 귀담아 들으라는 상징이다

바람이 불면 대나무 숲속에서 서걱서걱하는 소리가 들려왔다. 경문왕은 대숲의 소리가 마치 자신을 조롱하는 것으로 인식했다. 그래서 도림사의 대나무 숲을 베고 산수유를 심게 되었다고 한다. 대나무 숲에 비하여 산수유나무는 서걱서걱하는 소리가 들리지 않기 때문이다. 당나귀 귀를 가진 경문왕은 대숲에 비하여 소리는 작지만 산수유나무의 소리를 들었을 것이다. 산수유나무는 백성들의 작은 소리를 귀담아 들어주지 않은 경문왕에 대한 원성을 상징하고 있다. 산수유나무의 피부는 매우 거친 생태적 특성을 보여주기 때문이다.

산수유는 우리나라 중부지방에서도 자생한다. 문헌으로는 신라 경문왕(861-875) 때 대나무 숲을 베어버리고 산수유를 심었다는 『삼국유사』의 기록이 처음이다. 산수유는 이른 봄날 다른 어떤 나무보다 먼저 샛노란 꽃을 잔뜩 피운다. 손톱 크기 남짓한 작은 꽃들이 20~30개씩 모여 조그만 우산모양을 만들면서 나뭇가지가 잘 보이지 않을 정도로 뒤덮는다.

경문왕의 귀가 큰 것은 백성들의 작은 소리를 외면하지 말고 귀담아 들어 달라는 백성의 소망을 반영하고 있는지도 모른다. 백성의 소리에 귀를 기울여야 올바른 정치를 할 수 있기 때문이다. 우리가 사는 세상에는 감추고 싶은 비밀이 많다. 그렇다고 자신의 비밀을 감춘다고 해서 영원히 감출 수는 없다. 누군가의 비밀을 알고 있으면 누설하고 싶어서 입이 근질근질하여 참을 수가 없기 때문이다.

산수유나무의 꽃

5. 황성공원 내 갈참나무 숲에서 책을 읽고 싶다

황성공원은 경주시민들의 휴식처로 유명하다. 도서관을 비롯한 각종 체육시설이 마련되어 있기 때문에 주민들이 황성공원을 자주 찾는다. 도서관 주변에는 아름드리 소나무가 자란다. 도서관에서 빌린 책을 황성공원 나무 그늘에서 읽으면 정말 행복할 것 같다. 도심에 자리한 황성공원에는 소나무와 갈참나무가 풍부하여 독서에 적당하기 때문이다. 주민들은 황성공원 숲속을 거닐면서 산책하거나 휴식을 취하기도 한다.

숲속에 자리한 황성공원 길섶에는 갈참나무, 상수리나무, 이팝나무, 팽나무, 회화나무, 느티나무 등의 활엽수도 뿌리를 내리고 살아간다. 여름날 황성공원의 아름드리 갈참나무 숲도 싱싱하고 건강하다. 충혼탑과 경기장 사이에는 아름드리 소나무의 생태와 곧게 뻗은 기상이 대단하다. 이런 갈참

황성공원의 갈참나무 숲

나무 숲과 소나무 숲을 산책하는 사람들의 표정이 너무도 밝아 보인다. 세월의 연륜을 간직한 숲속을 거닐면서 새로운 삶의 에너지를 충전하기 때문이다.

호원사, 호랑이 처녀를 위해 창건한 절집

황성공원 숲속에는 호원사지도 존재한다. 호림정으로 가는 길에는 활엽수인 은행나무, 갈참나무, 상수리나무 등이 자란다. 김유신 동상이 있는 언덕에서 왼쪽으로 걸어가면 국궁장으로 가는 호림정이 나온다. 포장된 호림정 길로 가지 말고 조그마한 오솔길로 접어들면 호원사지로 연결된다.

김현과 호랑이 처녀는 흥륜사 탑돌이에서 첫눈에 반하여 사랑을 나누게 되었다. 호랑이 처녀의 집까지 찾아간 김현은 그녀의 오빠들에게 죽을 위기에 처한다. 그때 호랑이의 횡포를 응징하는 하늘의 소리가 들렸는데, 호

호원사지를 지키는 은행나무와 개잎갈나무

랑이 처녀가 오빠를 대신하여 처벌을 받기로 했다. 그래서 호랑이 처녀는 김현에게 호랑이의 횡포를 막아달라고 요청한다. 때마침 호랑이 처녀가 민가를 습격하여 사람들을 다치게 한 후에 김현 앞에 나타나서 이렇게 말했다. "어젯밤에 낭군과 함께 사랑을 나눈 일을 절대로 가벼이 여기지 마소서. 오늘 내 발톱에 상처를 입은 사람들은 모두 홍륜사의 장을 바르고 그 절의 나발 소리를 들으면 나을 것입니다." 그리고 호랑이 처녀는 김현을 위해 자결하게 된다. 호랑이 처녀 덕분에 김현은 벼슬에 올랐지만 사랑하는 여인을 위해 호원사를 창건하여 그녀의 명복을 빌어주었다.

호랑이 처녀를 위해서 절을 창건한 이야기는 언제 들어도 감동적이다. 황성공원 모퉁이에 자리한 호원사지는 그냥 방치된 채로 새봄을 맞이하고 있다. 호원사지에는 은행나무, 개잎갈나무, 팽나무 등이 무너진 절집을 지키고 있다. 소나뭇과에 속하는 개잎갈나무는 히말라야시더로 더 잘 알려져 있다. 개잎갈나무의 원산지가 히말라야이기 때문에 그렇게 부른다. 석탑 부재들만이 세월의 무게를 감당하지 못하고 이리저리 흩어져 있다. 그럼에도 호랑이 처녀를 위해서 호원사를 창건한 이야기의 감동은 여전하다. 호원사지는 호랑이 처녀를 위해서 김현이 호원사를 창건한 전설의 현장이기 때문이다.

신라 원성왕 시절, 호원사는 경주 청춘남녀들의 탑돌이 장소로 유명했다. 김현과 호랑이 처녀의 사랑도 탑돌이를 통해서 시작한다. 김현을 위해서 목숨을 바친 호랑이 처녀의 사랑이야기는 언제 들어도 애틋하다. 자신을 희생한 호랑이 처녀의 명복을 빌기 위해서 김현이 호원사를 창건하고 범망경을 강설했기 때문이다. 김현과 호랑이 처녀의 사랑이야기는 황성공원 숲을 더욱 풍요롭게 해준다.

6. 경주 읍성에 자라는 회화나무

경주 읍성은 고려 현종 3년(1012)에 축성하여 조선시대에 석축으로 개축되었다. 하지만 일제강점기에 동쪽 성벽의 일부를 제외하고 대부분 헐렸

경주 읍성에 자라는 회화나무

다. 경주 읍성은 높이 3.4미터, 둘레 2.3킬로미터로 경주의 중심지다. 최근 경주 읍성을 복원하려는 움직임이 활발하다. 우선 읍성의 동문인 향일문과 동쪽 성벽의 일부를 복원해 놓았다. 경주 시민들은 복원한 읍성을 산책하는 기쁨을 누리고 있다. 그런데 읍성을 복원할 때 탑의 부재를 그대로 사용한 점은 조금 아쉽기도 하다.

새로 복원한 동문의 이름은 향일문이다. 향일문의 왼쪽 성벽을 따라가면 수령 300년 회화나무가 자란다. 한 그루는 젊음을 뽐내고 있지만 다른 그루는 반쯤 고사하여 일부 가지만 푸른 기운이 감돈다. 콩과에 속하는 회화나무는 넓은 그늘을 만들어주기 때문에 마을의 노거수로 자란다. 선비들은 회화나무가 자라는 품성을 보고 학문과 수양의 대상으로 삼았다. 성벽을 따라 걸어가면 오동나무와 뽕나무가 터를 잡았고 경주 교회에는 아름드리 팽나무가 무성한 가지를 펼치고 있다.

경주 읍성 안에는 관아 건물, 객사인 동경관, 태조의 어진을 보관한 집경전 터 등이 남아 있다. 집경전 터에는 회화나무가 자라고 한림초중고등학교와 평생학습가족관 사이에는 아름드리 버즘나무와 팽나무가 두 건물을 구분한다. 더욱이 평생학습가족관 왼쪽에 있는 수령 400년 아름드리 회화나무가 눈길을 사로잡는다. 주차장에는 느티나무, 참느릅나무, 팽나무, 개잎갈나무 등이 도로와 나란히 살아간다. 이런 나무들은 오랜 세월 경주 읍성의 관청 사이에 뿌리를 내리고 생명을 이어간 생태역사의 증거물이다.

산수유나무, 300년 연륜을 몸에 새기다

경주문화원은 경주 읍성의 관아 건물을 활용하고 있다. 경주문화원 대문을 들어서면 향토사료관이 보인다. 오른쪽 담장에 한국 특산인 젊은 구상나무가 자란다. 구상나무는 세계자연보존연맹이 멸종위기 종으로 지정한

300년의 세월을 견딘 산수유나무

귀중한 존재다. 그 주변에 해송(곰솔), 백목련, 모감주나무 등이 담장을 따라 살아간다.

아름드리 모과나무를 지나 향토사료관으로 걸어가면 산수유나무가 발길을 멈추게 한다. 300년 세월에 산수유나무의 기둥이 삭아버렸음에도 가지의 일부가 땅에 뿌리를 내리고 노란 꽃을 피워내고 푸른 열매를 주렁주렁 달고 있다. 층층나뭇과의 산수유나무는 거친 피부와 달리 봄에 노란색 꽃을 피우고 겨울에 붉은색 열매로 익어간다. 예전에 만났던 산수유나무가 끈질긴 생명의 감동을 보여주어 너무도 반가웠다. 경주의 산수유나무 중에서 가장 나이가 많을 것 같다.

향토사료관 앞에 일본전나무 두 그루가 아름드리로 자란다. 왼쪽 전나무는 스웨덴 황태자 구스타프 아돌프 6세가 경주를 방문한 기념으로 1926년

10월 9일에 심었다고 한다. 오른쪽 전나무는 일본왕 사촌인 고송(다까마스)이 심었다고 문화해설사가 말해주었다. 이 전나무들은 나무의 둥치와 크기가 비슷한 것으로 보아 비슷한 시기에 심지 않았을까 생각된다.

향토사료관 왼쪽에는 가이즈카향나무 두 그루가 건물보다 높이 자란다. 가이즈카향나무 용트림이 예사롭지 않다. 향토사료관 뒤에는 아름드리 은행나무 두 그루가 당당하게 우뚝 서 있다. 경주 읍성이 만들어질 때 은행나

구스타프 6세가 심은 일본 전나무

무를 심었는지 수령을 600년으로 추정한다. 은행나무는 열매가 작은 암나무다. 그래서 가을에는 엄청난 은행이 떨어져 향토사료관 뒤란을 어질러 놓는다고 한다.

수령 600년 된 은행나무

제8장.
선도산 자락을 산책하다

경로 ❶ 무열왕릉 ❷ 선도산 마애불 ❸ 김유신 묘 ❹ 금장대 암각화 ❺ 법흥왕릉

1. 말채나무, 무열왕릉에서 사랑을 나누다

무덤 주인이 밝혀진 무열왕릉

서악동 기슭의 동쪽 사면에는 커다란 고분이 일렬로 불룩하게 자리한다. 선도산 능선을 따라 조성된 서악동 고분군의 주인은 정확하게 알 수 없다. 그중에서도 소나무 숲속에 자리한 맨 아래쪽의 무열왕릉(武烈王陵)만이 무

무열왕릉을 바라보는 거북받침돌과 이수

덤의 주인이 밝혀졌다. 왕릉 앞에 무열왕의 업적을 기록한 비석이 존재하기 때문이다. 비각에는 제29대 무열왕릉임을 증명하는 귀부(龜趺)와 이수만이 예전의 역사를 전해준다. 무열왕릉은 여느 왕릉과 마찬가지로 늘 푸른 소나무가 주변을 감싸고 있다.

문무왕 1년(661)에 부친인 태종무열왕의 업적을 기리기 위해 비석을 세웠다. 비석의 몸돌은 사라지고 그 위에 얹었던 이수와 받침대인 귀부만이 남아 있다. 이수에는 양쪽에 세 마리씩 모두 여섯 마리의 용이 서로 얽혀 여의주를 받들고 있다. 그 가운데 "태종무열대왕지비(太宗武烈大王之碑)'라는 글자가 두 줄로 새겨져 있다. 이 글씨는 무열왕의 둘째 아들인 김인문이 썼다고 한다. 적어도 1350여 년 전에 만들어진 귀부와 이수는 현전하는 유물 중에서 가장 오래된 것이다. 따라서 무열왕릉의 귀부와 이수는 조각이 크고 섬세하여 국보 제25호로 지정되었다.

머리를 치켜들고 네 발로 힘차게 땅을 밀치는 거북은 신라의 황금기를 여는 무열왕시대의 활발한 분위기를 보여주는 듯하다. 거북이의 앞발가락이 다섯이고 뒷발가락은 넷이다. 이것은 힘차게 전진하는 거북이 뒷발의 엄지발가락은 안으로 밀어 넣고 힘을 주는 생동감을 표현한 것이다. 거북 등에 새겨진 구름무늬, 당초문, 보상화문 등을 새긴 조각의 치밀함이 놀라울 정도다. 무열왕릉의 귀부와 이수는 신라 예술의 창조성을 확인할 수 있는 구체적인 사례다.

무열왕은 신라 왕위계승에서 매우 중요한 위치를 차지한다. 신라의 왕위계승은 진평왕 때까지 성골출신이 독점하고 있었다. 신라의 신분은 혈통에 의해서 결정되는 골품제도를 채택했기 때문이다. 슬하에 아들이 없던 진평왕은 선덕여왕에게 왕위를 물려준다. 진덕여왕 이후에는 진골출신인 무열왕이 신라 왕위를 계승한다.

김춘추는 성골에서 진골로 왕위계승을 완전히 바꾼 인물이다. 당시의 왕위계승을 살펴보면 정치적 상황을 짐작할 수 있다. 김춘추는 진지왕의 손자일 뿐만 아니라 각간 용수의 아들이다. 부친인 용수는 진평왕의 딸인 천명공주와 결혼하여 김춘추를 낳았다. 김춘추는 김유신의 둘째 여동생 문희와 결혼하여 문문왕 법민, 각간 인문 등과 같은 아들을 두었다. 이렇게 김춘추는 진골출신의 설움을 극복하기 위해 가야세력의 핵심인 김유신 집안과 결혼하면서 왕위에 등극하게 된다.

소나무 숲속에 자리한 무열왕릉

삼국통일 과정에서 활발한 외교력을 발휘한 무열왕은 선도산 능선에 잠들어 있다. 『삼국사기』에는 왕위에 오른 지 8년만인 661년 6월 붕어하여 태종무열왕이라는 시호를 내리고 영경사 북쪽에 장사지냈다고 한다. 무열왕

소나무가 에워싼 무열왕릉

릉 주변에는 늘 푸른 해송과 소나무가 왕릉을 감싸고 있다. 소나무는 삼국통일의 기틀을 마련한 왕릉을 청정한 생태공간으로 보호한다. 더욱이 일제강점기에 발행한 그림엽서에도 소나무가 듬성듬성 자라고 있다. 무열왕은 신라의 격변기를 슬기롭게 극복한 성군이다. 이 때문에 서악동 고분군 4기와 일정한 거리를 두고 왕릉이 자리하는지도 모른다.

건무문(建武門)을 들어가면 정면에 무열왕릉과 그 비각이 보인다. 왕릉의 비각 주변에는 해송 일곱 그루, 느티나무 세 그루, 잣나무 네 그루, 배롱나무 두 그루, 소나무, 팽나무 등이 숲을 이루고 있다. 해송들은 거친 피부와 까칠한 솔잎으로 왕릉과 비각을 보호하는 듯하다. 가을 단풍이 곱게 물든 느티나무는 왕릉의 담장 주변에 살고 있다. 무열왕릉에는 해송이 우점종이지만 자세히 관찰하면 붉은 피부를 드러낸 소나무와 솔잎이 다섯 개인 잣나무도 있다. 왕릉에는 해송과 소나무가 오랜 세월동안 묵묵히 그 자리를 지키고 있다.

비각 뒤쪽에는 노란 단풍으로 한해를 마감하는 팽나무가 방문객의 시선을 사로잡는다. 무열왕릉에는 소나무가 풍부하지만 팽나무의 기세도 대단하다. 무열왕릉비각 옆에 자리한 아름드리 팽나무는 오랜 세월동안 무성한 생명력을 자랑한다. 그 앞에서 날씬한 몸매를 보여준 해송은 팽나무와 달리 약간 허리가 굽었다. 팽나무는 해송과 달리 우람한 가슴둘레와 씩씩한 기상을 보여준다. 팽나무의 가슴둘레는 한 아름이 넘을 뿐만 아니라 당당한 자세로 우뚝 서 있다.

이러한 팽나무의 모양새를 지탱하기 위해 뿌리는 온갖 고통을 감내해야 한다. 안타깝게도 팽나무 뿌리는 땅 위로 모습을 드러내고 있다. 잦은 방문객의 발길이 팽나무 뿌리를 일부 노출시킨 것이다. 아름드리로 자라는 팽나무의 속성을 뒷받침하려고 뿌리는 사방으로 펴질 수밖에 없었는지도 모른다. 더욱이 팽나무의 뿌리는 균형을 잡기 위해 밑둥치에 지지대를 세워놓은 것처럼 튼튼하다. 모진 비바람에도 굳건히 버티기 위한 팽나무의 생존전략이다. 이렇게 땅 위로 솟아난 팽나무의 뿌리는 방문객의 시선을 사로잡기에 충분하다.

오랫동안 자기 자리를 굳건하게 지키는 팽나무의 모습이 대견하다. 팽나무의 뿌리는 나뭇가지와 균형을 맞추며 커다란 몸통을 지탱하고 있다. 그 모습이 땅 속의 용이 팽나무의 몸통을 잡아주는 것처럼 보인다. 또한 땅 속의 마그마가 팽나무의 뿌리를 통해 하늘로 솟아난 것 같다. 어쩌면 한반도에 살았던 거대한 초식공룡의 발가락 같기도 하다. 이렇게 무열왕릉과 비각 사이의 팽나무 뿌리는 무한한 상상력을 가능하게 한다.

무열왕릉 왼쪽에도 해송 아홉 그루, 소나무, 잣나무, 느티나무 십여 그루가 숲을 이룬다. 그 속으로 걸어가면 유려한 곡선미를 자랑하는 왕릉에 도

서악동 고분군에서 보이는 선도산

착한다. 무열왕릉은 높이 12미터, 밑의 둘레지름 100미터로 비교적 큰 봉분에 속한다. 왕릉 둘레에는 자연석으로 석축을 쌓고 중간에 호석을 세워 놓았다. 다만 지금은 흙에 묻혀서 잘 보이지 않을 뿐이다.

그곳에서 약간 오른쪽에 선도산 마애불이 희미하게 보인다. 선도산은 해발 390미터로 비교적 낮지만 경주를 조망하기에 충분하다. 선도산에는 신라의 건국과 관련된 선도산 성모가 살았다는 이야기가 전한다. 그리고 김유신의 첫째 여동생 보희는 선도산에서 상서로운 꿈을 꾼 이야기도 전한다. 나중에 무열왕은 보희의 꿈을 비단으로 산 문희와 결혼해 가야세력과 동맹하게 된다. 이것이 왕위계승에서 유리하게 작용했는지도 모른다.

무열왕릉 앞에서 뒤를 돌아보면 아름드리 소나무가 우람하게 서 있다. 해송과 달리 피부가 부드럽고, 붉은 소나무는 껴안아줄 만큼 멋있다. 무덤을 지키는 소나무는 더할 것도 뺄 것도 없는 그야말로 완벽한 몸매를 보여준다. 무열왕릉을 지키는 장군처럼 소나무는 사방을 경계하는 듯하다. 왕릉의 오른쪽에는 생을 마감한 채 그루터기만 남은 소나무도 보인다. 그 모습이 마지막 불꽃처럼 처연하다.

말채나무와 팽나무, 사랑을 나누다

무열왕릉 맞은편에는 피부가 뱀의 허물을 벗어놓은 것 같은 말채나무 세 그루가 있다. 층층나뭇과에 속하는 말채나무는 잎이 마주나고 넓은 달걀모양이거나 타원형이다. 이른 봄에 한창 물이 오른 말채나무의 가느다란 가지는 말채찍으로 안성맞춤이다. 그래서 말채나뭇가지로 달리는 말에 채찍을 가하는 고사성어 '주마가편(走馬加鞭)'은 더욱 분발하라는 뜻을 담고 있다. 늦은 봄날 흰색 꽃이 화사하게 핀 말채나무는 푸른 잎사귀와 함께 신비로움을 자아낸다.

말채나무와 층층나무는 구별하기 쉽지 않다. 말채나무의 모양새는 나뭇가지의 뚜렷한 층이 층층나무보다 조금 덜한 편이다. 그리고 말채나무와 층층나무는 피부를 통해서 어느 정도 구별이 가능하다. 말채나무의 꽃말은 "당신을 보호해드리겠습니다"인데, 이 꽃말처럼 말채나무는 무열왕릉을 항상 보호하고 있는지도 모른다.

무열왕릉 주변에는 말채나무와 팽나무가 사랑을 나눈다. 무열왕릉 앞의 말채나무와 팽나무는 한 뿌리 두 그루로 살고 있다. 땅 속의 뿌리가 서로 연결되어 한 그루처럼 자란다. 하지만 땅 위에서는 서로 자신의 길을 간다. 팽나무는 왕릉으로 허리를 굽히고 있다면 말채나무는 하늘로 향한다. 뿌리에서 정을 나누던 팽나무와 말채나무는 위로 향하다가 서로 다른 길을 선택

사랑을 속삭이는 말채나무와 팽나무

한다. 뿌리가 붙은 팽나무와 말채나무 아래에는 나무로 만든 벤치가 있다. 그곳에 앉아서 오랜 시간 자연이 만들어준 나무들의 사랑이야기를 들어본다.

팽나무와 말채나무는 무열왕릉 앞에서도 당당히 사랑과 이별을 보여준다. 조금도 부끄러운 기색 없이 자신들의 사랑을 보여주는 모습이 부럽기도 하다. 나무들의 사랑에도 고통이 따르는 법이다. 그래서 팽나무와 말채나무는 뿌리에서 시작된 사랑을 완성하지 못하고 줄기를 거쳐 가지로 갈수록 일정한 거리를 두고 있다. 아무리 사랑하는 사이라고 해도 너무 가까우면 싸울 수밖에 없다. 나무들은 사랑하면서도 적절한 거리를 두고 있다. 이러한 팽나무와 말채나무의 연리지를 보면서 진정한 사랑이 무엇인지 생각해볼 필요가 있다.

팽나무와 말채나무의 뿌리사랑을 지켜본 아름드리 팽나무는 이들의 사랑을 넓은 가지로 포근히 감싸준다. 그 옆의 해송은 무심한 척 날씬한 몸매를 하늘로 향하고 있다. 하지만 해송들은 땅과 인접한 밑둥치가 임산부처럼 배가 볼록하다. 큰 나무로 성장하기 위해 밑둥치를 둥글게 하여 안정을 유지하는 것이다. 그 덕분에 해송들은 오랫동안 끈질길 생명력을 유지한다.

무열왕릉을 지나면 서악동 고분군 4기가 일렬로 놓여 있다. 고분군과 무열왕릉 사이에는 일본 목련 여섯 그루와 이팝나무, 단풍나무, 배롱나무, 느티나무 등이 경계를 이룬다. 고분군을 가로지는 붉은색 옷으로 갈아입은 단풍나무의 정열적 색감이 아름답다. 하지만 서악동 고분군의 산책길에는 시멘트로 포장되어 아쉽다. 방문객의 편의만 생각하여 고분군의 환경을 생각하지 못한 대표적 사례다. 시멘트로 포장된 고분군을 걸어가는 기분은 정말 무미건조하다. 고분군과 어울리는 친환경 산책길이 하루 빨리 만들어지길 소망한다.

고분군의 왼쪽에는 잣나무와 소나무가 심겨 있다. 그 옆에는 대나무와 개나리가 울타리처럼 자란다. 봄철 노란 개나리꽃이 흐드러지게 피면 고분군들도 초록색 옷으로 갈아입는다. 고분군을 둘러보고 내려가는 길에도 잣나무를 두 줄로 심어놓았다. 이러한 잣나무, 소나무, 대나무, 개나리 등은 서악동 고분군을 지켜주는 생울타리로 사용된다.

배롱나무와 김인문, 김양의 묘

소나무 숲속의 무열왕릉과 달리 고분군에는 나무들이 거의 없다. 아래쪽에는 무열왕의 둘째 아들인 김인문의 묘와 9세손인 김양의 묘가 자리한다. 김인문은 진덕여왕 5년(651)에 여러 차례 당나라를 왕래하면서 외교에 큰

김인문 묘와 비석 받침돌

공적을 쌓았다. 부친의 외교력을 타고난 것인지 김인문은 외교와 협상에 아주 능통한 인물이다. 그의 무덤에도 보물 제70호로 지정된 귀부가 존재한다. 하지만 무덤의 주인을 증명해주는 비석과 이수는 없고 다만 귀부만 쓸쓸히 자리를 지킨다. 김양은 통일신라와 당나라의 평화 교섭에 지대한 역할을 수행한 인물이다. 이렇게 김인문과 김양은 무열왕과 함께 외교에 탁월한 능력을 보여준다.

김인문과 김양의 무덤에는 배롱나무 열다섯 그루가 나직이 자란다. 무덤의 둘레에는 회양목과 향나무도 앙증맞은 모습으로 살아간다. 두 무덤의 곡선이 연결되는 자리에는 가을 채비를 서두르는 느티나무의 단풍이 있다. 정말 아름답다. 둥근 무덤 사이로 보이는 느티나무의 우아한 모습은 곡선미의 극치를 보여준다. 느티나무에서 조금만 시선을 높이면 단풍으로 갈아입는 산이 보인다. 유려한 무덤의 곡선미는 가을 산으로 점점 퍼져가는 듯하다.

이러한 무열왕릉과 서악동 고분군을 활용한 문화콘텐츠 개발이 시급하다. 왕릉 주변에 레드 카펫을 깔아놓고 신라인의 옷을 복원한 패션쇼를 공연하는 것도 좋다. 무열왕릉과 서악동 고분군을 한 바퀴 돌아보는 패션쇼는 정말 새롭게 시도해볼 필요가 있다. 더욱이 천연염색 옷감으로 만든 국제한복패션쇼를 기획해 왕릉의 곡선미를 활용하는 것도 필요하다. 이러한 무열왕릉과 서악동 고분군을 활용한 문화콘텐츠 개발은 천년고도 경주의 생태문화적 가치를 재인식하는 지름길이기 때문이다.

2. 선도산 마애불과 복사나무를 만나고 싶다

선도산 복사나무를 찾아서

선도산(仙桃山)은 신라의 첫출발을 알려주는 매우 신성한 곳이다. 해발 390미터의 야트막한 산이지만 신라의 서방정토이기도 하다. 선도산 정상에는 마애여래삼존입상이 경주를 너그러운 표정으로 굽어보고 있다. 본존불은 높이 6.85미터의 아미타상으로 경주에서 가장 크다. 왼쪽의 대세지보살은 4.62미터, 오른쪽의 관세음보살은 4.55미터다. 아미타불은 오랜 바위 속의 침묵을 깨고 막 깨어나려는 순간을 보여준다. 바위 조각을 떨쳐버리고 완전한 아미타불로 변해가는 깨달음의 찰나를 연상하게 한다. 그래서 세월의 무게를 그대로 보듬은 아미타불이 더욱 신비로운지도 모른다.

서악동의 선도산은 '신선이 먹는 복숭아'라는 뜻을 내포한 신선사상의 성지다. 선도산에는 예부터 성모(聖神) 이야기가 전해진다. 『삼국유사』에 따르면 선도산 꼭대기에 성모가 살았다고 한다. 중국 황실의 딸인 사소(娑蘇)는 날아가는 솔개를 따라와 경주 선도산의 지신(地神)이 되었다. 사소는 선도산에 머물면서 경주에 신령스러운 일을 많이 베풀었다. 그중에서도 박혁거세를 낳아 신라의 하늘을 열었기 때문에 선도산은 신라에서 제사를 지내는 신성한 장소가 되었다.

도봉서당에서 본 선도산 고분군은 소나무 숲으로 가득하다. 소나무 중에서도 해송과 적송이 신라 왕릉 4기를 에워싼다. 주차장 곁의 3층 석탑은 하얀색 피부로 발길을 사로잡는다. 그 주변에 아름드리 닥나무가 허리에서

닥나무와 3층 석탑

닥나무에 핀 암꽃

네 갈래로 가지퍼짐을 보여주며 넓은 그늘을 만들어준다. 경주 닥나무 중에서 가장 나이가 많은 것 같다. 봄 햇살에 겨워 엄청난 꽃을 피워내는 닥나무 그늘 의자에 앉아서 3층 석탑을 한없이 바라보았다. 사계절 백색을 보여주는 석탑 주변에는 철쭉꽃이 지면 작약이 여기저기서 피어날 것이다. 화려한 작약 꽃이 피어나면 백색 석탑도 부끄러워 울긋불긋 물든다.

선도산 마애불에서 만난 복사나무

주차장에서 선도산 등산로를 따라가면 우선 아름드리 굴참나무를 만날 수 있다. 굴참나무는 산불초소와 이정표 주변에 자라기 때문에 선도산 가는 길에 처음으로 만나게 된다. 조금 더 걸어가면 소나무 숲속에 문성왕릉, 헌안왕릉, 진지왕릉, 진흥왕릉 등의 신라 왕릉이 차례로 보인다. 왕릉을 지나 선도산 등산로에 접어들자 갑자기 오르막이 계속된다.

선도산 가는 길

선도산 삼존불을 만나려면 등산을 해야 한다. 선도산을 등산하는 발걸음은 느릴 수밖에 없다. 오르막길의 연속이기 때문에 천천히 걷는 것이 건강에 좋다. 새로 만든 길을 따라가면 누워서 자라는 아름드리 팽나무를 만나게 된다. 좀 더 올라가면 세찬 바람에 넘어진 상수리나무가 뿌리를 그대로 보여준다. 땀을 닦으며 한참을 더 걸어가면 이정표 곁에 상수리나무가 자란다. 그곳에 잠시 쉬면서 선도산 마애불을 찾아보았지만 나무들만 바람에 흔들리고 있다.

여기서부터 오솔길을 따라가면 선도산 삼존불과 성모사로 연결된다. 가녀린 이대가 삼존불과 성모사로 등산객을 인도한다. 다리가 아프고 숨이 가쁠 때 잠시 은행나무 그늘에서 쉬어가는 것도 좋다. 아름드리 은행나무는 조그마한 은행 열매를 조롱조롱 달고 있다. 그 곁에 뽕나무, 신나무, 산딸나무 등이 꽃을 피우고 열매를 만들려고 봄날을 바쁘게 살아간다.

삼존불과 성모사 주변에는 이대가 빽빽하게 자라면서 바람을 막아준다. 가녀린 이대를 울타리로 삼기 위해 잘랐을 때 그 속에 오죽 세 그루가 있어서 살려둔 모습이 이채롭다. 삼존불과 성모사에는 붉은 꽃이 떨어진 동백, 모란, 은행나무, 왕벚나무, 잣나무, 상수리나무, 팽나무, 해송, 뽕나무, 배나무, 불두화, 배롱 등이 봄날을 화려하게 치장한다. 연분홍 꽃이 진자리마다 조그마한 복숭아를 알알이 달고 있는 복사나무를 보자마자 너무도 기뻤다. 한겨울에 선도산 복사나무를 보지 못했지만 어디엔가 복사나무가 살고 있을 것이라 짐작했을 뿐이다. 봄날에 반가운 복사나무를 보았기 때문에 땀흘려 올라온 보람이라고 생각한다.

선도산에는 복사나무가 자라고 있을까? 이런 궁금함을 해소하기 위해 한겨울 찬바람을 맞으며 산도산을 올랐던 기억이 생생하다. 복사나무가 귀신을 쫓는 나무이기 때문에 선도산 성모사당에는 없다. 그래도 선도산 자락에는 복사나무가 자라고 있을 것이다. 왜냐하면 선도(仙桃)에 복사나무가 들어있기 때문이다. 한겨울에 복사나무를 찾기는 힘들지만 만물이 생동하

선도산에 핀 복사나무 꽃을 만나다

는 새봄에는 선도산 자락에서 복사꽃을 보고 싶었다. 복사나무는 지금의 이란에서 중국을 거쳐 우리나라에 들어왔다. 예부터 복숭아는 귀신을 쫓는 기운을 가졌기 때문에 제사상에는 복숭아를 올리지 않는다. 이 때문에 선도산 마애불 곁에는 복사나무가 살고 있을 것만 같다.

선도산 아미타불은 화강암에 조각된 것이 아니다. 비바람에도 쉽게 풍화되는 안산암에 마애불을 조각했기 때문에 부서지기 쉽다. 만화영화에 등장하는 변신 로봇처럼 바위조각의 퍼즐을 맞추면 아미타불로 변신하는 마법을 보여주는 듯하다. 삶과 죽음이 인연에 의해 끊임없이 윤회한다고 생각하면 아미타불의 모습이 자연스럽기도 하다. 바위 속에서 형체를 드러낸 마애불이 선도산으로 나를 불렀는지도 모른다. 이렇게 자연에 의해서 윤회하고 있는 아미타불은 불법의 진리를 온몸으로 보여준다.

마애불 입구에는 잣나무들이 한겨울 추위와 맞서고 있다. 젊은 잣나무의

선도산 마애불

당당함은 마애불의 인자한 모습과 대비된다. 마애불 옆의 화단에는 배롱나무, 잣나무, 피라칸사, 단풍나무, 동백나무, 명자나무, 남천, 불두화, 박태기나무 등이 자란다. 잣나무를 제외하면 대체로 키 작은 나무들이다. 조그마한 화단에 이렇게 다양한 나무가 살고 있다는 게 신기할 정도다. 마애불에서는 형산강 너머 경주를 한눈에 조망할 수 있다. 아미타불 앞에서 내려다본 무열왕릉과 서악동 고분군의 능선은 참으로 곱다. 겨울에 선도산 마애불과 함께 바라본 경주는 정말 포근하다.

선도산은 김유신의 여동생들과 인연이 깊은 곳이다. 하루는 언니 보희가 선도산에 올라 오줌을 누었는데 서라벌이 잠기는 꿈을 꾸었다. 망측한 꿈을 꾼 보희의 말을 들은 동생 문희가 비단을 주고 그 꿈을 샀다. 그 덕분에 문희는 태종무열왕 김춘추와 결혼하게 된다. 이러한 김유신 동생들의 꿈이 선도산과 연관된 점은 매우 중요하다. 선도산은 김유신과 김춘추의 관계를

선도산에서 본 서악동 고분군

더욱 돈독하게 하는 혼인동맹의 계기가 되었기 때문이다.

하산길에 도봉서당을 들렀다. 도봉서당에는 사계절 늘푸른 사철나무 두 그루와 골담초, 자두나무 등이 살고 있다. 대문을 들어서면 도봉서당 건물이 보이는데 그 오른쪽에 우산을 펼친 것 같은 사철나무가 방문객을 반갑게 맞이한다. 사철나무는 이어정 앞에도 비슷한 세월의 나이를 보여준다. 그 앞에는 골담초 여러 그루가 무리지어 자란다. 골담초는 노란색 꽃을 나비처럼 피어낸다. 정자 뒤에는 자두나무가 담장 너머 초록색 열매를 주렁주렁 달고 있다.

도봉서당의 사철나무

3. 김유신 묘에서 개나리 열매를 찾아보자

김유신 무덤길의 나무들

김유신(金庾信) 묘는 충효동의 송화산(松花山) 중턱에 자리한다. 그를 만나기 위해서는 형산강을 건너야 한다. 경주에서 보면 형산강이 서쪽에 있어서 서천으로 부른다. 서천교를 지나 김유신 묘로 가는 길에 아름드리 벚나무가 화려함을 더한다. 봄볕이 따사로운 날 꽃망울을 터뜨린 벚나무는 사람들을 천국으로 인도하는 듯하다. 무덤을 찾아가는 사실조차 잊어버릴 만큼 만개한 벚꽃은 길손의 발길을 사로잡기에 충분하다. 하얀 꽃잎을 바라보니 겨우내 움츠렸던 마음까지 밝아진다.

벚나무는 봄 신명을 지펴 새로운 꿈을 꾸게 만드는 묘약이다. 세상의 근심을 모두 사라지게 하여 마음까지 벅차오르게 만든다. 가을에 서천을 따라 벚나무 단풍이 아름답게 물든다. 붉게 물드는 벚나무의 변신을 바라보고 있으니 마술을 부리는 것 같다. 비록 피부는 거칠지만 사계절 화려한 마술을 부리는 벚나무가 정말 사랑스럽다.

김유신 무덤으로 가는 길에는 전나무를 비롯하여 단풍나무, 해송, 소나무, 아까시나무, 뽕나무, 고욤나무, 산딸기, 벚나무, 상수리나무, 벽오동 등이 살고 있다. 포장된 도로를 따라 가면 편리하지만 이팝나무, 소나무, 느티나무가 자라는 흥무공원에 주차하고 나무계단을 따라 천천히 걸어가는 것이 나무의 생태를 살펴보기에 좋다. 나무계단을 올라가면 소나무와 상수리나무의 싱그러운 이야기를 들으며 산책할 수 있기 때문이다.

김유신 묘로 가는 길

매표소 주변에는 아름드리 단풍나무가 시원한 그늘을 만들어준다. 단풍나무 곁의 계단에 살구나무가 탐스런 살구를 주렁주렁 달고 여름을 맞이한다. 늦가을에 화려한 단풍으로 물든 단풍나무 사이를 산책하면 탄성을 자아내기에 충분하다. 지금은 달라졌지만 예전에는 도로 개설로 뿌리가 잘리거나 시멘트로 봉쇄되어 뿌리를 자유롭게 뻗지 못했다. 더욱이 흙이 쓸려간 단풍나무는 몽당한 뿌리를 여러 겹으로 뭉쳐서 살았다.

돌계단을 오르면 소나무 숲속에 김유신(595-673) 신도비가 자리한다. 〈신라태대각간순충장열흥무대왕김유신신도비〉 앞에는 배롱나무가 좌우에 있다. 흥무문으로 가는 길은 향나무가 발길을 인도한다. 흥무문 앞에는 살구나무, 은행나무, 전나무, 느티나무 등이 살고 있다. 흥무문을 들어가면 피부가 붉은 소나무와 젊은 전나무가 김유신 무덤으로 안내한다. 키 큰 나무 아

솔 숲속에 자리한 김유신 묘

래에는 회양목과 영산홍이 구불한 길을 따라 살아간다.

김유신 묘에는 화강암 계단이 설치되어 그의 품격을 높여준다. 좌우에는 배롱나무가 다소곳하게 서서 방문객을 맞이한다. 여름에 초록 무덤과 배롱나무의 붉은 꽃이 어울려 서로 이야기를 주고받는 듯하다. 어쩌면 삼국통일을 달성하는 과정에서 흘린 김유신의 피눈물인지, 아니면 전장에서 무참히 죽어간 병사들의 피눈물인지 만감이 교차한다. 키가 작고 아담한 배롱나무는 무덤을 지키는 문인석 같다. 옆에 선 소나무는 무덤의 주인을 위한 무인석 같다.

소나무 숲에 자리한 묘를 둘러싼 개나리

김유신 묘는 지름이 30미터로 커다란 원형 봉분이다. 둘레에는 호석과 돌난간이 감싸고 있다. 호석과 돌난간 사이에는 바닥돌을 깔아서 화려한 위상을 한껏 높이고 있다. 경주부윤 남지훈은 당시 구전을 토대로 김유신 장군의 정신이 사라지는 것을 안타깝게 생각하여 "태대각간김유신지묘(太大角干金庾信之墓)"라고 새긴 비석을 세워놓았다. 둘레돌 사이에는 십이지신상이 온화한 모습을 보여준다.

김유신 묘를 에워싼 개나리

어디선가 불어오는 솔바람 소리가 마음을 정화시켜준다. 소나무 숲속에 자리한 김유신 묘에도 다양한 생명체가 살아간다. 소나무 사이에도 키 작은 진달래와 철쭉이 뿌리를 내리고 살고 있다. 햇볕이 잘 들지 않는 척박한 곳에 핀 진달래꽃은 참으로 반갑다. 진달래꽃이 지고나면 철쭉이 검붉은 꽃을 피워낸다. 진달래와 철쭉은 빽빽한 소나무 숲속에서도 가녀린 생명력을 보여준다.

김유신 묘를 둘러싸는 울타리는 개나리다. 봄날 개나리꽃이 노랗게 피어나면 무덤은 더욱 아늑할 것으로 생각된다. 봄에는 노란 개나리, 붉은 영산

개나리 열매

홍, 여름에는 붉은 백일홍 등의 강렬한 꽃이 무덤을 새롭게 변화시켜준다. 가을에 김유신 묘에서 개나리 열매를 찾으면 정말 기쁠 것이다. 개나리 열매를 만나기는 쉽지 않기 때문이다. 갑자기 초등학생들이 김유신 묘를 방문하여 사진을 찍느라고 분주해진다. 무덤 둘레에 장식된 십이지신상을 살펴보다가 무덤 뒤로 난 오솔길로 피신하듯 걸어간다.

삼국통일의 명장 김유신은 어떤 인물일까?

김유신(595-673)은 김수로왕 12대 손이자 금관가야 구형왕(仇衡王) 김구해의 증손자다. 아버지는 만노군 태수 김서현이고 어머니는 갈문왕 입종의 손녀인 만명부인이다. 김유신은 폐망한 금관가야의 왕족인 부친과 신라 왕족인 모친 사이에서 출생했다. 금관가야 왕실의 김서현과 신라 왕실의 만명부인은 신분을 초월한 사랑을 선택했다. 이러한 김유신 부모의 사랑과 결혼 이야기는 언제 들어도 가슴이 설렌다. 신분을 초월한 사랑을 위해 모든 것을 버릴 수 있는 만명부인의 용기가 부럽기도 하다.

김유신은 화랑이 되었지만 폐망한 금관가야 왕실의 후손이 서라벌에 적응하기는 쉽지 않았다. 17세에 삼국통일의 꿈을 품고 단석산에 들어와 수련했다. 해발 827미터 단석산은 경주에서 가장 높고 험할 뿐만 아니라 예부터 중악의 신성한 장소이기 때문이다. 그곳에서 난승(難勝) 도사에게 배운 신술로 바위를 자르는 신비한 능력을 보여준다. 김유신의 탁월한 능력은 왕실과 귀족의 불만을 잠재웠을 것이다.

진덕여왕 때에는 비담의 반란을 진압하고 백제의 대량주를 공격해 12개의 성을 점령하여 이찬에 오른다. 김유신은 김춘추와 함께 선덕여왕과 진덕여왕의 국정을 보필했다. 더욱이 무열왕 7년(660)에는 나·당연합군이 백제를 공격할 때 신라의 총사령관으로 출전한다. 김유신 장군은 계백 장군과 최후의 일전을 거듭한 끝에 황산벌 전투에서 승리하여 백제를 멸망시킨다. 김유신은 삼국통일 이후 태대각간에 오르고 당나라의 침략을 물리치다가 문무왕 13년(673) 병사한다. 이러한 김유신 업적 때문에 왕릉보다 더 화려한 묘에 잠들어 있는지도 모른다.

김유신 묘를 산책하고 주차장으로 내려오면 왼쪽에 숭무전으로 연결된다. 그곳에도 소나무 숲길이 이어진다. 숭무전 주차장에는 느티나무 두 그루가 좌우에 자란다. 무더운 날 아름드리 느티나무는 넓은 그늘을 만들어 준다. 그래서 자동차들이 느티나무 그늘에 주차되어 있다. 숭무전 담장 안에는 배롱나무, 팽나무, 회화나무, 단풍나무, 소나무 등이 김유신의 위패를 모시고 살아간다.

금산재로 가는 소나무 숲길

금산재에는 은행나무, 배롱나무, 향나무, 영산홍, 살구나무, 능소화, 목련, 가이즈카향나무, 감나무 등이 살고 있다. 은행나무가 김유신 장군을 추모하는 재실에 살고 있는데 콩알처럼 은행을 달고 푸른빛으로 여름을 맞이한다. 그 주변에 젊은 향나무가 허리가 굽어서 자라는 모습이 이채롭다. 곧게 자란 가이즈카향나무와 달리 향나무는 허리가 땅에 닿고 다시 하늘로 용솟음치는 모습이 감동적이다. 금산재 곁에는 수령 100년의 팽나무 연리지가 눈에 띈다. 지상에서 둥근 기둥으로 자라던 팽나무는 서로 다른 나뭇가지가 부름켜를 맞대고 하나가 되었다. 연리지는 주변에서 쉽게 만날 수 없기 때문에 흔히 사랑의 나무로 부른다.

금산재의 향나무

4. 금장대 암각화에 백일홍이 피기를 기다린다

경주의 젖줄 형산강은 언제나 생명이 꿈틀댄다. 형산강은 선사시대부터 경주에 사람들이 거주할 수 있는 여건을 마련해주었다. 총길이 65킬로미터인 형산강은 경주 인내산 동쪽에서 발원해 내남면과 안강읍을 거쳐 포항으로 흘러간다. 대체로 강은 북쪽에서 남쪽으로 흘러가기 마련인데 경주의 서쪽을 가로지르는 형산강은 그와 반대다.

백일홍, 암각화와 애기청소를 붉게 물들이다

금장대 암각화는 형산강의 지류인 서천과 북천이 합류하는 지점에 있다. 동국대학교 경주 캠퍼스를 지나 오른 쪽으로 걸어가면 야트막한 야산이 나온다. 석장동의 금장대는 형산강 서쪽 바위 언덕을 말한다. 금장대에 올라서면 경주 시내의 전경을 한눈에 조망할 수 있다. 새로 복원한 금장대에서 바라보는 시원한 눈맛은 정말 호쾌하다.

암각화는 형산강을 삶의 터전으로 삼았던 경주 사람들의 오랜 역사적 흔적을 보여준다. 청동기시대 경주에 정착한 사람들은 금장대 주변 바위에 다양한 문양을 새겨놓았다. 암각화의 규모는 높이 1.8미터, 너비 12미터로 조성되어 있다. 바위그림에는 방패모양, 여성의 생식기, 사람과 짐승의 발자국, 배, 고깔무늬, 도토리, 꽃무늬 등 매우 다양한 문양을 새겨놓았다. 이 때문에 금장대 암각화는 풍요와 다산을 기원하는 청동기시대의 제단으로 추측된다.

금장대 암각화는 자연석에 방패와 가면모양의 그림을 새겨놓았다. 특히

금장대 암각화 주변의 배롱나무와 탐방객

도토리 모양과 꽃무늬는 다른 암각화에 없는 이곳만의 독특한 특징이라고 한다. 바위에 그림을 새긴 방법은 '쪼아 파기'와 '쪼고 갈아 파기'의 제작기법을 사용했다. 암각화 주변에는 가녀린 배롱나무가 바위틈에 뿌리를 내리고 살아간다. 한 여름에 붉은 꽃을 피워낼 배롱나무를 생각하니 벌써부터 내 얼굴이 확 달아오른다. 금장대에서 유유히 흘러가는 형산강에 떨어지는 붉은색 백일홍이 피기를 손꼽아 기다려본다.

암각화가 새겨진 바위 절벽은 서천과 북천이 합수하여 수심도 제법 깊다. 푸른 물이 넘실대는 형산강과 바위 절벽이 만나는 곳을 '애기청소' 또는 '애기소'로 부른다. 애기소와 관련된 지명유래전설은 다양하지만 슬픈 이야기라는 점에서 동일하다. 신라 제20대 자비왕과 연회를 즐기던 기생이 물에 빠져 익사한 이야기와 신라 귀족의 딸이 결혼을 앞두고 소나무에 매인 그네를 타다가 익사한 이야기가 그렇다. 하필이면 소나무에 매인 그네에서 떨어져 죽은 귀족 딸의 이름이 '애기'라고 한다. 따라서 '애기소'는 신라시대 여인의 안타까운 죽음과 연관되어 있다.

'애기청소'는 조선시대 경주 사대부들이 풍류를 즐기던 맑은 소(沼)에서 유래한 이야기다. 실제로 바위 언덕 위의 석장대는 형산강의 경치를 즐기는 유흥공간으로 활용되었다. 그곳에서 맑고 깨끗한 형산강의 푸른 물결을 감상하면서 기생과 풍류도 즐겼다. 그리고 김동리의 대표작 『무녀도』가 출간된 이후에는 아이의 익사사고가 빈번했다고 한다.

암각화 곁의 배롱나무는 경주의 여성이나 아이가 물에 빠져 익사한 슬픈 이야기와 잘 어울린다. 배롱나무는 사랑하는 사람의 무덤에서 생겨났기 때문에 슬픈 사랑을 상징한다. 배롱나무는 형산강에 빠져 익사한 꽃다운 여성과 아이들의 넋을 위로하는 듯하다. 암각화가 새겨진 언덕에는 형산강에 빠져 익사한 슬픈 이야기가 시공을 초월하여 전해진다. 이렇게 '애기청소' 또는 '애기소'에 대한 지명유래는 신라에서 조선을 거쳐 근대까지 계승되고 있다.

금장대에서 경주의 풍경을 조망하다

바위그림이 새겨진 절벽 위에는 조선시대 금장대가 있었다. 금장대는 경주의 팔괴(八怪) 중의 하나인 금장낙안(金丈落雁)으로 유명하다. 팔괴는 경주의 아름다운 풍경을 말한다. 금장낙안은 형산강의 푸른 물에 비치는 경치가 아름다워 날아온 기러기가 금장대에 쉬어간다는 의미다. 그만큼 금장대의 경치가 아름답다는 말이다. 예전에 사라진 금장대를 복원한 후 형산강과 경주 시내를 한눈에 조망할 수 있어서 방문객의 발걸음이 빈번한 실정이다.

그런데 금장대는 신라시대 금장사지라는 구전설화가 전승되고 있다. 실제로 금장대에서 사리공양식상이 발견되어 구전설화가 사실로 확인되었다. 사리공양식상은 둥근 돌기둥에 사리를 공양하는 장면을 정교하게 돋을 새김했다. 특히 중앙에는 사리용기를 배치하고 사리잔을 중심으로 부처님 공양법회 때 행하는 고대의 무악으로 유명한 가릉빈가의 춤이 장식되어 있다. 따라서 조선시대 금장대는 8세기 폐사한 신라의 금장사에 정자를 건축한 것이다.

경주의 역사와 생태문화는 형산강과 함께 흘러간다. 금장대 바위 언덕은 청동기시대 암각화를 새긴 사람들의 신성한 제의현장에서 출발하여 신라시대는 왕과 귀족의 연회와 놀이터로 그 기능이 변모한다. 조선시대는 양반들의 풍류공간으로 금장대를 건축하고 근대에는 김동리 소설의 배경으로 등장하고 있다. 금장대의 암각화 언덕은 청동기시대부터 오늘날까지 경주의 역사적 변천과 생태문화를 전해준다. 이런 금장대 암각화의 신성한 주술적 제의를 통해서 경주 사람들은 형산강을 건너 새로운 역사의 태동을 모색한 것이다.

금장대의 배롱나무 사이로 형산강이 흐른다

5. 법흥왕릉을 지켜주는 소나무

신라 제23대 법흥왕(法興王)은 선도산 서쪽자락 소나무 숲속에 잠들어 있다. 국도에서 경주로 들어가는 길목에서 다시 좁다란 농로를 따라가면 무성한 소나무 숲이 보인다. 한눈에 보아도 여느 소나무와 다른 기품이 느껴진다. 그곳에 신라를 반석에 올려놓은 법흥왕릉이 자리한다. 흥륜사의 이차돈 순교와 관련해서 몇 차례 법흥왕릉을 답사한 적이 있다. '나무 따라 경주 걷기'를 통해서 다시 법흥왕릉을 방문한다고 생각하니 벌써부터 설렌다.

소나무 숲에 가려진 법흥왕릉을 찾아가는 발길은 가볍고 경쾌하다. 계단식 논에서 왕릉의 위치를 가늠해보는 즐거움도 제법 쏠쏠하다. 봄비가 늦잠 자는 대지의 생명을 흔들어 깨운 뒤라서 그런지 봄기운이 완연하다. 마

법흥왕릉의 소나무

침 논둔덕에서 나물 캐던 할머니의 얼굴에도 봄이 한창이다. 길목의 아름드리 소나무 두 그루가 신성한 곳임을 알려준다. 허리를 왼쪽으로 굽힌 소나무는 오랜 세월을 함께한 부부처럼 다정하다. 특히 허리가 굽은 소나무는 길손들의 시선을 끌기에 충분하다. 방문객을 위해 굽은 소나무를 벌목하지 않은 따듯한 마음이 느껴진다. 소나무는 사천왕처럼 법흥왕릉을 수호하고 있다.

『삼국사기』에는 법흥왕의 성품이 관후하고 남을 사랑했다고 한다. 이것은 신라의 귀족세력을 포용한 법흥왕의 소통 능력을 뚜렷이 보여준다. 그는 지증왕의 장남으로 출생했기 때문에 왕위계승에 힘을 뺄 필요가 없었다. 법흥왕은 26년(514-540) 동안 재위하면서 528년에 이차돈의 순교와 함께 불교를 공인했다. 신라 최초로 '건원(建元)'이라는 연호를 사용하여 자주권을 대내외에 천명한 군왕이다.

신라의 토대를 만들었던 법흥왕릉을 찾는 발길은 생각보다 한적하다. 역사적 업적에 비례하여 사람들의 관심이 높아지는 것은 아니다. 소나무 숲 속에 자리한 왕릉은 번잡하지 않아서 좋다. 푸른 솔바람의 청정한 기운을 받으며 오솔길을 천천히 걸으면 세상의 근심은 부질없어진다. 산골짝에서 내려오는 '졸졸졸'거리는 개울물 소리는 자연이 선사하는 최고의 음악이다.

법흥왕릉 앞에는 소나무가 장막을 친 커튼처럼 자연스럽다. 멋진 소나무에 포근히 안긴 왕릉은 정갈하고 소박하다. 흙을 쌓아올린 봉분의 지름은 13미터, 높이 3미터로 규모가 비교적 작다. 신라를 반석 위에 올려놓은 왕릉이라고 믿기 어려울 지경이다. 위대한 업적을 남긴 법흥왕은 화려함보다 검소함을 선호했는지도 모른다. 그래서 세상의 풍파에 시달리거나 외로울 때 법흥왕릉을 찾으면 위안을 얻을 수 있다.

소나무 네 그루가 병풍처럼 감싸고 있는 왕릉의 뒤태는 색다른 풍경을 보여준다. 왕릉의 뒤쪽에서 보아야 법흥왕이 바라보는 곳에 시선을 맞출 수 있기 때문이다. 아름드리 소나무 사이로 보이는 봉긋한 봉분은 자연스러운 곡선미를 자아낸다. 더할 것도 뺄 것도 없는 아름다움의 극치다. 왕릉의 뒤태가 이렇게 완벽한 것은 처음이다. 마음을 편안하게 감싸주는 자연스러운 곡선미에 감탄이 절로 난다.

법흥왕은 지증왕과 연제부인 사이에서 출생한 아들로 본명은 김원종이다. 『삼국유사』에는 지증왕의 생식기가 커서 모량부 동로수 아래의 북만한 똥을 눈 재상댁 따님을 아내로 삼았다는 기록이 등장한다. 부모의 혈통을 물려받아서 그런지 법흥왕은 신장이 7척(1척은 약 30센티미터다) 정도로 몸집이 컸던 것으로 짐작된다. 이렇게 기록한 이유는 지증왕이 경주의 귀족보다 무량부와 혼인동맹을 통해서 왕권을 강화하기 위한 전략인지도 모른다. 모량리 출신 어머니의 영향 덕분인지 법흥왕은 외가의 들판이 보이는 곳에 묻혔다.

제9장.
토함산 자락을 산책하다

경로 ① 불국사 ② 동리목월 문학관 ③ 영지와 영지석불 ④ 석굴암 ⑤ 원성왕릉

1. 불국사를 거닐며 찾는 나무 보물

날씨가 흐린 봄날에 불국사 주차장에 도착했다. 불국사를 산책하기 위해 일찍 왔는데도 부지런한 방문객의 발걸음은 여전히 분주하다. 국도에서 불국사로 접어들면 전나무 숲이 상쾌한 바람을 선사한다. 불국사를 오르내리는 도로에 전나무를 비롯하여 소나무, 단풍나무, 아까시나무, 해송, 층층나무, 벽오동, 뽕나무 등이 어울려 살아간다. 그래서 나는 주차장에서 곧바로 불국사로 들어가지 않는다. 상쾌한 바람이 불어오던 전나무 숲길을 걸어보고 싶었기 때문이다. 길 사이에 자라는 전나무 숲은 성스러운 숲속의 관문일 뿐만 아니라 불국사 방문객들을 피안의 세계로 인도하는 생태적 길이기

전나무 숲길

도 하다.

토함산 불국사는 경덕왕 10년 김대성이 현세의 부모를 위해 창건하고 전세의 부모를 위해서는 토함산 위에 석굴암을 창건했다고 한다. 불국사는 김대성이 창건했다고 하지만 신라인의 역량이 총동원된 국가적 불사로 완성되었다. 이 때문에 불국사는 신라인의 꿈을 보여주는 국보의 숲으로 유명하다. 숲속에 자리한 불국사를 산책하면서 국보와 보물로 지정된 문화유산과 함께 숨어 있는 나무 보물을 찾아보는 것도 색다른 즐거움을 선사할 것이다.

나무를 찾으며 불국사를 거닐다

불국사의 후문인 불이문 주차장에서 불국사를 보면 온통 숲으로 가득하다. 검은색 바탕에 흰색 글씨로 쓴 '토함산 불국사' 편액이 보인다. 불이문 앞에는 모과나무와 살구나무가 살고 있다. 그 곁에는 히말라야시더, 팽나무, 버즘나무, 보리수 등이 봄맞이 채비에 분주하다. 불이문에서 오른쪽 숲길을 따라 불국사 정문으로 걸어가면 발걸음이 한결 가벼워진다. 대나무, 버즘나무, 단풍나무, 서어나무, 뽕나무, 아까시나무, 팽나무, 자귀나무 등과 같은 다채로운 나무들이 기분을 상쾌하게 만들어주기 때문이다.

일주문에는 황금으로 쓴 불국사 편액이 보인다. 일주문을 들어서면 관음송이 발걸음을 멈추게 한다. 관음송은 자유로운 가지퍼짐을 보여주는 반송을 불교식으로 바꿔서 부르는 이름이다. 관세음보살의 복을 받고 싶으면 관음송의 생태를 자세히 관찰해야 한다. 관음송은 붉은 피부에 푸른 솔잎을 달고 불국사를 찾는 방문객의 근심과 걱정을 풀어준다. 이 때문에 불국사에서 관세음보살을 만날 수 있는 유일한 생명체가 바로 관음송이다.

흙길을 천천히 걸어가면 반야연지가 나온다. 반야연지에는 아름드리 젊

반야연지의 능수버들

은 기상을 보여주는 전나무가 하늘로 자란다. 전나무의 기품이 정말 대단하다. 능수버들은 머리를 풀어 헤치고 물에 자신을 비춰보면서 상념에 잠겨있다. 그 곁에 미모삿과 자귀나무가 닭 벼슬 같은 화려한 꽃을 피워낸다. 반야연지에는 단풍나무와 서어나무가 주변을 에워싸고 자란다. 조그마한 의자에 앉아서 반야연지 나무들이 들려주는 봄날의 이야기를 들어보는 행운을 누렸다.

사천왕이 지키고 있는 천왕문 오른쪽에 살구나무가 봄날 화려한 꽃의 세계로 인도한다. 하얀 살구꽃을 가슴에 담고 천왕문을 들어가면 백송이 허연 피부를 드러내고 있다. 중국 원산인 백송은 주변에서 쉽게 만날 수 있는 나무가 아니다. 백송을 자세히 관찰하면 솔잎 한 쌍이 세 개다. 멀리서 보면 백송의 피부 때문에 발길을 멈추지만 자세히 관찰하면 솔잎의 개수가 다른 점을 발견할 수 있다. 솔잎의 개수와 허연 피부로 백송의 생태를 이해하면 발걸음도 가벼워진다.

천왕문을 지나면 백송이 보인다

단풍나무 아래서 불국사의 아름다운 풍경을 보다

조그마한 반야교를 건너면 청운교와 백운교, 연화교와 칠보교가 마주한다. 석공의 뛰어난 능력과 불심 덕분에 정교하고도 아름다운 불국사를 숲속에 건축하여 얼마나 고마운지 모른다. 불국사 정원의 소나무, 서어나무, 단풍나무 사이를 서성거리면서 산책하는 자유도 누려보았다. 불국사는 왼쪽 단풍나무 아래서 봐야 가장 아름답게 보인다. 단풍나무는 땅 위에서 네 갈래로 나눠지고 다시 사방팔방으로 뻗어나간다. 봄날 단풍나무는 새순과 함께 아주 작은 꽃을 연신 피워낸다. 계절에 따라 단풍나무가 옷을 갈아입

단풍나무 아래에서 본 불국사

으면 불국사의 풍경도 색다른 모습으로 변신한다.

단풍나무 곁에는 검은 피부의 아름드리 말채나무가 홀로 서 있다. 안양문 입구에는 아름드리 말채나무, 서어나무 두 그루가 자란다. 서어나무도 수술 흔적이 있는 것으로 보아 건강하지 못하다. 더욱이 말채나무 피부는 뱀이 허물을 벗은 것과 비슷하다. 가을에 노란 단풍으로 물드는 말채나무는 수많은 방문객의 발걸음에 겨워 시름시름 고사하고 있다. 불국사의 아름다운 풍경을 사진에 담기 위해 방문객이 무심코 말채나무 주변을 걸어가면 흙이 단단해져 숨 쉬기가 어려워진다. 말채나무가 생명을 유지할 수 있도록 너무 가까이 가지 않는 게 좋다. 불국사의 아름다움을 오랫동안 감상하려면 나무의 생태에 관심을 가져야 한다.

불국사는 단풍나무와 말채나무 사이로 볼 때 가장 아름답다

나무는 다채로운 풍경으로 불국사를 지켜준다. 봄에는 서어나무, 여름에는 느티나무, 가을에는 단풍나무, 겨울에는 소나무 등의 그늘에서 불국사를 바라보면 색다른 자연의 변화를 느낄 수 있다. 서어나무가 새순과 함께 꽃을 피운 봄에는 누군가를 기다리는 심정으로 바라보면 좋다. 아름드리 느티나무 그늘에서는 여름의 무더위를 씻어주는 청량감을 느낄 수 있다. 단풍나무가 화려한 변신을 시도하는 가을에는 바람을 맞으며 사색하는 것도 좋다. 늘푸른 소나무의 기상은 겨울에도 변함없는 약속을 보여준다. 불국사의 아름다운 변화는 나무와 숲이 만들어간다.

대웅전으로 가려면 오른쪽 전나무와 소나무 속으로 들어가야 한다. 흙길에서 바위와 시멘트로 포장한 길은 주변의 돌담과 잘 어울리는 것 같다. 그 굽은 길 끝에 다보탑의 상륜부가 고객을 살며시 내밀고 방문객을 맞이한다. 석가모니불을 모신 대웅전 앞마당에는 다보탑과 석가탑이 당당하게 서 있다. 금당에서 다보탑을 보면 나무들이 병풍처럼 둘러싸고 있으며 석가탑

다보탑 곁에는 숲이 무성하다

을 보면 시원하게 탁 트여 있다. 화려한 다보탑과 단순한 석가탑은 서로 다르면서도 조화로운 모습을 보여준다.

석가탑에는 백제 석공인 아사달과 아사녀의 슬픈 사랑이야기가 전해진다. 현진건의 장편소설 『무영탑(無影塔)』은 이들의 사랑을 더욱 애절하게 그려낸 작품으로 유명하다. 그림자가 없는 사람은 이 세상에 존재하지 않는다. 다만, 해가 하늘 중앙에 떠 있을 때는 그림자가 사라진 것처럼 보인다. 무영탑의 애절한 사랑이야기는 방문객의 탑돌이로 간절함을 표현하기도 한다. 대웅전에서 극낙전으로 가려면 문지방을 넘어야 한다. 옹이가 박혀있는 문지방의 닳은 모습이 눈길을 사로잡는다. 얼마나 많은 사람이 극낙전 문지방을 왕래했는지 보여주기 때문이다.

대웅전과 극낙전에는 나무 한 그루도 자라지 않는다. 토함산의 나무를 차경(借耕)하기 때문에 대웅전과 극낙전에는 나무를 심지 않았다. 대웅전에서 무설전으로 걸어가면 부처님 오신 날을 맞이하여 다양한 연등이 걸려있다. 무심코 연등에 달린 소망의 글이 눈에 띄었다. "강아지를 키우게 해주세요! 코로나가 사라지게 해주세요!" 어느 꼬마가 쓴 연등에 달린 소망이 내 입가에 잠시나마 미소를 짓게 한다. 무설전 계단에는 철쭉, 목련, 단풍나무, 영산홍, 사철나무 등이 봄날의 풍경을 화려하게 전해준다. 그중에서도 하얀 목련이 피어나는 봄날에 무설전이 가장 황홀하다. 목련꽃이 피어날 때 다시 불국사를 방문하고 싶다.

국보의 숲에서 다양한 나무를 만나다

무설전 뒤에 급경사로 된 돌계단을 오르면 관음전으로 연결된다. 관음전 왼쪽에는 모과나무, 목련, 불두화 등이 자란다. 오른쪽에는 함박꽃나무, 오죽, 단풍나무, 배롱나무, 모과나무 등이 살아간다. 함박꽃나무는 '천상의 여

나한전의 서어나무

인'에 비유하여 천 년화, 산에서 자라는 목련이라 하여 산목련이라 부른다. 북한의 국화로 지정된 함박꽃나무는 '나무에 피는 난초'라는 뜻으로 목란(木蘭)이라 부른다. 그런데 관음전 모과나무는 목이 잘려나간 채로 남은 줄기에 꽃을 피워낸다. 건물을 감시하는 카메라 시야 때문에 모과나무 기둥이 희생된 것이다. 모과나무의 기형적인 모습은 생태와는 거리가 먼 인간의 폭력이다. 모과나무와 감시 카메라가 공존할 수 있는 방법을 고민해야 할 것 같다.

관음전 계단을 내려오면 비로전으로 연결된다. 비로전 오른쪽에 아름드리 살구나무와 불두화, 영산홍, 철쭉, 목련, 모과나무 등이 살고 있다. 분홍 꽃잎을 떠나보낸 살구나무는 가지마다 가루받이로 인해 온통 붉은색으로 가득하다. 꽃잎이 떨어진 자리마다 조그마한 살구가 알알이 박혀서 봄 햇살을 받는다. 비로전 왼쪽에는 사리탑이 있다. 사리탑 주변에는 소나무, 느티나무, 단풍나무 등이 한가족처럼 자란다. 사리탑 왼쪽에 허리둘레가 제법 굵은 단풍나무 세 그루가 삼형제처럼 살갑게 살아간다.

단풍나무 사이로 난 담장을 나가면 나한전이다. 나한전 흙길을 걸어가면 아름드리 허연 피부를 드러낸 서어나무를 만나게 된다. 그 뒤로 단풍나무, 말채나무, 은행나무, 느티나무 등이 나한전을 감싸며 살아간다. 나한전에는 수많은 방문객의 소망이 나무 사이에 돌탑으로 층층이 쌓여있다. 심지어 나무와 담장까지도 방문객의 소망들로 가득하다. 나한전 왼쪽에는 느티나무, 소나무, 단풍나무 등이 아름드리 세월의 연륜을 보여준다.

나한전 계단을 내려오면 왼쪽에 아름드리 은행나무가 우뚝 서 있다. 그 주변에 산수유나무, 사철나무, 회양목, 편백나무, 단풍나무, 서어나무, 모과나무 등이 건물의 주춧돌에 자신을 비추며 살아간다. 이대가 줄지어 선 평탄한 길을 따라가면 신라시대 화장실에 사용된 돌들이 전시되어 있다. 그곳은 단풍나무와 소나무, 팽나무, 살구나무 등이 숲을 이루고 살아간다. 갑자기 숲속에 자리한 화장실 표시를 따라 걸어가서 근심을 풀어내고 싶어진다.

범종각 앞에 고사한 왕벚나무 세 그루가 있다. 두 그루는 생명을 다하여 윤회의 바퀴를 굴리고 있지만 한 그루는 부름켜만 살아서도 벚꽃을 피워내는 감동을 보여준다. 발걸음을 멈추고 속살이 썩어버린 왕벚나무 피부를 어루만져 보았다. 아름드리 둥치와 달리 가녀린 가지에 핀 벚꽃 향기는 범종소리와 함께 세상으로 퍼져나갈 것이다. 범종각 뒤에 젊은 편백나무가 늘푸른 씩씩한 기상으로 살아간다. 편백나무는 청춘의 나이테에 어떤 범종소리를 새겼을까 문득 궁금해진다.

범종각의 왕벚나무

불국사를 산책한 후에는 반드시 후문인 불이문으로 내려가야 한다. 불이문으로 가는 길에는 왕버들, 전나무, 아까시나무, 단풍나무, 고욤나무, 산수유, 느티나무, 목련, 왕벚나무, 목백합 등이 천연의 숲을 이루고 살아가기 때문이다. 이러한 숲속에 바람이 불면 불국토를 염원했던 신라인의 소망을 나무와 숲의 서사시가 들려주는 것만 같다. 불이문 앞에는 좌우로 백목련과 배롱나무가 방문객과 인사하면서 살아간다. 봄에는 백목련의 하얀 꽃이 탐스럽게 피어나고 가을에는 배롱나무의 붉은 꽃이 불이문을 풍요롭게 한다. 백목련과 배롱나무는 '둘이 아니라 하나'라는 불이의 깨달음을 전해준다.

불국사는 자연과 인간의 공생을 보여주는 절집이다. 일주문을 지나 해탈교를 건너 반야연지를 감상하고 천왕문을 지나 반야교를 지나면 국보의 숲이 펼쳐진다. 숲속에 자리한 불국사를 거닐며 나무 보물찾기에 동참해 보기를 요청한다. 불국사 입구의 전나무 숲길에서 출발하여 관음송 → 전나무, 능수버들 → 백송 → 단풍나무 → 말채나무 → 함박꽃나무 → 서어나무 → 왕벚나무 등의 나무 보물을 찾아보자. 불국사의 나무 보물 아홉 그루를 찾으면 행복한 산책과 잊지 못할 추억을 쌓을 수 있다. 그리고 마지막 한 그루는 자신임을 잊지 말아야 한다. 국보의 숲인 불국사에서 문화유산과 함께 나무 보물 열 그루를 찾으면 언젠가는 소원이 성취될 것이다.

2. 동리목월 문학관과 상수리나무의 기상

불국사 정문에서 동리목월 문학관으로 발걸음을 옮겼다. 불국사 정문 주차장 맞은편에 동리목월 문학관으로 연결되는 계단이 나온다. 그곳에는 아름드리 개잎갈나무가 불국사와 석굴암으로 가는 자동차를 물끄러미 바라본다. 동리목월 문학관 입구에는 백목련이 살고 있다. 봄에는 하얀 목련꽃

동리목월 문학관 입구의 개잎갈나무

이 방문객을 동리목월 문학관으로 유인한다. 그럼에도 동리목월 문학관을 찾는 방문객은 드문 편이다. 불국사와 석굴암이 너무도 유명하여 상대적으로 문학관이 소외된 것 같다. 동리목월 문학관을 방문하면 불국사 주차장의 번잡함을 한순간에 해소할 수 있다.

연못 사이로 난 다리를 건너가면 계단이 발걸음을 막아선다. 그 주변에 왕벚나무, 편백나무, 백목련, 비목, 메타세콰이야, 층층나무 등이 숲길을 만들어준다. 시원한 나무 향기에 천천히 계단을 올라가면 디귿자 모양의 문학관 건물이 보인다. 나무로 만든 계단 앞에는 주목, 수수꽃다리, 단풍나무 등이 일렬로 심겨져 있다. 이들 나무가 문학관 방문객을 지켜본다. 계단을 올라가면 왼쪽에 동리문학관, 오른쪽에 목월문학관으로 나눠서 전시하고 있다.

경주가 자랑하는 동리목월 문학관을 나오면 주변의 나무들이 매우 다채롭게 살아간다. 그중에서도 국기게양대에 무궁화가 심어져 있다. 그 위에는 아름드리 가지펴짐을 보여주는 상수리나무가 웅장하게 하늘 높이 자라면서 동리목월 문학관을 지켜준다. 참나뭇과의 상수리나무는 임금님의 수라상에 올랐다고 해서 붙여진 이름이다. 경주에서 만난 상수리나무 중에서도 가장 크고 우람하다. 상수리나무의 우람한 기상이 동리목월의 문학을 상징하는 것 같다.

상수리나무의 기상

3. 영지에서는 간절한 사랑의 무영탑이 보일까?

고요한 아침 잔잔한 물결 속에 잠겨있는 불국사 석가탑이 궁금하여 영지를 찾았다. 영지에는 토함산의 짙은 그림자가 물 위에 살며시 떠 있다. 토함산 자락에 불국사가 있으니 그 어디쯤에 석가탑도 있을 것 같다. 아사달이

왕버들에 둘러 싸인 영지

완성한 석가탑도 물 위에 비칠 것만 같다. 아사달을 그리워하는 아사녀의 심정으로 영지를 유심히 바라보았지만 석가탑은 보이지 않는다. 이러한 아사달과 아사녀의 사랑이야기는 영지의 풍경을 더욱 애처롭게 한다.

영지 주변에는 왕버들이 연한 옷으로 갈아입고 아침 이슬에 햇살을 받아내며 하루를 열어 보인다. 나무 데크를 걸어가면 왕버들과 영지 속에 잠겨있는 불국사와 석가탑을 바라볼 수 있다. 누군가를 얼마나 간절하게 사랑해야 영지 속에 잠들어 있는 석가탑을 볼 수 있을까? 아사녀의 간절한 사랑이 왕버들과 함께 영지에 담겨있는 듯하다.

영지 곁에는 석불좌상이 있다. 아사달과 아사녀의 명복을 기원하기 위해 영지석불좌상을 만들었다고 한다. 석불로 가는 길은 설씨 묘를 둘러싸고 있는 도래솔이 있어서 좋다. 도래솔은 해송이다. 석불좌상 앞에는 붉은 꽃

영지 석불좌상 주변의 박태기나무 꽃과 겹동백나무 꽃

을 피운 겹동백나무, 분홍색 꽃을 뻥튀기한 박태기나무, 보리수나무, 사철나무 등이 봄날의 풍경을 더해준다. 아름드리 해송은 아사달과 아사녀의 애절한 사랑을 하늘로 전하는 것 같다. 그 뒤에는 골담초가 노란 콩깍지를 연신 피워내고 있다.

석불좌상 곁에 조그마한 집 한 채가 있다. 그곳에 사는 할머니가 나에게 말을 걸어온다. "사진 찍어서 먹고 사는가?" 할머니는 열 여섯 살에 이 집으로 시집와서 66년 간 영지석불좌상 곁에 살았던 시집살이를 늘어놓는다. "석불좌상 곁에 살았으니 복 많이 받았겠습니다"라고 했더니 할머니는 "복 많이 받았다"라고 대답한다. 아들이 대기업에 취직했으니 잘 되었다고 말씀하신다. 석불좌상에게 복을 빌기도 하지만 청소도 자주 한다고 말씀해 주신다. 그런데 경주시에서 영지 공원을 조성하면서 소나무 숲을 제거하여 바람이 불어 집이 춥다고 불평하기도 한다. 할머니와 짧은 대화를 나눌 때 갑자기 아사녀의 늙은 모습이 머릿속을 떠돈다.

4. 외로우면 석굴암으로 가라

신라 오악 가운데 '동악'에 해당하는 토함산은 왜구를 막는 호국의 진산이다. 토함산(吐含山)은 '동해에서 불어오는 바람과 안개를 들이마시고 내쉰다'는 의미를 담고 있다. 습기를 머금은 동해 바람에 의해서 토함산의 나무와 숲은 생기가 넘친다. 나무가 어울려 자라는 숲 덕분에 토함산 석굴암은 사계절 매력이 넘친다. 토함산은 현세와 전세를 이어주는 신라인의 불국토다. 신라의 재상 김대성이 경덕왕 10년 현세의 부모를 위해 토함산 서쪽에

불국사에서 석굴암으로 가는 길에 있는 단풍나무 숲길

불국사를 창건하고 전세의 부모를 위해서는 토함산 동쪽에 석굴암을 창건했기 때문이다.

신라인의 얼이 깃든 토함산은 불국사에서 등산로를 따라 천천히 걸어가면 나무를 감상하기에 제격이다. 단풍나무 숲속으로 난 길은 한여름에도 짙은 그늘을 만들어준다. 돌을 깔아서 만든 등산로는 제법 넓어서 일행과 이야기하며 산책하기도 좋다. 단풍나무 숲길 사이로 햇살이 들어온 곳과 그늘진 그림자를 밟으며 걷는 기분은 홀가분하다.

예전에는 등산로를 따라 토함산을 올랐는데, 지금은 자동차를 타고 석굴암 주차장까지 곧바로 갈 수도 있다. 세상의 편리함도 좋지만 송창식의 〈토함산〉을 들으면서 걸어가면 발걸음이 한결 가벼워진다.

토함산에 올랐어라
해를 안고 앉았어라

가슴 속에 품었어라
세월도 아픔도 품어 버렸어라

터져 부서질 듯
미소 짓는 님의 얼굴에도

천 년의 풍파세월 담겼어라

토함산 중턱에 자리한 석굴암으로 가는 길은 너무도 정겹다. 흙길을 따라 굽이굽이 돌아가면 나무와 숲이 세상사에 지친 마음을 포근하게 감싸주기 때문이다. 외로운 봄날에는 석굴암 흙길을 걷고 싶다. 구불구불한 길에는 겨우내 추위를 견뎌온 나무들이 어떻게 외로움을 달래고 새봄을 맞이하는

흙길을 따라가면 석굴암이 나온다

석굴암 가는 길, 나무의 생명력이 꿈틀대다

지 궁금했기 때문이다. 마침 코로나19 양성 판정을 받은 학생들이 증가하면서 오랜만에 비대면 강의로 전환하게 되었다. 그래서 동영상 강의를 촬영한 후에 아무런 망설임도 없이 토함산 자락의 석굴암으로 무작정 달려왔다. 생명이 약동하는 봄날에 석굴암의 인자한 부처가 나를 토함산으로 인도하는 기분이 들었다.

석굴암 가는 길에 만난 다채로운 나무들

주차장에 도착하자마자 시선이 석굴암 일주문으로 향한다. 커다란 일주문을 들어서면 왼쪽에 생강나무가 노란 꽃을 피우며 나를 반갑게 맞이한다. 가녀린 이대가 봄바람에 이리저리 흔들리는 흙길을 따라 석굴암으로 걸어가는 발걸음은 너무도 상쾌하다. 석굴암 길은 약간 내리막이라서 걷기에는 안성맞춤이다. 더욱이 석굴암 흙길을 누군가 깨끗하게 쓸어 놓았다. 인적이 드문 아침 흙길을 걸어가면 그분들의 고마움에 고개가 저절로 숙여진다. 아무도 밟지 않은 길에 발자국을 내면서 걷는 기분은 즐거우면서도 조심스럽다.

석굴암 길에는 군데군데 바위를 쌓아놓은 돌담이 무척 정겹다. 굽이굽이 돌아가는 흙길을 따라가면 서어나무가 새순을 살짝 내밀고 따사로운 햇볕을 어루만지고 있다. 서어나무 주변에 소나무, 물오리나무, 졸참나무, 신갈나무, 층층나무 등이 자신의 존재를 바라보라고 아우성이다. 그런데 모든 나무가 옥토에 뿌리를 내리고 살아가는 것은 아니다. 어떤 서어나무는 뿌리가 바위를 감싸면서도 생명을 지속하는 감동을 보여준다. 서어나무는 석굴암 길에서 자주 만날 수 있는 우점종이다. 서어나무의 얼룩덜룩한 피부와 근육질 몸매는 불법을 수호하는 금강역사상을 닮았다.

한 모퉁이 돌아서면 제법 가지퍼짐이 좋은 생강나무가 화사한 꽃망울을

생강나무 꽃

석굴암 일주문

피워낸다. 아무리 석굴암 부처를 뵈려 가는 길이지만 노란 생강나무 꽃에 발걸음을 잠시 멈출 수밖에 없다. 생강나무를 마주보고 연한 향기를 맡아 보았다. 과연 상큼한 생강나무 향기가 코를 자극해 숨결이 한결 편안해진다. 모퉁이 끝에 뿌리를 내리고 살아가는 생강나무를 보면 자꾸만 당신이 생각난다. 아마도 가슴에 그리움을 품고 살아가기 때문에 우리는 외로운지도 모른다. 생강나무 향기를 가슴에 품고 다시 흙길을 따라 천천히 석굴암으로 걸어간다.

봄단장에 바쁜 나무를 감상하면서 걷고 있는데, 어디선가 "딱딱, 딱 딱딱" 소리가 들린다. 딱따구리의 먹이 활동 소리다. 발걸음을 멈추고 딱따구리 소리를 오랫동안 감상해 보았다. 간혹 나를 스쳐가는 방문객들은 아무렇지 않게 그냥 지나친다. 딱따구리가 죽은 나무를 쪼아대는 생명의 소리가 석굴암 스님의 목탁 소리로 들리기도 한다. 조그마한 딱따구리가 봄볕에 나무를 쪼아대는 모습을 통해서 생명의 역동성은 언제 어디서나 변함이 없음을 느낀다.

석굴암 길에도 나무의 삶과 죽음이 공존하고 있다. 비탈진 곳에 소나무, 갈참나무, 서어나무 등이 뿌리를 땅에 내리고 자리를 잡았다. 그 곁에 아름드리 나무들이 뒹굴고 있는 처참한 모습을 보면 발걸음이 무거워진다. 태풍에 쓰러진 나무들이 뿌리를 땅 위로 드러낸 모습은 너무도 안타깝다. 뿌리가 하늘로 향한 나무는 생명을 다할 수밖에 없다. 가냘픈 몸매를 뽐내는 이대의 수런거림이 고사한 나무들의 유언을 하나씩 전해주는 듯하다.

또 한 모퉁이 돌아가면 아름다운 석굴암을 예찬한 글을 새긴 바위가 보인다. 그 글에는 "영국의 세익스피어는 인도와 바꾸지 않는다"는 제국주의적 발상을 그대로 적어놓았다. 정말 부끄러운 글이 아닐 수 없다. 석굴암 부처가 종교와 예술을 승화한 아름다운 문화재라는 점을 홍보하는 것은 좋다. 하지만 아무리 세익스피어가 유명하다고 해고 인도와 바꾸지 않는다는 표현은 너무 과하다. 석굴암 길에 이런 제국주의적 발상이 담긴 글귀는 하루

석굴암을 예찬한 비석과 신갈나무

빨리 철거해야 한다. 생태는 문화적 우월성보다 문화적 다양성을 지향하기 때문이다.

바위 왼쪽에는 흙이 쓸려 내려간 참나뭇과의 신갈나무 뿌리가 앙상하게 드러나고 말았다. 사람들의 잦은 발걸음이 신갈나무를 고사시킨 것 같아 미안한 마음이 들었다. 그럼에도 신갈나무 뿌리에는 제법 줄기가 굵은 진달래가 터 잡고 살아간다. 신갈나무와 진달래의 공생적 삶이 나를 부끄럽게 할 뿐만 아니라 깨달음의 세계로 인도하는 것 같다. 바위 오른쪽에는 소나무와 서어나무가 뿌리를 맞대고 살아간다. 서어나무 뿌리가 소나무를 슬쩍 감싸주는 모습이 음흉하면서도 애교가 넘쳐서 사랑스럽다.

마지막 모퉁이를 돌아서면 산 중턱에 자리한 석굴암 전각이 보인다. 그 아래로 평평한 절집 마당이 펼쳐진다. 단풍나무가 석굴암으로 올라가는 길을 안내한다. 그 뒤에 주목이 세상살이의 지혜를 둥근 모습으로 보여준다. 감로수 물소리에 귀를 씻고 목탁 소리를 따라 석굴암 계단을 천천히 올라간다. 흙길에서 갑자기 계단을 밟고 올라가는 발걸음은 느려질 수밖에 없다. 심호흡을 하고 주변의 나무를 살펴보니 서어나무와 층층나무가 손을 맞잡고 자란다. 한 계단씩 올라가면 서어나무와 층층나무가 다르게 보인다.

잣나무, 석굴암 앞을 묵묵히 지키다

드디어 석가모니불을 모시고 있는 석굴암 앞마당에 도착했다. 그곳에는 아름드리 잣나무와 단풍나무가 자란다. 단풍나무는 하늘을 향해서 네 갈래로 가지퍼짐을 보여준다. 수많은 사람이 다양한 사연을 가지고 석굴암을 방문하지만 그곳에 사는 잣나무와 단풍나무에게는 무관심하다. 여러 차례 석굴암을 방문했지만 나무의 생태를 관찰하면서 비로소 석굴암의 잣나무가 눈에 들어왔다. 나무에 관심을 가지면서 잣나무가 보이기 시작한 것이다. 늘푸른 잣나무를 안고 무언의 대화를 나누었다. 잣나무와 단풍나무의 생태를 관찰하면 석굴암 부처의 가르침이 무엇인지 깨달을 수 있을 텐데…. 서어나무, 신갈나무, 층층나무 등은 예전에 사용된 석굴암 석물들을 감싸주면서 살아간다.

화강암을 쌓아 동굴처럼 만든 석굴암은 경덕왕 10년(751)에 공사를 시작하여 혜공왕 10년(774)에 완공했다. 석굴암은 팔부중상이 새겨진 전실과 본

석굴암의 아름드리 잣나무

존불이 있는 주실로 구성되어 있다. 네모난 전실에서 원형의 주실로 연결되는 길목에는 사천왕상의 역동적 모습이 보인다. 본존불은 석가모니가 깨달음을 얻은 절정의 순간을 조각한 불교유산의 걸작이다. 본존불과 함께 십일면 관음상의 아름다운 조각상을 보면 세상의 근심이 모두 사라진다.

석굴암 부처는 조심조심 걸어가는 내 발걸음을 한순간 붙잡았다. 석가모니불의 온화한 얼굴을 보면 아무런 생각이 들지 않았다. 외로움을 벗어난 무심의 경지가 바로 이런 것인지도 모른다. 석가모니불 앞에서 염불을 하는 스님의 목탁 소리와 창 밖에서 천수경을 독송하는 보살의 목소리가 어우러져 더욱 경건한 마음이 들었다. 창문을 사이에 두고 스님과 보살의 천수경 독송이 석가모니불을 모신 석굴암에 나지막하게 울려 퍼진다. 이런 경건함과 간절함의 이중주를 석가모니불과 함께 들을 수 있어서 너무도 좋았다. 석가모니불의 평안한 모습은 인간관계의 욕심을 조금 덜어내는 계기가 되었다.

석굴암 부처를 뵙고 나오는 순간 단풍나무가 나를 반긴다. 그 뒤에 소나무가 푸른 봄 향기를 전해준다. 늘푸른 소나무의 솔잎과 붉은색 피부는 묘한 반전을 보여준다. 우리네 인생도 푸른색과 붉은색이 조화롭게 공존하면 생명의 차등을 대등한 관계로 바꿀 수 있을 것이다. 사람들이 지나가는 좁은 통로에서 천수경을 외우던 보살이 내게 감로수 한 병을 주었다. 마침 목이 말랐는데 감로수를 마시니 정신이 더욱 경건해지는 듯했다. 울산에서 온 보살은 백일기도를 하려고 석굴암에 왔다고 한다. 천수경을 외우던 보살의 간절한 소망이 성취되기를 기원한다.

수광전으로 내려오는데 층층나무의 부러진 가지에서 올라온 생명수가 흘러내린다. 뿌리에서 물관을 타고 보내진 생명수가 흐르는 모습을 한참 바라보았다. 나무의 물관에서 흘러나오는 생명수를 통해서 봄의 약동이 얼마나 대단한지 깨달았다. 화장실 주변의 은행나무와 전나무는 햇볕 경쟁을 하면서도 까치집을 품고서 공존의 가치를 실천하고 있다. 수광전에서는 시

석가모니불, 해탈의 경지를 보여주다

야가 탁 트인 동해가 저 멀리 보인다. 이제는 그리움과 외로움도 다 내려놓고 푸른 동해를 바라본다. 동해 일출이 석굴암 부처를 비추면 더욱 신비로운 장관을 연출할 것 같다. 그런 석굴암 부처를 만날 수 있기를 나무에게 빌어본다.

5. 원성왕릉에서 느끼는 소나무 숲의 장쾌한 멋

신라 제38대 원성왕릉을 산책하려면 산업로에 주차하고 천천히 걸어가야 한다. 아스팔트로 깔끔하게 포장한 도로를 따라가면 붉은 피부를 드러낸 소나무가 반겨주기 때문이다. 아름드리 소나무 향기를 맡으며 굽은 도로를 걷다보면 원성왕릉 주차장이 보인다. 차를 타고 주차장까지 곧바로 들어가면 도로에 자라는 아름다운 소나무를 볼 수 없다. 시간이 걸리더라도 포장된 도로를 걸어왔기 때문에 멋진 소나무의 피부를 감상하는 여유로운 산책이 되었다.

주차장에서 원성왕릉으로 발걸음을 옮기지 말고 왼쪽 오솔길로 접어들면 다채로운 소나무의 생태가 보인다. 산과 인접한 오솔길에는 허리를 굽혀서 인사하는 아름드리 소나무와 자신의 품성대로 자유롭게 살아가는 소나무들의 이야기가 정겹게 들려온다. 원성왕릉도 아름드리 소나무 숲속에 자리하고 있다.

원성왕릉은 입구에서 봉분이 시원하게 보인다. 소나무 숲속에 자리한 원성왕릉 입구에 무인석과 문인석이 지키고 있다. 문인석과 무인석은 신라사람이 아니다. 서역에서 온 이방인이 원성왕릉을 지키고 있어서 흥미롭다. 그 뒤에 돌로 만든 사자 한 쌍이 왕릉의 사방을 경계하는 것 같다. 문인석과 무인석 및 돌사자 주변에는 사계절 늘푸른 소나무가 아름드리로 자란다. 신라 왕릉 중에서 원성왕릉이 가장 화려하다고 한다. 둘레돌과 십이지신상, 난간석 등을 갖춘 최고의 왕릉으로 평가된다.

원성왕의 이름은 김경신이다. 선덕왕이 자식 없이 세상을 떠났을 때 조카인 김주원이 왕으로 추대되었다고 한다. 그런데 마침 북천에 비가 내려 홍수가 나는 바람에 김주원이 서라벌로 들어오지 못하고 있었다. 이때 상대

서역인이 지키는 원성왕릉

등 김경신이 북천에 비가 내린 것은 하늘의 뜻이라고 여겨서 궁궐로 들어가 왕권을 장악한다. 김주원을 몰아내고 왕권을 잡은 김경신이 바로 원성왕이다. 원성왕은 갑자기 내린 폭우 덕분에 신라 군왕이 되었다. 여기에는 김경신의 꿈에 대한 해석이 중요한 역할을 했다.

어느 날 김경신은 "관리들이 쓰는 복두를 벗고 소립을 쓰고 12현 가야금을 든 채 천관사 우물로 들어가는 꿈을 꾸었다"고 한다. 이는 벼슬에서 쫓겨나고 칼을 쓰고 감옥에 갇히는 꿈이라고 점쟁이가 해몽해 주었다. 위험에 빠진 김경신은 집에 머물고 있었는데 아찬 여산이 왕이 되어 면류관을 쓰고 12대 손까지 군왕이 될 조짐이라고 전혀 다르게 해몽한다. 그래서 김경신은 북천의 신에게 제사를 지냈는데 때마침 비가 내려서 원성왕으로 등극하게 된다. 김경신의 꿈 이야기는 원성왕 등극의 정당성을 보여준다.

원성왕릉은 '괘릉'이라 부른다. 연못이 있는 곳에 왕릉을 조성하기 위해 관을 매달아 놓았기 때문이다. 실제로 왕릉 오른쪽에 우물이 있는데 그곳에서 흘러내린 물이 도랑을 따라 흘러간다. 원성왕릉에는 소나무만 자라는 게 아니다. 소나무 숲속에 니기다소나무 두 그루가 자란다.

『삼국유사』에는 "원성왕릉이 동곡사에 있으며 동곡사는 당시의 숭복사다"라고 전한다. 숭복사지에는 진성여왕(896) 때 최치원의 〈신라초월산대숭복사비〉가 있다. 이 비문에는 신라 귀족 김원량이 자신의 별장을 희사하여 곡사라는 절집을 만들었으나 원성왕의 장지로 선정되어 절집을 옮겼다고 한다. 경문왕(861-874) 때 원성왕릉의 원찰이 되면서 크게 확장되었다. 헌강왕 때는 대숭복사로 이름을 변경하고 동서 석탑을 조성했다. 석탑 사이에는 감나무가 자란다.

최치원이 지은 초월산대숭복사지 비석

제10장.
소금강산 자락을 산책하다

1. 석탈해왕릉에 엎드려 자라는 소나무

동천동 금강산 가는 길목에 석탈해왕릉(昔脫解王陵)이 있다. 석탈해왕릉에도 아름드리 소나무 숲이 풍성하다. 여느 왕릉과 마찬가지로 소나무는 늘 푸른 모습을 보여준다. 왕릉에 들어서도 자동차의 소음이 생각보다 심하다. 그나마 소나무 숲이 왕릉을 감싸고 있어서 얼마나 다행한지 모른다.

석탈해왕릉에 엎드린 소나무

왕릉을 감싸고 있는 소나무의 피부는 다양하다. 붉은 피부를 가진 적송은 푸른 가을 하늘과 멋진 조화를 보여준다. 검은 피부를 가진 해송은 가지뻗침이 매우 단조롭다.

주차장에서 석탈해왕릉을 향해 천천히 걸어가면 아름드리 소나무들이 발걸음을 붙잡는다. 오랜 세월 허리둘레가 굵은 소나무는 붉은 피부로 방문객을 맞이한다. 그 곁에는 허리가 굽어서 발걸음을 잠시 기댈 수 있는 소나무도 보인다. 이런 소나무들 사이로 걸어가면 왕릉과 마주하게 된다. 산기슭 아래에 조성된 왕릉은 아늑해 보인다. 아름드리 소나무들이 왕릉을 병풍처럼 에워싸고 있기 때문이다. 산기슭의 소나무들이 품어내는 시원한 바람소리는 무더위를 식혀줄 만큼 서늘하다.

소나무 사이로 왕릉을 산책하면 색다른 풍경과 마주하게 된다. 하늘로 자라지 못하고 왕릉에 납작 엎드린 소나무가 발길을 멈추게 한다. 왕릉 방향으로 배를 땅에 대고 자라는 소나무는 자신을 낮추는 겸손의 미덕을 실천하고 있다. 그 모습이 자신의 욕심을 버리고 새로운 것을 수용하는 열린 자세처럼 보인다. 왕릉에 엎드린 소나무의 생태를 보면 안타까운 마음과 함께 입가에는 잔잔한 미소가 오랫동안 머문다. 그런데 예전 온몸을 왕릉에 엎드리고 살아가던 소나무는 어찌된 영문인지 보이지 않는다. 오체투지를 하면서 살았던 소나무는 생을 마감한 것으로 생각된다. 이제 그 소나무는 빛바랜 사진 속 추억으로만 남아서 너무도 아쉽다.

지혜로 호공 집을 차지한 석탈해

월성의 중요성을 인식한 석탈해는 토함산에 올라가서 돌무덤을 만들고 7일 동안 수도한다. 그곳에서 통과의례를 거친 후 본격적인 신라 중심부인 경주로 들어가기 위한 계획을 수립한다. 토함산에서 성안에 살만한 땅을 찾다가 초승달처럼 생긴 월성의 호공(瓠公) 집을 발견했다. 남몰래 호공 집에 숯과 숫돌을 미리 묻어두고 관청에 송사하여 그 집을 차지한다. 이러한 석탈해의 재주를 어떻게 판단해야 좋을지 다소 혼란스럽다. 비정상적 방법인 속임수를 사용하여 호공 집을 강제로 빼앗았기 때문이다.

석탈해는 속임수를 사용해 호공 집을 차지한 후에 신라 중심부의 일원으로 급부상한다. 이 소식을 전해들은 남해왕이 그를 사위로 삼았다. 신라 왕실에서는 그의 자질과 도덕성에 대한 찬반 논란이 거세게 일어났을 것이다. 당시 신라 군왕의 자질은 덕(德)이 있는 사람을 요구하는 분위기였다. 그래서 남해왕 아들인 노례왕에게 왕위를 양보할 수밖에 없었는지도 모른다.

소나무 숲에 자리한 석탈해왕릉

주변의 반대를 유연한 자세로 대처한 석탈해는 중원(中元) 2년(57)에 드디어 왕위에 오른다. 인생의 완숙기인 62세에 군왕이 된 석탈해는 23년간 신라를 통치했다. 군왕을 차지하기 위한 이런 갈등에서도 무력충돌을 피하고 지혜를 발휘한 석탈해를 높이 평가할 만하다.

석탈해는 단순히 지혜만 있었던 인물은 아닌 듯하다. 그의 유골은 천하에 적수가 없을 만큼 대단한 장사로 나타난다. 그래서 그 유골을 부수어 석탈해 형상을 만들어 대궐에 모셨다고 한다. 아마도 신라에서는 쇠를 다룰 줄 아는 선진 기술, 장군적 기질, 지혜 등을 갖춘 석탈해를 본받고 싶었는지도 모른다. 제철 능력과 무장의 기질 및 지혜를 활용하여 군왕이 된 석탈해는 백제를 공격하면서도 왜와는 친교 정책을 펼쳤다. 나중에 죽어서는 신라 동악신으로 모셔지기도 한다. 아진포에 도착한 이주민 석탈해가 군왕이 될 수 있었던 까닭은 다양한 능력을 겸비했기 때문이다.

이주민 세력인 석탈해가 신라의 왕으로 등극하는 이야기는 능력이 얼마나 중요한가를 보여준다. 물론 남해왕의 사위가 되면서 그가 신라 귀족의 신분을 획득한 측면도 무시할 수 없다. 그렇지만 석탈해가 신라의 군왕이 되는 모습은 학벌이나 혈연이 중요한 우리 사회에 능력이 얼마나 중요한지 제대로 보여준다. 해양 이주민인 석탈해왕은 기존 토착세력의 반발과 갈등을 조정하여 상호 협력하는 방안을 제시한 신화적 인물이다. 그래서 석탈해왕릉 소나무 숲에는 해송과 적송이 섞여서 자라는지도 모른다. 더욱이 왕릉 뒤를 에워싼 소나무에 뿌리내린 어린 갈참나무 잎사귀가 대견하다. 마치 호공의 집을 빼앗은 석탈해의 지혜를 보여주는 듯하다.

목련나무와 숭신전

왕릉의 오른쪽에는 석탈해왕을 모신 숭신전이 있다. 숭신전으로 걸어가면 마을의 평화와 안녕을 기원했던 동신목이 존재한다. 오랫동안 마을의 안녕을 지켜주었던 신목은 고사했다. 고사한 신목 곁에 버드나무가 제법 우람하게 대를 이어간다. 버드나무는 동천동 중리마을 보호수로 보살핌을 받는다. 버드나무는 신목의 세대교체를 통해서 마을주민들을 평안하게 지켜줄 것이다. 젊은 버드나무 신목에 조그마한 소망을 기원해보면 산책이 더 즐겁지 않을까.

신목을 지나면 전나무와 잣나무도 푸른 젊음을 마음껏 발산하고 있다. 숭신전 홍살문을 들어서면 〈신라석탈해왕릉비각〉 뒤쪽에 허리가 굽은 향나무와 사철나무가 자신의 존재를 뽐낸다. 젊은 향나무의 굽은 허리를 보면 "상처없이 살아가는 인생이 어디 있으랴!"라는 말이 생각난다. 숭신전 입구에는 모과나무가 제법 볼만하다. 봄날 모과나무의 가녀린 꽃망울이 피어나면 숭신전을 분홍색으로 칠할 것 같다. 경엄문을 지나면 주목, 상인재 곁에

숭신전의 백목련나무

는 골담초, 숭신전 안에는 목련, 수수꽃다리, 배롱나무, 모과나무, 비자나무 등이 옹기종기 자란다. 봄날 하얀 목련꽃이 피고 지면 보라색 수수꽃다리가 진한 향기를 뿜어낸다. 이런 나무들이 피워낸 오색 빛깔과 향기는 숭신전을 신성한 공간으로 만들어준다.

표암재와 악강묘의 향나무

발걸음을 되돌려서 석탈해왕릉으로 걸어간다. 왕릉을 중심으로 왼쪽은 해송이, 오른쪽은 육송 중에서도 적송이 풍부하다. 그래도 왕릉의 소나무는 바닷가의 거친 바람을 온몸으로 견뎌낸 해송이 대부다. 해송이 풍부한 까닭은 이주민세력 석탈해가 아진포에 도착했을 때 하늘에 제사지내는 동

악강묘의 향나무

백률사로 가는 숲속의 오솔길

신목과 연관되기 때문이다.

해송 사이로 걸어가면 알평공이 출생한 바위 언덕이 보인다. 그 밑에 경주 이 씨 시조를 모신 표암재가 있다. 석탈해왕릉과 표암재 사이에는 키 큰 해송이 자란다. 해송이 바람에 쓰러져 건물에 피해를 줄까 우려하여 나무의 목을 친 모습이 어색하다. 영은문 앞에는 목서, 주목, 배롱나무 등이 뿌리를 내리고 자란다. 악강묘에는 아름드리 향나무가 홀로 사당을 지키고 있는데 그 모습이 너무도 당당하다. 향나무 향기가 알평공의 지혜를 널리 전해주는 듯하다. 왼쪽 담장을 따라가면 참느릅나무와 목백합나무도 만날 수 있다.

석탈해왕릉과 표암재 사이로 난 길을 따라가면 소나무 사이로 돌계단이 나온다. 그 돌계단을 올라가면 알평공이 탄생했다고 전해지는 바위 위에 〈알평공비각〉이 있다. 비각에는 사방에 용과 봉황이 장식되어 있어서 위엄과 신성함을 보여준다. 그런데 장식된 용의 몸통은 물고기 모양을 하고 있어서 눈길을 끈다. 바위를 따라 올라가면 경주 이 씨 시조 발상지인 〈광임대〉가 나온다. 하늘에서 내려온 알평공이 처음 목욕한 곳이 〈광임대〉인데 이곳에도 젊은 소나무가 숲을 이루고 살아간다.

〈광임대〉에서 소나무 숲길을 따라 걸어가면 백률사로 연결된다. 동산을 따라 걸어가면 무덤이 사이로 난 오솔길은 혼자 사색하며 걷기에 안성맞춤이다. 소나무, 해송, 밤나무, 상수리나무, 갈참나무, 층층나무, 굴참나무 등이 오솔길을 걷고 있는 발걸음을 지켜주기 때문이다. 산길을 천천히 걸으면 복잡한 마음을 성찰할 수 있는 여유가 생긴다. 그렇게 걷다보면 어느새 백률사에 닿는다.

2. 백률사에서 잣나무와 밤나무를 만나고 싶다

경주 북쪽의 소금강산은 굴불사지와 백률사를 품고 있다. 소금강산은 야트막하면서도 아기자기한 멋을 풍긴다. 백률사로 가는 길은 다양하다. 석탈해왕릉에서 오솔길을 따라 걸어서 백률사에 도착하는 것이 제일 좋다. 가끔은 자동차를 타고 북천을 건너서 백률사 주차장에 도착할 때도 있다. 시간이 부족하면 주차장을 통해서 백률사를 방문하는 것도 좋다. 삭막한 주차장에도 친환경 박석을 깔아놓았기 때문에 조금의 여유를 누릴 수도 있다. 주차장에서 굴불사로 접어드는 입구에는 아름드리 소나무, 굴참나무, 아까시나무 등이 장막을 치고 성과 속을 구분한다. 거친 피부에 날카로운 해송의 억샌 잎은 세속의 욕망을 한순간에 버리게 한다.

땅에서 솟아난 굴불사지의 사면 석불

오르막길을 조금만 걸어가면 왼쪽에 시선을 사로잡는 나무가 보인다. 젊은 느티나무와 상수리나무가 손을 맞잡고 우아한 춤을 즐기기며 살아간다. 상수리나무가 무뚝뚝한 남자라면 느티나무는 요염한 여자처럼 화려한 율동을 보여준다. 그 주변의 외로운 소나무는 부러운 듯 물끄러미 춤판을 쳐다볼 뿐이다. 가을날 풀벌레 소리가 사랑을 찾아서 헤매듯 느티나무와 상수리나무의 춤은 생명체의 구애와 닮았다. 절집 입구에서 나무들의 춤판이 벌어졌지만 백률사 방문객들은 가빠진 숨소리 때문인지 아무런 관심도 없이 그냥 앞만 보고 걸어간다.

상수리나무와 느티나무의 춤이 상생을 보여준다면 그 뒤의 굴참나무와

춤추는 느티나무와 상수리나무

소나무는 상극을 보여준다. 굴참나무는 활엽수로 햇빛을 넓게 받아서 무성하게 자란다. 함께 뿌리를 맞댄 소나무는 굴참나무 그늘에 가려서 생을 마감한 듯하다. 굴참나무보다 먼저 자리한 소나무는 햇빛을 받지 못하여 고사한 것이다. 참나뭇과에 속하는 굴참나무는 소금강산에서 극상림을 차지한 지 오래되었다. 고정생장을 하는 소나무는 소금강산을 장악한 굴참나무의 기세에 밀려서 힘겹게 살아갈 수밖에 없다. 굴참나무와 소나무의 상극 덕분에 춤을 추는 상수리나무와 느티나무의 상생이 돋보이는지도 모른다.

백률사로 가는 중턱에 굴불사지가 있다. 굴불사지는 땅에서 솟아난 사면석불로 유명하다. 『삼국유사』에 따르면 경덕왕이 백률사를 찾았을 때 땅 속

굴불사지로 가는 길

에서 염불소리가 들렸다. 그래서 염불소리가 나는 곳을 파보니 사면석불이 나왔다고 한다. 사면석불 주변에는 굴참나무 여섯 그루, 갈참나무, 소나무, 아까시나무 등이 석불을 아늑하게 감싼다. 가끔 바람이 불면 넓은 가지를 펼친 굴참나무의 기다란 가지가 사면석불의 얼굴을 살랑살랑 쓰다듬어준다. 사면석불 주변을 천천히 돌면서 절을 올리거나 소원을 비는 방문객의 모습이 간절해 보인다.

부처님 오신 날을 맞이하여 굴불사지 사면석불은 온통 연등으로 둘러싸였다. 멀리서 보면 사면석불의 위치와 화려한 모습이 눈에 띄었지만 가까이 와서 보면 사면석불이 연등에 포위된 느낌이다. 사방에서 기도할 수 있

굴참나무로 둘러싸인 굴불사지 사면석불

도록 만든 사면석불은 매우 특이한 양식이다. 이러한 사면석불의 향기가 사방으로 널리 퍼지도록 하려면 연등의 위치를 조정해야 한다. 소원을 성취하기 위해 사면석불 가까이 연등을 달아놓았는데 사면석불이 너무도 답답하지 않을까 생각된다.

백률사에는 잣나무와 밤나무가 있을까?

굴불사지에서 백률사로 가는 길은 두 갈래가 있다. 돌계단이 절집으로 가는 지름길이라면 포장도로는 구배길이다. 백률사는 커다란 팔자 모양의 길 위쪽에 자리하고 있어서 사람의 팔자를 고칠지도 모른다. 그래서 백률사로 갈 때는 돌계단으로 올라갔다가 포장길로 내려오는 것이 좋다. 돌계단을 오르면 산책길 중앙에 늘씬한 소나무를 볼 수 있기 때문이다.

돌계단 중앙에 우뚝 솟은 소나무는 산신령의 지팡이처럼 멋있다. 흙이 쓸려 내려간 만큼 잔뿌리는 땅 속으로 향하고 솔가지는 하늘로 자라는 생명의 조화로운 모습을 보여준다. 뿌리가 드러난 소나무가 외로워 보여서 가만히 품에 안아보았다. 순간 포근한 느낌과 상쾌한 솔향기가 내 마음을 편안하게 감싸준다.

한 계단을 오르면 졸참나무, 또 한 계단을 오르면 작살나무가 수줍게 모습을 드러낸다. 어느새 돌계단과 포장길은 연결된다. 여기서 황토로 포장된 길을 따라가면 싱싱한 대나무가 반긴다. 무성한 대나무 터널을 통과해야 백률사의 진면목을 볼 수 있다. 대숲에 이는 바람소리와 푸른색 왕대는 답답한 가슴을 풀어주기에 충분하다. 어쩌면 대숲 덕분에 백률사는 늘 청정한 도량을 유지하는지도 모른다. 백률사에는 잣나무와 밤나무를 심어야 한다. 그래야 백률사와 어울리는 자연 생태를 만들 수 있기 때문이다.

아담한 백률사 마당에 도착했다. 종각에 매달린 종에는 이차돈의 순교 장

대나무 숲을 지나면 백률사가 보인다

면을 새겨 놓았다. 범종 소리가 들릴 때마다 이차돈의 숭고한 희생정신이 널리 퍼져나간다. 이차돈이 순교한 뒤에 법흥왕이 구슬픈 눈물을 흘리며 애통해 하자, 신라 귀족들은 머리에 땀을 흘리며 근심했다고 한다. 이차돈을 아끼던 동료 신하와 친구들은 피눈물을 흘리며 창자가 끊어지는 아픔을 겪었을 것이다. 남편의 죽음을 애통하게 여긴 이차돈 아내가 북망산 서쪽의 좋은 터에 절을 짓고 자추사(刺楸寺)라 이름 지었다.

자추사는 이차돈이 순교할 때 머리가 날아가서 떨어진 곳으로 추정된다.

이차돈의 머리가 떨어진 백률사

소금강산 백률사가 바로 이차돈의 순교와 관련된 예전의 자추사다. 당시 자추사를 창건할 때에는 가래나무와 호두나무가 많았을 것이다. 왜냐하면 절집 이름에 이런 나무를 의미하는 추(楸) 자가 들어있기 때문이다. 가래나무와 호두나무는 생김새가 비슷하다. 가래나무는 우리나라 중북부에 자생하는 토종이다. 중국에서 호두가 들어와 그 자리를 빼앗기기 전까지 가래는 영양가 높은 간식거리로 사랑을 받았다. 이러한 가래나무와 호두나무가 살고 있는지 확인해보는 것이 백률사 산책의 즐거움을 더한다.

해우소에는 아름드리 소나무가 파라솔처럼 넓은 그늘을 만들어준다. 붉은 피부를 드러낸 미끈한 소나무는 푸른 대나무와 오묘한 색깔의 대비를 보여준다. 백률사에는 팽나무와 느티나무 세 그루가 아름드리로 자란다. 이러한 느릅나뭇과의 나무들은 수백 년 동안 절집을 지켜온 주인이다. 백률사는 신라 불교의 공인을 위해 순교한 이차돈을 추모하려고 창건되었다. 이 때문에 요사채 주변의 느티나무는 줄기가 두 갈래로 나눠져 불교를 공인한 이차돈의 승리를 상징하는 듯하다.

백률사는 소박하면서도 자그마한 규모 덕분에 아늑하다. 굴참나무와 느티나무는 절집 마당에 자연 천막처럼 가지를 펼치고 있다. 특히 범종각의 마당에는 아름드리 느티나무와 굴참나무가 가을 햇살로 수묵화를 그려 놓았다. 늦가을에 인적이 끊어진 조그마한 절집 마당에 낙엽만이 그림자 위로 뒹구는 모습이 쓸쓸하기도 하다. 나무가 수놓은 수묵화 외엔 아무것도 없는 절집 마당에 고요함만 가득하다. 그 고요함 속에 들려오는 내면의 목소리는 나무들이 베풀어준 최고의 선물이다.

절집에서 돌계단을 따라 내려오면 오른쪽에 바위를 가슴에 붙잡고 살아가는 굴참나무가 대견스럽다. 젊은 굴참나무는 손과 발을 활용하여 커다란 바위를 온몸으로 막고 있다. 그 모습이 상대방의 공격을 방어하는 씨름선수의 자세처럼 너무도 위풍당당하다. 굴참나무는 소금강산이 허물어지지 않도록 혼신의 힘을 다하고 있는지도 모른다. 굴참나무는 하나가 흔들리면 모든 것이 와장창 무너지는 일즉다(一卽多) 화엄사상을 보여준다. 그래서 고통을 참아내면서 바위를 자신의 몸에 밀착시킨 굴참나무는 깨달음을 위한 수행자의 모습이다. 굴참나무의 감동적인 모습에 발걸음을 움직일 수가 없었다.

3. 솔바람을 쐬고 싶은 헌덕왕릉

신라 제41대 헌덕왕릉(憲德王陵)은 북천과 인접한 동천동 소나무 숲속에 자리한다. 왕릉을 감싸고 있는 소나무 숲을 모내기를 끝마친 논들이 에워싸고 있다. 왕릉을 지켜주는 아름드리 소나무 숲속에는 해송과 육송이 섞여서 자란다. 젊은 소나무 두 그루가 두 손을 맞잡고 왕릉 앞에서 커다란 대문을 만들어준다. 자연이 만들어준 소나무 대문을 보면서 왕릉을 산책한다.

헌덕왕의 이름은 김언승이다. 상대등으로 있을 때 동생과 함께 조카인 애장왕을 죽이고 스스로 왕이 되었다. 헌덕왕(809-826)은 18년간 재위하면서 농사를 권장하고 당나라와 친밀한 외교관계를 유지했다. 그럼에도 김헌창과 김범문의 반란을 진압하기는 했지만 국내 정세가 다소 불안하기도 했다. 봉분에는 둘레돌을 배치하고 둘레돌 밖에는 돌기둥과 난간을 세워서 왕릉을 보호한다. 봉분에 설치된 십이지신상 중에서 돼지, 쥐, 소, 호랑이, 토끼 등 다섯 개만 남아 있다. 아마도 조선 영조 18년(1742) 때 북천이 범람하여 왕릉의 일부가 유실되었기 때문일 것이다.

아름드리 소나무 그늘 의자에 앉아서 헌덕왕릉을 오래도록 바라본다. 모내기를 끝낸 논에서 불어오는 시원한 바람이 옷깃을 스치고 솔숲의 향기가 진하게 느껴진다. 까마귀가 제 영역에 들어온 침입자를 쫓아내기 위해 '까악까악' 요란한 소리를 낸다. 벼가 줄지어 자라는 논에는 해오라기, 백로가 이리저리 먹이 활동을 하는 평화로운 여름 오후의 풍경을 보여준다. 도랑을 따라 흘러가는 물소리는 논에 생명을 불어넣는다. 물소리는 솔바람 소리와 함께 왕릉을 찾은 방문객의 더위를 시원하게 씻어준다.

소나무 숲속에 자리한 헌덕왕릉에서 논둑길을 따라 걸어가면 석탈해왕

소나무가 손을 잡은 헌덕왕릉

소나무 숲속의 헌덕왕릉

릉으로 이어진다. 석탈해왕릉에서 산길을 따라 걸어가면 백률사로 연결되는 산책로가 만들어져 있다. 이렇게 나무 따라 걸어가면 헌덕왕릉, 석탈해왕릉, 백률사 등으로 연결되는 논둑길과 오솔길의 정겨움을 느낄 수 있다. 나무 따라 경주를 걸어가면 나무의 생태와 문화유산의 생태가 다르지 않다는 깨달음이 동반될 수밖에 없다.

제11장. 신라 왕릉을 산책하다

1. 소나무 숲속의 효소왕릉과 성덕왕릉

소나무의 품격이 초라한 효소왕릉

경주시 조양동 형제산 남쪽 기슭에는 효소왕릉과 성덕왕릉이 자리한다. 산업로 주변의 음악박물관에 주차하고 마을로 접어들면 왕릉으로 가는 길이 이어진다. 인삼을 재배하고 있는 밭 주변에 뽕나무가 검붉은 오디를 주렁주렁 달고 있다. 그 곁에 한지의 재료로 사용되는 닥나무가 꽃을 피워낸다. 그 길에서 왼쪽으로 발길을 잡으면 예전 철길이 나온다. 왕릉으로 가려

철길 사이로 보이는 효소왕릉

면 폐선된 기찻길을 건너야 한다. 예전에는 기찻길 때문에 효소왕릉과 성덕왕릉 방문이 쉽지 않았다. 이제는 기차가 다니지 않아서 좀 더 편하게 왕릉을 산책할 수 있어서 정말 다행이다.

기찻길에서 바라보면 소나무 숲속에 들어앉은 효소왕릉이 보인다. 효소왕릉 안쪽에 자리한 성덕왕릉은 소나무 숲에 가려서 보이지 않는다. 효소왕과 성덕왕은 신문왕의 아들이다. 신라 제32대 효소왕(692-702)은 신문왕의 맏아들로서 어린 나이(6세)에 군왕이 되었기 때문에 신목태후가 8년 동안 정치를 대신했다. 효소왕은 관제를 정비하고 의료기관인 의학을 설립하며 왕도에 물품이 원활하게 유통될 수 있도록 시장을 열었다.

허리를 굽히고 살아가는 성덕왕릉의 소나무

효소왕릉 테두리 안에는 젊은 해송 두 그루가 살고 있다. 왕릉의 오른쪽과 뒤쪽에는 피부가 붉은 아름드리 적송 사이에 해송이 뿌리를 내리고 자란다. 왕릉 왼쪽에는 젊은 소나무가 기찻길의 소음을 막아주는 것 같다. 그래도 효소왕은 시끄러운 기차의 소음을 들을 수밖에 없다. 기찻길을 내지 않았으면 효소왕릉은 너무도 고요할 텐데…. 효소왕이 후사 없이 세상을 떠나자 동생인 성덕왕이 군왕에 올랐다. 효소왕릉을 지나 안쪽으로 걸어가면 성덕왕릉이 자리하고 있다.

비석 받침돌에서 성덕왕릉을 보다

성덕왕릉은 효소왕릉보다 소나무의 기품이 한층 더 높아 보인다. 흙길을 따라 소나무의 생태를 살펴보면서 천천히 걸어가면 성덕왕릉이 보인다. 왕릉 입구에는 소나무 두 그루가 무덤 반대편으로 기울어져 서로 손을 잡고 살아간다. 소나무는 왕릉을 찾은 방문객들에게 붉은 피부로 열열이 환영해준다. 성덕왕이 훌륭한 업적을 많이 남겼지만 왕릉을 찾는 방문객은 상대적으로 적었기 때문이다. "이거사 남쪽에 장사 지냈다"는 기록을 참고하면 성덕왕릉은 제자리를 찾은 것 같다. 성덕왕릉 위쪽에 폐사된 이거사지의 석물들이 흩어져 있기 때문이다.

제33대 성덕왕(702-737)은 신문왕의 둘째 아들이자 효소왕의 동생이다. 성덕왕은 농사짓는 백성에게 토지를 나눠주고 구휼정책을 적극 실시하여 정치적 안정을 통해 신라의 전성기를 만들었다. 그래서 성덕왕릉에는 둘레돌과 돌난간이 설치되어 있다. 이 둘레돌을 따라 삼각형의 버팀돌이 놓여 있고 버팀돌 사이에는 갑옷을 입은 십이지신상이 봉분을 지켜준다. 그런데 왕릉의 십이지상은 닭을 제외하면 모두 머리가 사라지고 없다. 그나마 다행인 것은 원숭이상은 경주국립박물관으로 옮겨 보관하고 있다고 한다.

돌사자는 왕릉의 사방을 경계하고 관인상은 봉분 앞에 배치되어 있다. 오른쪽 관인상은 비교적 양호한 편이지만 왼쪽 관인상은 훼손된 채 일부만 남아 있어서 아쉽다. 돌사자 곁에 소나무 세 그루가 자라고 소나무 그늘에 관인상이 놓여 있다. 성덕왕릉을 산책하면서 봉분 뒤편의 소나무 숲속에서 주변 풍광을 보았다. 그런데 아름드리 소나무 사이로 용처럼 허리가 굽어서 왕릉을 지켜주는 소나무가 눈에 들어온다. 허리를 땅에 대고 다시 하늘로 솟아오른 소나무의 모습이 너무도 감동적이다.

성덕왕릉을 지켜주는 허리굽은 소나무

성덕왕릉에서 조금 떨어진 앞쪽에 비석 받침돌이 땅바닥에 엎드려 있다. 성덕왕의 업적을 기록한 비석은 사라지고 비석 받침돌만 덩그렇게 자리한다. 비석은 성덕왕이 세상을 떠난 후 18년이 지난 경덕왕 13년(754)에 세워졌다고 한다. 비석을 잃어버리고 땅바닥에 배를 대고 살아가는 거북이 무척 외로워 보인다. 성덕왕의 업적을 새긴 비석을 등에 진 거북이 옛날을 회상하고 있는지도 모른다. 비석 받침돌 앞에서 소나무 숲에 가려진 성덕왕릉을 오래도록 바라보았다.

성덕왕릉 비석 받침돌에서 본 성덕왕릉

2. 소나무에 어린 소나무가 살고 있는 신무왕릉

신라 제45대 신무왕의 이름은 김우징이다. 김우징은 원성왕의 손자인 상대등 김균정의 아들이다. 김우징은 홍덕왕이 세상을 떠나자 왕위 다툼에서 아버지를 도왔으나 패배하여 청해진이 있던 완도로 도망친다. 청해진의 장보고 군사를 빌려 민애왕을 내쫓고 왕위에 올랐던 김우징이 신무왕이다. 그런데 신무왕은 군왕이 된 지 불과 석 달 만에 병으로 세상을 떠난다. 신무

신무왕릉의 소나무

왕이 석 달 동안 군왕이 된다는 사실을 알았다면 어떤 선택을 했을지 궁금하다.

마을과 인접한 신무왕릉 둘레에도 아름드리 소나무 숲이 조성되어 있다. 어렵게 군왕이 되었지만 병으로 세상을 떠난 신무왕의 허무함이 밀려온다. 왕릉을 감싸주는 소나무 가지에 어린 소나무가 뿌리를 내리고 살아간다. 두 갈래로 갈라진 소나무 속에 터 잡은 어린 소나무는 신무왕의 짧은 군왕 생활을 상징하는지도 모른다. 어린 소나무가 부모 품에서 멀리 떨어져야 옥토에 뿌리를 내리고 햇빛을 받아 자신의 품성대로 살아갈 수 있듯이 우리네 인생도 마찬가지다.

소나무에 뿌리내린 어린 소나무의 생명력

3. 신문왕릉, 대나무로 만든 만파식적을 받다

신라 제31대 신문왕(681-692)은 삼국통일을 완수한 문무왕의 맏아들이다. 신문왕은 아버지의 뜻을 이어받아 백제와 고구려의 유민들 융합에 힘을 쏟았다. 국학을 설립하고 인재를 양성하며, 전국을 9주로 나눠서 통치했다. 신문왕은 문무왕과 김유신이 보내준 대나무로 만파식적을 만들었다. 만파식적은 삼국통일 과정에서 소외된 백제와 고구려 백성들의 소통과 화

신문왕릉 입구의 대나무

합을 상징하는 신비로운 통합의 피리다. 이 때문에 신문왕릉 주변에 대나무가 자라고 있다.

신문왕릉 주차장에는 개잎갈나무 네 그루가 줄지어 서 있다. 왕릉 입구에는 만파식적을 상징하는 대나무가 자라고 있어서 눈길을 끌기에 충분하다. 둥근 모습의 회양목이 왕릉 출입문인 홍예문으로 발길을 인도한다. 홍예문 오른쪽에는 느티나무, 소나무, 측백나무, 은행나무 등이 자란다. 홍예문 왼쪽에는 향나무, 모과나무, 홍단풍, 산수유, 소나무, 배롱나무, 뽕나무 세 그루가 자란다.

뽕나무에서 본 신문왕릉

홍예문을 들어서면 아름드리 소나무 네 그루가 신문왕릉 앞을 지키고 있다. 봉분으로 기울어진 소나무는 허리에 줄을 매어서 쓰러지지 않도록 관리한다. 소나무가 봉분으로 기우러져 자라기 때문이다. 소나무의 뿌리가 일부 드러나고 있어서 오래 살지는 못할 것 같다. 신문왕릉 주변에는 젊은 소나무들이 봉분 가장자리를 아늑하게 감싸준다. 그래도 도로에서 들리는 자동차 소음은 어쩔 수 없다. 홍예문 왼쪽 담장에는 뽕나무 세 그루가 오디를 잔득 달고 왕릉을 바라본다. 담장 안팎에 살고 있는 뽕나무는 백성을 통합하려고 노력했던 신문왕의 메시지를 전해주는 것 같다.

신문왕릉

4. 경덕왕릉에 가면 잣나무와 차나무를 만나고 싶다

경덕왕릉으로 가는 길의 부지 2리 와지마을 쉼터에는 느티나무 두 그루와 단풍나무가 자란다. 그중에서도 멋지게 자란 아름드리 느티나무 앞에 제단이 마련되어 있다. 경덕왕릉을 찾아가기 위해서는 느티나무 아래 의자에 앉아서 소나무 숲을 바라볼 필요가 있다. 소나무 숲에 자리한 경덕왕릉을 방문하려면 오랜 세월의 강을 건너가야 만날 수 있기 때문이다.

소나무 숲에서 바라본 경덕왕릉

신라 제35대 경덕왕은 24년 동안 나라를 다스렸다. 성덕왕의 셋째 아들로 출생한 김헌영은 효성왕의 동생이다. 김헌영은 아들이 없는 효성왕의 태제로 책봉된 뒤에 경덕왕으로 등극한다. 당시 귀족세력의 부상을 견제하기 위해 경덕왕은 관제정비와 개혁조치를 실시했다. 경덕왕은 위민의식을 토대로 이상적 유교정치를 수행하기 위한 제도 개혁을 실시한다. 747년 집사부의 수장을 시중으로 변경하고 국학에 제업박사와 조교를 두어 유교를 진흥시켰다. 757년부터 지방 군현과 중앙 관직의 명칭을 중국식으로 변경했다. 화엄사상을 통치 이념으로 삼았던 경덕왕은 왕권 강화를 위해 '성덕대왕신종'을 만들기로 결정한다.

경덕왕릉의 주차장에는 수꽃을 무진장 피워내는 은행나무가 자란다. 그 곁에 무궁화나무가 줄지어 살고 있다. 경덕왕릉 가는 길은 아름드리 소나무 숲속을 걸어가야 한다. 산책하기에 적당한 흙길과 소나무 숲속을 걸어가는 기분은 시름을 잊어버릴 만큼 즐겁다. 그런데 경덕왕릉에 소나무만 살고 있는 게 아니다. 왼쪽에는 젊은 잣나무가 소나무와 함께 살아간다. 아름드리 소나무는 건강하지 못한 반면에 잣나무는 너무도 건강하다. 세월이 흐르면 잣나무가 경덕왕릉을 지켜줄 것만 같다.

기파랑의 고매한 정신을 담은 잣나무

잣나무는 경덕왕과 충담사의 대화를 통해서 잘 나타난다. 경덕왕이 "일찍이 들으니 대사의 기파랑을 찬미하는 찬기파랑 사뇌가의 뜻이 매우 고상하다고 하는데 과연 그런가?" 하니 충담사가 "그렇습니다"라고 대답했다. 충담사가 화랑 기파랑을 찬양하여 부른 노래가 〈찬기파랑가〉다. 충담사는 화랑 기파랑의 고매한 정신세계를 잣나무를 통해서 찬양했다. 〈찬기파랑가〉는 시어의 적절한 배치, 뛰어난 비유법, 탄탄한 구조, 주제의 명징성 등에서 가장 빼어난 향가다. 〈찬기파랑가〉의 잣나무는 기파랑의 드높은 정신 세계를 보여준다.

늘 푸른 잣나무는 찬 서리마저 피해갈 것 같은 정신적 지주다. 〈찬기파랑가〉에는 기파랑을 아름드리로 자라는 잣나무에 비유한다. 우리나라 원산인 늘 푸른 잣나무는 키가 30미터까지 자라고 줄기가 한두 아름으로 자란다. 수형은 곧게 자라고 가지가 돌려나서 긴 삼각형의 안정된 모습을 보인다. 잣나무잎은 솔잎보다 굵으면서 세모진 바늘잎이 짧은 가지 끝에 다섯

잣나무에서 본 경덕왕릉

개씩 모여 달린다. 잎에는 세 개의 능선이 있으며 뒷면에 숨을 쉴 수 있는 흰색 숨구멍이 있다. 잎은 3~4년 동안 붙어 있다가 떨어진다. 나무의 껍질은 흑갈색 또는 잿빛을 띠는 갈색이며 세로로 갈라지면서 비늘 조각처럼 얇게 벗겨진다.

나도 차를 마실 인연이 있는가?

경덕왕은 충담사와 인연이 깊다. 삼월 삼짇날 경덕왕이 귀정문 문루 위에서 "누가 길에 나가 훌륭하게 차린 스님 한 명을 데려올 수 있겠는가"라고 측근에게 말했다. 이때 마침 풍채가 깨끗하게 생긴 스님을 측근들이 데려왔다. 경덕왕이 말하길 "내가 말한 훌륭하게 차린 스님이 아니다" 하면서 그를 물리쳤다.

다른 스님 한 명이 누비옷에 벚나무로 만든 통을 지고 남쪽에서 오고 있었다. 경덕왕이 그를 보고 기뻐서 문루 위로 맞이했다. 그 통속을 들여다보니 차 달이는 도구가 들어 있었다. 경덕왕이 "너는 누구인가" 물으니 "충담입니다"라고 중이 대답했다. 경덕왕이 또 묻기를 "어디서 오는 길인가" 하니 소승은 "3월 삼짇날과 9월 9일이면 남산 삼화령 미륵세존께 차를 달여 올립니다. 지금도 차를 올리고 돌아오는 길입니다"라고 대답했다. 부처님께 차를 공양하는 풍습이 당시에도 유행했던 모양이다.

차는 신라에 들어와서 왕실과 귀족 사이에 널리 퍼졌다. 차나무는 불교와 깊은 관련을 보여준다. '선다일미(禪茶一味)'라는 화두를 통해서 참선과 차가 동일하다는 점에서도 알 수 있다. 그래서 경덕왕이 "나도 차 한 잔을 얻어 마실 연분이 있는가?"라고 물었다. 충담사가 차를 달여 바쳤는데 맛이 좋고 찻잔 속에서 이상한 향기가 코를 찌르는 듯 했다. 차의 맛은 알싸하다. 차는 인간의 내면을 차분하게 성찰하여 탐욕을 제거하도록 도와준다.

차나무의 꽃과 열매

경덕왕릉에 잣나무를 심어놓은 것은 탁월한 선택이다. 충담사와 관련된 잣나무 주변에 차나무도 함께 심어놓으면 경덕왕이 흐뭇하게 생각할 것 같다. 이런 생각을 하면서 경덕왕릉의 둘레돌과 십이지신상을 살펴보고 있을 때 소음이 들려온다. 기차와 자동차의 소음이 왕릉까지 들려온다. 문명 발달로 인해 경덕왕릉 소나무 숲속에서도 소음을 들을 수밖에 없다. 예전 경덕왕릉을 찾았을 때는 호젓하고 적막했는데, 지금은 소음이 들려서 너무도 아쉽다.

5. 권력의 무상함을 보여주는 희강왕릉과 민애왕릉

희강왕릉과 민애왕릉을 처음 방문하게 되어 무척 설렌다. 못안마을로 들어가는 못뚝길에 아름드리 느티나무가 우뚝 서 있다. 느티나무는 푸른색 잎사귀로 둥근 그늘을 만들어준다. 버스 승강장에 주차하고 젊은 배롱나무를 따라 마을 안쪽으로 걸어가면 두 왕릉의 이정표가 보인다. 마을 사이의 오르막길을 걸어가면 왕릉으로 연결되는 흙길을 만나게 된다. 하얀 꽃을 피운 아까시나무의 상큼한 향기 덕분에 발걸음도 가벼워진다. 오르막길 좌우에 왕릉 이정표가 설치되어 있다. 왼쪽은 희강왕릉으로 가는 길이고 오

민애왕릉으로 가는 소나무 숲길

른쪽은 민애왕릉으로 가는 길이다.

왼쪽에 자리한 희강왕릉으로 발길을 잡았다. 희강왕릉은 소나무 숲속에 난 조그마한 오솔길을 따라가야 한다. 소나무 뿌리가 서로 뒤엉켜진 산길을 걸어갈 때마다 소나무에 미안한 마음이 들었다. 그래서 소나무 뿌리를 밟지 않기 위해 내 발걸음은 점점 느려진다. 희강왕릉으로 걸어가면서 마을주민 한분을 만났다. 토박이로 살아온 어르신은 희강왕릉을 자주 산책한다고 말해주었다. 어르신과 함께 오솔길을 걸으며 이런저런 이야기를 나누었다. 이 마을에 살면서도 어르신은 희강왕릉이 있었는지 몰랐다고 말씀하셨다.

희강왕릉도 소나무 숲속에 자리한다. 소나무 숲이라고 해도 왕릉의 풍경은 사뭇 다르다. 소나무 중에서도 피부가 붉은 적송과 피부가 검은 해송이

왕릉으로 가는 길을 청소하는 마을주민

석여서 자란다. 더욱이 소나무 사이에 상수리나무도 자리를 잡았다. 담쟁이는 어린 소나무를 타고 오르고 상수리나무가 만든 그늘로 소나무는 고사하고 있다. 햇빛을 제대로 받지 못한 젊은 소나무의 처지가 희강왕의 생애를 보여주는 것 같다. 희강왕은 죽어서도 제대로 대접을 받지 못한다. 어디서 날아왔는지 희강왕릉에 나비 한 마리가 팔랑팔랑 날아다니고 있다.

희강왕릉에서 저 멀리 마을 풍경을 보면서 타는 목마름을 달래보았다. 오솔길을 되돌아가서 다시 민애왕릉으로 걸어갔다. 맨애왕릉을 찾아가는 길에는 아름드리 소나무가 숲을 이룬다. 걷기에 적절한 흙길과 아름드리 소나무 숲은 희강왕릉 길과 사뭇 다른 모습이다. 마을 어르신은 민애왕릉은 예전부터 왕릉으로 전해졌다고 한다. 흙길에는 솔잎을 쓸어낸 흔적이 뚜렷하다. 그래서 흙길이 너무도 고와 맨발로 걸어보고 싶은 충동을 겨우 잠재

희강왕릉

웠다.

민애왕릉은 4단 둘레돌을 쌓아서 권위를 보여준다. 둘레돌을 고정시키는 돌도 있다. 민애왕릉 뒤쪽에서 내려다보면 왕릉의 전모가 제대로 보인다. 민애왕릉에는 담쟁이와 등나무가 아름드리 소나무를 감고 자란다. 어르신은 소나무를 감고 살아가는 등나무를 제거해야 한다고 힘주어 말했다. 민애왕은 반란을 일으켜 희강왕을 죽이고 군왕에 올랐다. 그런데 왕위에 오른 지 불과 1년도 지나지 않아 죽어버렸다. 반란을 일으켜 군왕이 되지 않았다면 천수를 누렸을까? 역사에는 만약이 없다고 하지만 민애왕이 반란에 가담하여 자신의 목숨을 재촉했는지 이해할 수 없다. 이런 불행한 역사를 넘어서기 위해서는 생명을 존중하는 생태문화적 인식의 전환이 필요하다고 생각한다.

민애왕릉

제12장.
선비의 기상을 품고 산책하다

1. 옥산서원에서 학문의 향기를 전하는 향나무

아침에 깨어보니 날씨가 너무도 쾌청하다. 이런 날은 집에 있기보다는 어디론가 무작정 떠나고 싶어진다. 벚꽃이 만개한 경주는 너무도 혼잡할 것 같다. 그래서 경주에서도 한적한 옥산서원으로 발길을 잡았다. 선비들이 학문을 탐구했던 옥산서원의 봄날 풍경을 오랫동안 그리워했기 때문이다.

국도에서 좌회전하면 옥산서원과 독락당으로 가는 길이다. 들판을 가로지르면 아름드리 소나무 세 그루가 우뚝 서 있다. 창문을 내리고 심호흡하면서 가다보면 논두렁에 있는 소나무를 볼 수 있다. 마을을 보호하기 위해 주민들이 소나무를 심고 가꾼 것으로 보인다. 그 덕분에 소나무 숲은 농사로 지친 몸과 마음을 풀어주는 주민들의 휴식처로 활용되기도 한다.

옥산 2리 표지석에는 은행나무, 왕벚나무, 팽나무, 이팝나무, 회화나무, 광나무, 감나무, 산수유, 말채나무 등이 줄지어 옥산서원으로 발걸음을 안내해준다. 그중에서도 도로와 인접한 아름드리 회화나무는 뿌리가 점차 말라가고 있다. 오랜 세월 제자리를 지켜온 회화나무에 커다란 구멍이 생기고 속이 썩어가고 있어서 정말 안타깝다. 길가의 회화나무와 인간의 공존을 모색하는 지혜가 필요하다.

옥산서원 주차장에 왕벚나무 두 그루가 화려한 꽃망울을 피워내고 있다. 옥산서원은 회재(晦齋) 이언적(1491-1553)의 덕행과 학문을 추모하기 위해 선조 5년(1572)에 건립되었다. 경주 부윤 이제민이 지방유림의 뜻을 모아 서원을 창건하여 1574년 사액을 받았다. 옥산서원으로 가는 길을 두 갈래다. 오랜 세월 나무들이 살고 있는 흙길로 가도 좋고, 하마비(下馬碑)가 있는 개천의 징검다리를 건너가도 멋지다.

사람들은 나무들을 만날 수 있는 흙길을 좋아한다. 흙길을 걸어가면 회화나무, 굴참나무, 느티나무, 감나무, 해송, 말채나무, 산수유 등의 다양한 나무를 만날 수 있기 때문이다. 아름드리 회화나무의 뿌리가 굴참나무 두 그루 사이로 용트림하고 있다. 더욱이 회화나무와 굴참나무 사이에 가녀린 말채나무가 목이 졸려서도 생명을 지속하는 감동을 보여준다. 흙이 쓸려간 나무들이 뿌리를 맞대고 살아가는 모습은 생명체의 강인함을 보여주기에 충분하다.

옥산서원 대문인 역락문에는 굴참나무, 말채나무, 물푸레나무가 봄볕에 연한 새싹을 살며시 내민다. 아름드리 소나무와 옆으로 누운 향나무가 역락문을 풍성하게 한다. 역락문은 '친구가 멀리서 찾아오니 또한 즐겁다'는 『논어』 구절에서 차용한 것이다. 대문 안으로 들어가면 자계천을 끌어들이

회화나무 뿌리가 굴참나무 사이로 용트림을 한다

는 수로가 보인다. 맑은 물을 보면 청정한 마음가짐이 얼마나 중요한지 새삼 깨닫는다.

수로에는 아름드리 향나무가 방문객을 지켜보고 있다. 우측 향나무는 키가 크다면 좌측 향나무는 키가 작다. 어두운 밤에 자신의 위치를 알려주는 등대처럼 향나무는 학문의 향기를 세상에 전해주고 있다. 옥산서원은 아름드리 향나무가 핵심적 구실을 한다. 향나무는 옥산서원 건축물 사이에 살면서 늘푸른 학문의 향기를 오랫동안 전하고 있기 때문이다.

무변루 지나서 계단을 오르면 서원의 중심인 구인당이 나온다. 학생들이 공부하던 구인당에는 옥산서원 편액이 안팎으로 걸려있다. 밖의 글씨는 김정희가 쓰고 안의 글씨는 이산해가 썼다고 한다. 구인당 편액은 명필로 유

옥산서원의 나무들

명한 한석봉이 썼다. 구인당 마루에 앉아서 무변루를 바라보면 저 멀리 산세가 아늑하게 다가온다.

구인당을 중심으로 건축된 옥산서원은 조선 성리학의 토착화를 반영하고 있다. 구인당에서 오른쪽으로 돌아가면 회재의 신도비, 체인묘, 경각 등이 자리한다. 경각에는 어서, 어필, 내사본, 퇴계 수필 등과 같이 각종 귀중한 자료를 보관하고 있다. 그 앞에 미끈한 몸매를 자랑하는 측백나무는 사계절 경각을 변함없이 지켜보는 친구다. 경각 뒤란에는 사철나무가 땅에 엎드리고 살아간다. 담장 밖에는 아름드리 소나무가 산에서 들려주는 솔바람 소리로 언제나 깨어있으라는 가르침을 전해준다. 체인묘는 이언적의 위

옥산서원에서 학문을 배우다

패를 모신 사당이다. 문원공 회재 이언적 신도비는 기대승이 비문을 짓고 이산해가 글씨를 썼다고 한다.

역락문을 나서면 세심대로 연결된다. 누워서 자라는 향나무 앞에서 잠시 멈추면 세심대의 물소리가 발걸음을 재촉하게 만든다. 너럭바위 사이로 물이 흘러가는 모습은 인자의 품성을 닮았다. 물은 형체가 없기 때문에 어떤 그릇에 담겨도 자신의 모습을 변형하는 지혜를 보여주기 때문이다. 세심대는 마음을 깨끗하게 씻어내는 공간이다. 학문을 탐구하는 선비는 자신의 마음을 청정하게 유지해야 한다. 세심대에서 잠시 휴식을 취하면 세상의 근심이 사라진다.

세심대에서 마음을 씻다

세심대에서 서원을 돌아보면 아름드리 은행나무와 가녀린 향나무가 눈에 들어온다. 은행나무가 서원을 지키는 까닭은 공자를 상징하는 학자수이기 때문이다. 향나무는 은행나무와 옥산서원 방향으로 고개를 숙이고 자란다. 아마도 성리학을 공부하던 학생들의 글 읽는 소리가 그리웠는지도 모른다. 향나무는 학자수를 상징하는 은행나무의 기상을 늘푸른 향기로 전해준다.

학문의 향기를 전하는 아름드리 향나무

2. 조각자나무를 통해 독락은 더불어 사는 지혜임을 깨닫다

독락당은 옥산서원에 배향된 이언적이 말년에 거처했던 은둔처다. 독락당도 산길과 도로로 가는 두 갈래 길이 있다. 우리네 인생길도 여러 갈래로 나눠져 있어서 언제나 선택의 기로에서 머뭇거리기도 한다. 옥산서원 은행나무에서 숲속으로 난 산길을 걸어서 독락당으로 가보았다. 자계천을 따라

독락당으로 가는 오솔길

왕벚나무 꽃이 핀 독락당

오솔길이 구불구불 끊어질 듯 이어진다. 혼자 산책하기에 적당한 오솔길에는 소나무와 굴참나무가 줄지어 발길을 따라온다. 나무의 생태를 살피면서 걸어가면 어느새 독락당에 도착하게 된다.

독락당 대문에는 아름드리 왕벚나무가 봄날의 싱그러운 꽃을 피워낸다. 꿀벌들이 왕벚꽃의 꿀을 따느라 정신없이 잉잉대고 있다. 이언적이 벼슬을 그만두고 고향에 내려와 머물렀던 독락당은 자연친화적 건축의 백미를 보여주는 별서정원이다. 대문을 들어서면 젊은 조각자나무가 허리춤에서 세 갈래로 가지펴짐을 보여준다. 안채로 들어가면 은행나무, 감나무, 음나무, 조각자나무 등이 담장을 따라 자란다.

조각자나무는 이언적이 중국 사신을 다녀온 친구에게 열매를 얻어서 심었다고 한다. 조각자나무는 뿌리에서 두 갈래로 갈라지면서 속이 썩어버렸다. 부름켜만 앙상하게 살아남아 숨만 겨우 쉬고 있어서 애처로울 따름이다. 중국 원산인 조각자나무에는 무시무시한 가시가 돋아나 있어 쉽게 접근하기 어렵다. 어린 조각자나무일수록 날카롭고 무서운 가시를 풍부하게 달고 있다. 자신의 몸을 보호하려는 조각자나무의 생존전략이다. 그렇지만 조각자나무도 세상의 원리를 깨달은 뒤에는 가시도 무뎌진다. 나이테가 많아지면 날카로운 가시도 부드러워지는 조각자나무의 지혜를 배울 수 있기를 소망한다.

속이 비었지만 생명을 지속하는 조각자나무

경청재로 들어가면 독락당으로 연결되는 조그마한 문이 있다. 독락당에는 옥산정사 편액이 걸려있다. 마당에는 아름드리 향나무와 산수유, 모란 등이 자란다. 독락당에도 마음수양과 늘 푸른 선비정신을 상징하는 향나무가 자란다. 향나무는 학문을 탐구하는 선비의 올곧은 기상을 사계절 내내 신선한 향기로 전해준다. 이러한 나무들은 이언적이 손수 심었다고 한다. 옥산정사 누마루가 바로 계정이다. 계정에 앉아서 자계천 건너편 향나무를 바라본다. 향나무는 자계천 물에 물끄러미 자신을 비춰보고 있는 듯하다.

계정에서 본 향나무

자연 그대로 정원이 된 독락당 계정에서 '독락(獨樂)'의 경지를 경험하고 싶다. 세상과 차단된 독락당에서 자연과 더불어 마음을 수양하면 신선의 경지가 따로 없을 것 같다. 독락당에서 '독락'은 혼자 즐기는 것과 더불어 즐기는 것이 다르지 않다. 더욱이 '독락'을 해야만 더불어 살아갈 수도 있다. '독락'이 '여민동락(與民同樂)'으로 확장되면 더불어 사는 공동체의 지혜를 깨달을 수 있기 때문이다.

독락의 즐거움을 마음에 품고 자계천으로 내려간다. 골목 담장에는 향나무가 뿌리를 내리고 살아간다. 향나무의 생태를 그대로 살려준 독락당 주인의 배려가 무척 따스하게 느껴진다. 자계천과 독락당 사이에는 굴참나무, 느티나무, 왕버들 등이 아름드리로 자란다. 이 나무들은 자계천과 독락당을 감싸면서도 자신의 생명을 오랫동안 유지하고 있다.

자계천 너럭바위에 앉아서 독락당의 계정을 바라본다. 계정 밖에는 인지헌(仁智軒) 편액을 달아 놓았다. 어질고 지혜롭게 살아가고 싶은 소망을 건물에 담은 것이다. 자계천은 향나무와 계정 사이를 생태적으로 연결하는 생명력을 품고 있다. 그래서 계정 마루에 앉아서 자계천과 산의 풍광을 감상하는 것이 수양의 첫걸음이다. 자연을 독락당의 계정으로 끌어들이는 차경의 기법 덕분에 인생의 참맛을 배울 수 있다.

3. 은행나무와 정혜사지 13층 석탑

독락당에서 조금 더 위로 올라가면 정혜사지 13층 석탑이 있다. 주변의 화개산, 자옥산, 무학산, 도덕산 등에는 봄기운이 완연하다. 석탑 주변의 산세를 바라보면 기분이 상쾌해진다. 아쉽게도 정혜사지는 폐사되었지만 석탑만큼은 옛 모습을 그대로 간직하고 있다. 석탑 주위에는 열여섯 그루의 젊은 은행나무와 배롱나무가 석탑을 감싸준다. 가을 단풍이 물들어갈 때 정혜사지 석탑을 방문하면 은행나무의 노란 물결로 충만할 것이다.

이제 다시 옥산서원으로 내려가야 할 시간이다. 길을 따라 독락당을 감싸

정혜사지 13층 석탑

고 있는 숲을 천천히 걸어본다. 독락당 뒤에는 소나무, 굴참나무, 느티나무, 팽나무, 말채나무 등이 세월의 흔적을 그대로 보여준다. 독락당 담장 위로 솟아난 조각자나무와 향나무가 고풍스러운 분위기를 자아낸다.

독락당을 지나면 마을 입구에 서낭당이 있다. 서낭당에는 아름드리 회화나무와 말채나무가 마을의 평화와 안녕을 오랫동안 지켜준 흔적이 존재한다. 금줄을 두른 회화나무와 말채나무 사이로 가녀린 나무가 두 나무를 연결하고 있다. 마을신이기도 한 두 나무를 가녀린 나무가 서로 연결하는 소통이 감동적으로 느껴진다. 이 마을은 회화나무와 말채나무 사이에서 소통과 연대를 이끌었던 나무가 있었기 때문에 오랫동안 평안했던 것으로 생각된다. 옥산서원과 독락당은 나무들의 소통과 연대가 얼마나 중요한지 보여준 수양과 깨달음의 산책길로 오랫동안 기억에 남을 것이다.

서낭당의 회화나무와 말채나무

4. 양동마을 선비의 기상을 품은 회화나무

경주 양동마을은 조선시대 반촌의 모습을 보여준다. 주산인 설창산에 둘러싸인 양동마을은 경주 손 씨와 여강 이 씨가 500여 년 동안 살을 부비고 살아온 터전이다. 그들의 생활모습이 담긴 초가집과 기와집, 서당과 정자, 돌담길 등은 정다운 옛이야기를 들려준다. 특히 양동마을에는 회화나무, 향나무, 은행나무, 팽나무, 느티나무, 감나무 등의 큰 나무들이 고풍스런 분위기를 자아낸다. 이러한 숲속에서 오랫동안 혈통관계로 살아온 반촌의 전통을 유지했기 때문에 양동마을은 세계문화유산에 등재되었다.

양동마을에는 선비들이 좋아하는 회화나무가 가장 풍부하다. 학문을 탐구하는 반촌 선비들은 가지펴짐이 좋은 회화나무의 기상을 사랑했기 때문이다. 주차장에서 오른쪽으로 시선을 돌리면 아름드리 벽오동이 담장 너머로 푸른색 정기를 뽐낸다. 이향정에는 회화나무 세 그루가 시선을 끈다. 콩과에 속하는 회화나무는 이향정 돌담에서 하늘로 솟구치고 있다. 이러한 회화나무의 기상을 선비들이 닮고 싶었는지도 모른다. 이향정을 지나 성주봉으로 가는 입구에는 커다란 향나무가 당당히 서서 마을을 내려다본다. 이향정의 회화나무와 향나무는 항상 깨어있는 올곧은 선비의 모습을 보여주는 듯하다.

나무 따라 양동마을을 천천히 거닐다

방문객이 드문 강학당에는 향나무, 살구나무, 회화나무 등이 주변의 시선을 차단하고 있다. 소박하면서도 안정감이 있는 강학당에는 학생들의 글

읽는 소리가 들리는 듯하다. 그런데 강학당에서 유과를 팔고 있는 할머니가 낯선 방문객을 마루로 올라오라고 손짓한다. 할머니는 유과를 파는 것보다 강학당 마루를 지키는 게 주업인 것처럼 보인다. 깨끗하게 닦아놓은 마루에 관광객이 신발을 신은 채로 올라와서 골치를 앓는다는 할머니의 말씀에 안타까운 마음이 들었다.

노모 봉양을 위해 관직을 버린 농재 이언괄을 추모하기 위해 1560년에 건축한 심수정에는 회화나무 네 그루가 아름드리로 자란다. 성주봉 기슭에 자리한 심수정은 향단에 딸린 정자다. 심수정 마루에 앉으면 아름드리 회

심수정의 회화나무. ⓒ 이지용

화나무 사이로 마을의 전망이 한눈에 들어온다. 심수정 마당에는 허리를 뒤로 젖힌 향나무가 기지개를 켜고 있다. 이렇게 심수정은 아름드리 회화나무와 향나무 덕분에 신비로운 비밀을 간직한 듯하다.

심수정에서 마을로 내려가면 오밀조밀한 탱자나무 울타리가 시선을 끈다. 가을이 되면 무서운 가시로 무장한 탱자나무에도 노란 탱자가 달린다. 구불구불한 탱자나무 울타리를 따라가면 도포를 입고 갓을 쓴 선비들을 만날 것만 같다. 향나무가 우물을 감싸고 있는 두곡댁에는 모과나무 두 그루와 목련이 아름드리로 자란다. 그 위쪽 동호정에는 배롱나무, 졸참나무, 감나무 등이 가을채비로 분주하다. 뿌리가 드러난 감나무는 먹음직한 홍시를 주렁주렁 매달고 있다. 반촌의 풍경은 시간을 거슬러 과거로 여행하는 여유로움 때문에 즐겁다.

양동마을의 가을 풍경

은행나무가 황금색 나비를 땅으로 날리는 오솔길을 따라 상춘헌으로 간다. 상춘헌 입구에는 세월의 무게를 감당하지 못하고 누워버린 향나무가 있다. 누워서도 생명을 품어가는 향나무를 통해서 상춘을 되새긴다. 그 옆에는 커다란 회화나무가 올곧은 기상을 보여준다. 회화나무는 하늘을 향해 자신의 기상을 마음껏 펼치고 있다. 이러한 회화나무는 사호당 고택에도 어김없이 메두사의 머리처럼 우람한 가지퍼짐을 보여준다. 근암고택 입구에는 아름드리 팽나무가 느티나무 줄기에 가지를 슬쩍 걸치며 사랑을 속삭이는 듯하다.

경산서당에서 수졸당으로 가는 뒷동산에는 울창한 소나무 숲이 있어서 상쾌하다. 아름드리 소나무 숲을 지나면 저 멀리 넓은 안강들이 펼쳐진다.

서백당의 아름드리 향나무

그 언덕에는 초가집이 옹기종기 모여 있어서 옛 추억을 떠올려 주기에 충분하다. 탱자나무 울타리 사이로 오솔길을 따라 초가집에 들어서면 무명옷을 입은 할머니가 버선발로 뛰어나와 반갑게 머리를 쓰다듬어줄 것만 같다.

서백당은 안골 중심의 산중턱에 자리한 월성 손 씨 종가다. 서백당 앞에는 노오란 은행나무가 늦가을의 풍경을 더한다. 서백당 마당에는 손소(1433-1484)가 심었다고 전하는 수령 600년의 우람한 향나무가 살고 있다. 향나무는 하루에도 참을 인(忍)자를 백 번 쓰면서 평정심을 유지하려던 선비의 마음수양을 상징한다. 마음을 다스리며 살아가는 선비들의 늘 푸른 정신과 고민이 향나무 줄기에 울퉁불퉁하게 남겨 놓은 듯하다.

무첨당은 이언적의 부친이 살던 집으로 1460년에 지은 여강 이 씨의 종가다. 무첨당 입구에는 어린 백송과 섬잣나무가 이국적인 풍경을 연출하고 있다. 조상에게 욕됨이 없게 한다는 의미를 담고 있는 무첨당에는 목련과 단풍나무가 아름답다. 봄마다 탐스럽게 피어나는 목련꽃은 후손들에게 정갈한 마음가짐을 깨우쳐준다. 그리고 가을에 붉게 물드는 단풍나무는 욕심을 비우는 절제를 보여주는 듯하다.

정충비각에는 가이즈카향나무가 타오르는 불꽃모양으로 자란다. 정충비각은 병자호란 때 낙선당 손종로와 노비 억부의 충절을 기리기 위해 정조 7년(1783)에 건립되었다. 양반 비각이 팔각지붕의 화려함이 돋보인다면 노비 비각은 검소하고 단출하다. 조선시대에는 신분에 따라 충절의 가치가 달랐음을 정충비각이 보여준다. 그나마 노비의 충절을 표상하려고 비각을 만들어준 배려가 돋보인다.

관가정으로 가는 길에는 아름드리 은행나무와 회화나무가 발걸음을 멈추게 한다. 노란색 황금비를 뿌리는 은행나무 두 그루 아래쪽 흙이 쓸려 내려가 뿌리가 노출되었다. 그래도 은행나무는 힘겹게 마을을 지키며 살아간다. 허리에서 두 갈래로 갈라진 회화나무는 은행나무와 달리 고풍스런 멋을 품고 자란다. 더욱이 은행나무와 회화나무는 서로의 뿌리를 감싸며 오랫동안 생명을 유지하는 삶의 지혜를 보여준다.

관가정은 "곡식이 자라는 모습을 보듯이 자손들이 성장하는 모습을 본다"는 뜻을 담고 있다. 높은 곳에 위치한 관가정에는 조각자나무, 향나무, 배롱나무 등이 자란다. 조각자나무 두 그루는 무서운 가시로 자신을 보호한다. 그런데 조각자나무도 세상의 원리를 깨달은 뒤에는 가시를 만들지 않는다. 관가정 마당에는 향나무가 용트림을 하고 있다. 낮은 자세의 향나무는 굵은 줄기를 서로 꼬아서 하늘로 비상하는 용을 닮았다. 주변의 젊은 향나무 두 그루는 높이뛰기 선수가 바를 넘으려는 순간처럼 담장 너머 형산강과 들판을 바라본다. 관가정 향나무는 내부에서 외부세계로 시각을 확장하고 있다. 이러한 향나무의 생태를 관찰하면 생명의 소중함을 인식하는 생태문화 산책의 즐거움을 누리게 된다.

관가정의 향나무

5. 사랑한다면 흥덕왕릉의 소나무처럼 하라

안강읍 소나무 숲속에 신라 제42대 흥덕왕릉(826-836)이 자리한다. 주차장에서 바라본 소나무의 생태가 예사롭지 않다. 흥덕왕릉에는 소나무 둥치가 구불구불하게 자라고 있기 때문이다. 신라 왕릉의 소나무는 아름드리 곧은 기상과 붉은 피부가 일반적이다. 그런데 흥덕왕릉 소나무는 조류에 흔들리는 바다 속의 해초처럼 구불구불하다. 마치 흥덕왕이 조카인 애장왕을 죽이고 군왕으로 등극했던 정치적 변화를 역설적으로 보여주는 듯하다. 흥덕왕은 완도에 청해진을 설치하여 해상무역을 장악하고 당나라에서 차 씨앗을 가져와 지리산에 재배하게 했다.

하늘을 가린 소나무 숲속에는 풀 한 포기도 보이지 않는다. 소나무는 성장 속도가 느리기 때문에 다른 나무와 풀이 자라지 못하도록 막는 습성이 있다. 그래서 흥덕왕릉 소나무 숲속에는 오직 소나무만 무성하다. 소나무 사이로 걸어가면 솔씨가 떨어져 새로운 생명을 시작하는 감동적인 모습도 만날 수 있다. 왕릉의 소나무 숲을 산책 때는 자신의 발걸음을 보면서 천천히 걸으면 마음도 덩달아 평안해진다. 발걸음을 멈추고 소나무를 자세히 관찰하면 솔씨처럼 아주 작은 생명체의 이야기도 들을 수 있는 여유가 생긴다.

흥덕왕릉의 소나무는 다양한 모습을 보여준다. 소나무 숲의 중간쯤에는 서로 격렬하게 포옹하여 사랑을 나누거나 두 그루가 등을 돌리고 앉은 모습도 보인다. 소나무 숲도 사랑과 이별이 반복되는 우리네 삶과 다르지 않다. 왕릉 앞에는 문인석과 무인석이 눈길을 끈다. 서역에서 온 이방인처럼 우락부락한 표정으로 왕릉을 지키고 있다. 그곳에서 왕릉까지 연초록 잔디가 푸른 하늘과 대비되어 멋진 풍경을 연출한다. 둘레석이 봉분을 보호하고 십이지신상을 새겨 넣은 판석이 화려함을 더한다. 봉분에는 돌난간을 세웠는데 난간을 연결하는 돌기둥은 사라지고 없다. 돌로 만든 사자 네 마리는 왕릉을 사방으로 경계한다. 이렇게 멋진 흥덕왕릉에는 장화부인과 합장되어 있다고 한다.

『삼국유사』에는 흥덕왕과 앵무새 이야기를 전한다. 앵무새 한 쌍이 사이좋게 지냈는데 어느 날 암컷이 죽어버렸다. 수컷이 슬프게 울어서 흥덕왕

새생명을 품은 어린 소나무

문인석 곁의 소나무

흥덕왕릉의 소나무

이 앵무새 앞에 거울을 놓아주었다고 한다. 거울에 비친 모습이 암컷인 줄 알고 수컷이 쪼아대다가 사실을 알고 슬피 울다가 죽어버린 것이다. 이 이야기는 1년 만에 죽은 장화부인을 그리워하던 흥덕왕의 사랑을 담고 있다. 더욱이 흥덕왕은 장화부인 무덤에 합장하라는 유언까지 남겼다고 한다. 그들의 사랑이 늘푸른 소나무 숲속에서 오랫동안 변함없이 지속되는지도 모른다. 소나무 숲속을 거닐면서 진정한 사랑의 의미를 되새겨 보는 것도 필요하지 않을까.

왕릉 오른쪽 소나무 숲속에 커다란 비석 받침돌이 있다. 비석이 사라졌지만 거북 모양의 비석 받침돌은 배를 땅에 대고 머리를 들어 왕릉을 바라본다. 비석 받침돌에서 소나무 사이로 왕릉을 보면 제일 멋지다. 머리를 살포시 들고 등에는 거북 문양이 새겨져 있는 비석 받침돌이 소나무 숲을 자유롭게 헤엄치는 것 같다.

그런데 넓은 소나무 숲을 가진 흥덕왕릉을 방문하는 사람은 생각보다 많지 않다. 한적한 왕릉을 산책하다가 따가운 햇살을 피하여 자리를 깔고 휴식을 취하는 사람도 종종 보인다. 소나무 숲속에서 한 폭의 그림에 왕릉을 담아보아도 좋다. 소나무가 전해주는 숲속의 여유는 까맣게 잊어버린 재능을 재발견하게 도와준다.

비석 받침돌에서 본 흥덕왕릉

6. 회화나무와 향나무, 소통하고 공감하다

육통리 회화나무를 만나러 가는 길은 언제나 설렌다. '나무 따라 경주 걷기'를 시작하면서 천연기념물(제318호)로 지정된 회화나무가 궁금했기 때문이다. 예전에도 몇 차례 아름드리 회화나무를 답사한 경험이 있다. 그래서 회화나무의 기상을 보려고 마을 입구에서 열심히 눈길을 돌려보았지만 그림자도 보이지 않는다.

회화나무로 들어가는 마을길은 생각보다 좁은 편이다. 구불구불한 마을길을 걸어가면 아름드리 회화나무가 발길을 막아선다. 갑자기 발걸음을 멈추고 심호흡을 하면서 회화나무를 바라보았다. 나도 모르게 "와~ 대단하다. 정말 오랜 세월의 연륜을 보여주네!"라는 감탄사가 절로 나온다. 오랜 세월의 나이테를 둥치에 새긴 회화나무의 커다란 몸통이 방문객의 시선을 사로잡기에 충분하다.

회화나무의 불을 끈 마을 어르신

수령 600년이 넘은 회화나무는 뿌리로부터 3미터 지점에서 두 갈래로 갈라진다. 왼쪽 가지가 집의 처마로 향하고 있다면 오른쪽 가지는 하늘 높이 솟아나 마을을 지켜본다. 그런데 회화나무 둥치에는 커다란 구멍이 생겨서 안쓰럽기도 하다. 회화나무에 생긴 구멍에 대한 이야기를 주민에게 들어보았다.

육통리 회화나무의 기상

한국전쟁 직후에 어떤 할머니가 회화나무에 촛불을 켜고 치성을 드렸는데 그만 불이 났다고 한다. 주민들은 한밤중에 불을 끄기 위해 물을 퍼부었지만 회화나무 속으로 불길이 계속 번져나갔다. 그래서 회화나무 둥치에 흙을 가득 채워 불을 끄게 되었다고 한다. 회화나무에 생긴 상처는 그때의 흔적이라고 마을 주민이 전해주었다.

육통리에 뿌리내린 회화나무는 마을의 안녕과 평화를 지켜주는 마을신이다. 금줄을 두른 회화나무 주변에는 동제를 지내기 위해 붉은색 황토를 뿌린 흔적도 보인다. 회화나무는 뾰송뾰송한 여린 초록 잎을 나뭇가지에 매달고 봄바람에 살랑거린다. 마을신이 깃든 회화나무의 건강이 염려되어 주변에는 회화나무 자손목 세 그루를 심어놓았다. 젊은 회화나무 자손목 곁에는 무궁화, 배롱나무, 앵두나무, 백당나무 등의 키 작은 나무도 둥지를 틀었다.

회화나무에서 조금 더 안으로 들어가면 아름드리 향나무를 만나게 된다. 우물과 함께 오랜 세월 주민의 생명수를 지켜준 향나무 기상이 너무도 당당하다. 늘푸른 향나무는 우산을 펼친 것처럼 우물을 사계절 보호해준다. 회화나무와 향나무는 나이가 비슷하다고 말씀해 주신 마을 어르신의 표정이 사뭇 진지하다. 마을주민의 생명수를 지켜준 향나무는 마을신이 깃든 회화나무와 무언의 대화를 나누는 것 같다. 회화나무에 동제를 지낼 때 향나무가 지켜준 우물의 물을 사용하면서 서로 안부를 묻고 소통하고 있는지도 모른다.

회화나무와 향나무, 마주보고 대화하다

제13장.
자존감을 회복하며 산책하다

경로 ① 용담정 ② 남사리 3층 석탑 ③ 손순 유허비 ④ 오류리 등나무 ⑤ 진덕여왕릉 ⑥ 나원리 5층 석탑

1. 자존감으로 충만한 용담정 숲길

자동차 전용도로에서 빠져나와 포장길을 따라가면 왼쪽에 용담정 표지판이 보인다. 그 길에는 은행나무들이 좌우로 나란히 줄지어 천도교 성지로 안내한다. 젊은 은행나무 가로수를 따라가면 용담정 주차장에 닿는다. 가을에는 오색단풍이 용담정 길을 화려하게 수놓을 것이다. 노란 은행나무 단풍이 쓸쓸한 가을 풍경을 조금은 위로해 줄 것만 같다. 하지만 은행나무는 자신의 기질대로 자라지 못하고 있다. 전깃줄 때문에 은행나무의 목을 친 모습을 보면 안타까운 마음이 든다. 은행나무 가로수와 전깃줄이 공존할 수 있는 방법을 이제라도 찾아야 한다.

용담정 주차장에는 왕벚나무가 봄바람에 꽃잎을 하나 둘 떠나보고 있다. 단풍나무는 가녀린 꽃과 잎사귀로 새봄을 맞이한다. 아름드리 전나무와 소나무는 가장자리에서 늘푸르게 살아간다. 용담정 대문인 포덕문에도 다양한 나무를 심어놓았다. 왼쪽은 측백나무 네 그루가 사형제처럼 하늘로 자란다. 오른쪽은 가이즈카향나무 네 그루가 올망졸망 둥근 모습으로 살고 있다. 측백나무와 가이즈카향나무 사이에는 사철나무, 철쭉, 회양목 등의 작은 나무도 햇빛을 받으며 살아간다.

포덕문 계단을 오르면 왼쪽에 수운 대신사 최제우 동상이 우뚝 서 있다. 오른손 검지로 하늘을 가리키고, 왼손에는 책을 들고 세상을 향해 걸어가는 모습이 너무도 당당하다. 그 걸음에 나도 동참하고 싶은 생각이 저절로 든다. 동상 주변에는 다채로운 나무가 봄날의 화려함을 자랑하고 있다. 향나무, 주목, 호랑가시나무, 줄사철나무, 단풍나무, 자목련 등이 봄 신명을 받아서 연신 꽃망울을 터뜨리기에 바쁘다. 오른쪽에는 히말라야시더로 잘 알려진 개잎갈나무가 나뭇가지를 하늘로 펼치면서 최제우의 인내천 사상

수운 동상이 어린이를 흐뭇하게 내려본다

에 환호하는 것 같다.

용담정은 조용해서 산책하기에 제격이지만 5월 5일 어린이날은 전혀 다른 풍경을 보여준다. 천도교에서 마련한 어린이날 행사가 용담정에서 개최되기 때문이다. 어린이의 인권을 보호하기 위해 소파 방정환이 어린이날을 세계에서 처음 만들었다. 방정환은 천도교 신자로서 수운의 인내천 사상을 실천한 선구자다. 그래서 어린이날 용담정 포덕문과 수운 동상 주변에는 어린이로 가득하다. 나무 그늘 아래서 어린이와 함께 온 가족이 음식을 먹으며 이야기를 나누는 풍경을 수운 동상이 흐뭇하게 바라보고 있다. 자존감으로 충만한 어린이들을 보면서 인내천 사상이 비로소 작동된다고 생각했기 때문일 것이다.

가이즈카향나무와 철쭉이 최제우 동상에서 용담정으로 발길을 안내한다. 향나무는 동학사상을 실천하고 있는지 모두 둥글게 몸단장을 하고 있다. 천천히 길을 걸어가면 계곡의 물소리가 귀를 즐겁게 해준다. 개울에는 느티나무, 벚나무, 때죽나무, 갈참나무, 밤나무, 복사나무 등이 살고 있다. 이름도 없는 조그마한 다리 난간에 앉아서 개울물 소리를 한참 동안 감상해보았다. 산새들도 물소리에 맞춰 노래한다. 자연이 들려주는 음악은 세상의 근심을 떨쳐내기에 충분하다.

용담정을 거닐면 자존감으로 충만해진다

인적이 드문 용담정 길은 너무도 고요하다. 살랑살랑 불어오는 봄바람에 나무들은 새싹을 띄워내기에 정신없이 바쁜 나날을 보낸다. 오르막길에 아름드리 소나무가 발걸음을 막아선다. 중앙에 버티고 선 소나무는 천천히 산책하라는 신호를 보낸다. 포덕관에는 우산을 펼친 것처럼 아름드리 소나무가 당당하게 서 있다. 용트림을 하는 소나무는 동학을 창도하기 위해 고

수운의 눈길이 닿은 소나무

군분투했던 최제우를 지켜본 장본인이다. 그 소나무를 안고 생명의 존엄을 깨달은 수운의 개벽사상을 되새겨 보는 뜻깊은 시간을 보냈다.

길가에 마련된 등나무 터널도 방문객을 유혹한다. 지금은 앙상한 등나무로 보이지만 봄날이 무르익으면 포도송이처럼 보라색 꽃을 피워내는 변신을 보여줄 것이다. 성화문 앞에는 그윽한 향기를 전해주는 수수꽃다리가 보라색 꽃으로 화답하고 손바닥같이 여덟 개의 잎을 펼친 팔순이가 부끄러움에 겨워 살며시 햇볕을 받아내고 있다.

성화문을 들어가면 잣나무, 낙엽송, 서어나무, 굴참나무, 소나무 등이 일정한 거리를 두고 살아간다. 주변을 둘러보면 늘푸른 편백나무가 줄지어 내 발길을 따라온다. 편백나무의 곧고 붉은 둥치를 보면 복잡한 내 마음이

용담정으로 가는 편백나무 숲길

한순간에 정리가 되는 것 같다. 편백나무 사이에 삼나무도 가끔 뿌리를 내리고 살아간다. 편백나무는 낮아진 자존감을 높여주는 오묘한 매력을 보여준다. 이런 편백나무 향기를 맡으며 오르막길을 걷고 있을 때, 저 멀리 용담정이 어렴풋이 보인다. 굴참나무는 예나 지금이나 성스런 용담정이 한눈에 보이지 않도록 가려준다. 아름드리 굴참나무 덕분에 용담정의 신비로움이 더해진다.

용담정은 최제우가 득도하여 동학을 창도한 성지다. 최제우는 37세가 되던 1860년 4월 5일, 한울님에게서 무극대도를 받아 동학을 창도했다. 인내천(人乃天) 사상은 '사람이 곧 하늘'이라는 혁명적인 주장이다. 인간이 자신의 존엄을 깨닫는 순간, 하늘과 같이 존귀한 존재가 된다는 사상은 신분제

수운이 득도한 용담정

사회의 근본을 뒤흔들 수밖에 없었다. 수운은 1861년 6월에 세상을 향해 포덕을 시작하자마자 혹세무민(惑世誣民) 죄로 1863년 12월 10일, 관에 체포되었다. 수운의 득도와 포덕의 기간은 짧았지만 동학은 백성들 가슴에 커다란 울림으로 작용했다. 백성들은 폭도로 몰려 꽃도 피지 못한 채 숨어살아야 했지만 훗날 외세의 침약에 맞서는 동학농민전쟁의 횃불로 되살아난다.

용담교를 지나 용담정 마루에 앉아서 나무와 풍경을 살펴보았다. 최제우가 용담정에서 득도한 4월 5일 풍경도 지금과 별반 다르지 않았을 것이다. 기후위기로 인해서 기상의 변화가 심하다고 해도 용담정의 풍경은 크게 변하지 않은 것 같다. 소나무, 굴참나무, 감나무, 단풍나무 등과 함께 향나무와 회양목이 세상을 둥글게 살아야 한다는 점을 보여준다. 한여름 배롱나무에서 피어나는 붉은 꽃은 동학농민전쟁으로 사라진 백성들의 열망을 상징하는 듯하다. 최제우가 깨달았던 인내천 사상이 백일홍으로 오랫동안 피어날 것만 같다.

돌계단을 따라 용추각으로 걸어간다. 용추각 곁의 때죽나무는 계곡물에 흙이 쓸려가서 뿌리를 드러내고 있다. 때죽나무는 자신의 생명을 지키기 위해서 안간힘을 쓰고 살아간다. 더욱이 때죽나무는 열악한 환경에 대한 원망보다는 자신의 생명을 지키기 위해 뿌리에 모든 정신을 쏟고 있다. 때죽나무는 꽃과 열매보다 뿌리를 통해서 자신을 굳건히 세워야만 생존할 수 있기 때문이다. 용추각 때죽나무는 뿌리의 생태를 통해서 최제우의 인내천과 생명의 소중함을 상징적으로 보여준다.

수운 최제우의 사상을 보여준 반송

수운 최제우 무덤은 생가와 마주보는 산에 자리한다. 소나무 숲속에 자리한 최제우 묘는 능선의 가운데 마련되어 있다. 무덤을 중심으로 오른쪽에 수운 대신사 최제우 묘라는 커다란 비석과 왼쪽에 수운의 모습을 닮은 석상이 아담한 크기로 서 있다. 무덤 주변에는 온통 소나무 숲으로 가득하다. 무덤 좌우에는 젊은 반송이 세상을 둥글게, 생명의 차등을 없애려고 고군분투한 수운의 사상을 대변한다. 늘푸른 솔잎과 붉은 잔가지는 반송의 매력이다. 반송은 최제우의 인내천 사상이 붉은 열정과 푸른 냉철함의 균형

수운 최제우의 생가

수운의 무덤에서 바라본 풍경

을 통해서 실천해야 한다는 상징적 의미를 대변하는 듯하다.

최제우 무덤을 둘러보고 다시 길을 내려오면 가정리의 생가로 연결된다. 마을 입구에는 젊은 배롱나무가 수운의 생가로 발길을 따라온다. 수운 생가의 주차장에는 목백합나무가 주황색 통꽃을 피워낸다고 여념이 없다. 관리실 뒤편에는 소나무, 층층나무, 때죽나무, 배롱나무 등이 주변 시선을 벗어난 채 살아간다. 복원된 수운 생가로 천천히 발길을 옮기면 오동나무가 보라색 꽃을 거봉처럼 피우고 아까시나무는 하얀 꽃향기를 전해준다.

돌계단을 올라가면 최제우(1824-1864) 생가에 유허비가 우뚝 서 있다. 유허비 곁에는 붉은 꽃을 피운 철쭉이 불꽃 같았던 최제우의 생애를 대변한다. 1824년 가정리에서 출생한 최제우는 어지러운 세상을 구하기 위해 큰 뜻을 품고 전국을 유랑했다고 한다. 고향에 돌아온 수운은 용담정에서 『동경대전』과 『용담유사』를 짓고 41세에 세상을 떠났다. 수운 생가의 대문을 들어서면 석류나무, 배롱나무, 매화나무, 앵두나무, 화살나무, 대추나무, 능소화 등과 같이 키 작은 나무가 담장을 따라 자란다.

사랑채 마루에 앉아서 건너편 산에 자리한 수운 무덤을 멍하니 바라보았다. 소나무 숲속에 커다란 구멍이 뚫린 곳이 바로 수운의 무덤자리다. 어린 시절 수운의 시선과 발길이 닿았던 무덤에는 하늘의 빛이 잔잔하게 비치고 있다.

2. 남사리 3층 석탑을 감싸주는 갈참나무

봄바람에 남사저수지 물결이 찰랑찰랑 춤을 춘다. 저수지 곁에 자리한 남사마을 입구의 3층 석탑이 눈길을 끌어당긴다. 그곳에는 가죽나무, 음나무, 두릅나무 등과 같이 식용으로 애용되는 나무들이 심겨져 있다. 동네 아이들이 석탑 주변에서 장난치며 노는 모습이 정겨워 보인다. 느티나무와 감나무가 살고 있는 마을 쉼터에는 남사리 3층 석탑 사진이 걸려있다. 그 아

남사리 3층 석탑을 감싸주는 갈참나무

래에 시멘트가 굳기 전에 강아지가 남겨 놓은 발자국을 보니 입가에 잔잔한 미소가 번진다.

남사마을 입구의 석탑은 예전에 보았지만 마을 뒤에 숨겨진 남사리 3층 석탑은 처음 찾아가는 길이다. 이번에는 3층 석탑을 볼 수 있는 인연을 만들고 싶다. 마을 안으로 걸어가면 집집마다 감나무와 음나무가 담장 밖으로 고개를 살며시 내밀며 방문객을 반겨준다. 초행길이라 석탑의 위치를 마을 주민에게 물어보았다. 그랬더니 "시멘트 포장길을 따라 못뚝까지 올라가면 된다"라고 말씀해 주신다. 들판을 가로질러 탑골저수지에 도착하면 왕버들만 보인다. 길을 잘못 들었는지 석탑의 그림자도 보이지 않는다. 조바심을 품고 오르막길을 걸어가는데, 저만치 서 있는 아담한 석탑이 눈에 들어왔다.

남사리 입구의 3층 석탑

남사리 3층 석탑(보물 907호)은 참나뭇과의 갈참나무가 보호해준다. 아름드리 갈참나무가 석탑을 병풍처럼 감싸며 찬바람을 막아주기 때문이다. 세 갈래로 가지가 퍼진 갈참나무 잎사귀는 봄날의 따사로운 햇살에 반짝반짝 윤기가 돈다. 갈참나무 곁에는 닥나무, 산뽕나무, 으름덩굴, 밤나무 등도 군락을 이루며 살아간다. 석탑을 둘러보고 있는데 산새소리가 여기저기서 들려온다. 활기찬 새소리를 감상하기 위해 발걸음을 멈추고 석탑과 갈참나무를 번갈아보았다. 정적을 깨는 산새소리 덕분에 석탑은 외롭지 않을 것 같다. 때묻지 않은 3층 석탑의 순수함이 너무도 좋았다.

오랫동안 보고 싶었던 3층 석탑을 마주하면 그리운 사람을 우연히 만난 것처럼 설렌다. 간밤에 비가 내려서 그런지 싱싱한 풀 내음과 향긋한 아까시나무 향기로 인해 발길이 한결 가벼워진다. 약간 쌀쌀하게 느껴지는 공기가 코를 자극하여 몸과 마음을 상쾌하게 해준다. 인적이 드문 곳에 숨겨둔 보물을 찾은 기분이라 정말로 즐거운 봄날 산책이었다. 사뿐사뿐 가벼운 발걸음으로 내려오다 석탑을 돌아보았을 때 아름드리 오동나무가 보라색 꽃으로 환송해준다.

3. 손순의 유허비를 지켜준 회화나무

경주 현곡면 소현천이 흐르는 소현 1리에 손순의 유허비가 있다. 유허비 곁에는 오랜 세월을 나이테에 새긴 아름드리 나무들로 가득하다. 대문을 들어서며 왼쪽에 부름켜로 겨우 생존하는 회화나무를 보면 안타까운 마음뿐이다. 속이 다 썩어문드러진 회화나무는 담장 곁에서 가쁜 숨을 연신 몰아쉬고 있다. 오른쪽 아름드리 말채나무도 여러 곳에 수술 흔적을 안고 꽃을 피우며 살아간다. 유허비 뒤의 팽나무는 오랜 연륜으로 허리가 굽어서도 살아가는 생명체의 감동을 보여준다. 그 곁의 회화나무는 팽나무와 대조적으로 하늘 높이 우뚝 서서 자란다.

손순의 유허비는 『삼국유사』〈효선〉 편에 등장하는 효자 손순 이야기의 현장이다. 신라 때 손순 부부는 슬하에 아들을 두었으며 홀어머니를 모시고 살았다. 부부가 홀어머니를 잘 봉양하려고 음식을 장만하면 아들이 먹어버렸다고 한다. 그래서 손순 부부는 아들을 다시 낳을 수 있지만 홀어머니는 돌아가시면 다시 만날 수 없기에 아들을 땅에 묻기로 결심했다. 아들을 묻기 위해 땅을 파는 순간 돌로 만든 종이 나왔는데 그 종을 쳐보니 청아한 소리가 났다. 이것은 아들을 살리라는 하늘의 계시로 생각하여 종을 대들보에 걸고 쳤다고 한다. 그랬더니 종소리를 들은 왕이 신하를 보내 어찌 된 사연인지 조사하게 했다. 손순 부부의 효심을 들은 왕이 감탄하여 집과 재물을 내려주었다는 이야기다.

손순이 살았던 집터에는 〈신라효자 문효공 손순유허비〉가 세워져 있다. 비석 주변에는 아름드리 팽나무와 회화나무를 비롯한 다양한 나무가 숲을 이루고 살아간다. 팽나무와 회화나무는 350년 세월 동안 손순의 유허비를 에워싸며 지켜준 생명체다. 곧게 자란 아름드리 회화나무 기상이 손순의

손순 유허비 곁의 회화나무 줄기가 건강하다

효심을 세상에 널리 전하려는 듯하다. 이렇게 손순의 유허비에는 회화나무 세 그루, 느티나무 여섯 그루, 말채나무 두 그루, 은행나무 두 그루가 좁은 공간에 힘겹게 살아간다.

손순의 유허비 곁에는 효우당 종택도 있다. 마을길을 따라 효우당으로 걸어가면 대문 왼쪽에 제법 굵은 무궁화가 담장을 넘보며 자란다. 손순의 유허비 곁에서는 제대로 보이지 않던 나무들이 효우당 종택 마당에서는 회화나무의 기상을 제대로 볼 수가 있다. 하늘로 자라는 회화나무의 기상을 보면서 효심을 다시 생각해보는 기회가 되었다. 그리고 마을 입구에도 아름드리 키 큰 회화나무가 방문객의 발길을 사로잡는다. 회화나무는 선비의 기상을 상징하는데, 선비는 부모에게 효심을 다해야 한다는 점을 분명하게 보여준다. 손순의 유허비를 거닐며 너무도 당연한 효심을 어떻게 실천할지 생각하는 뜻깊은 산책으로 남을 것이다.

회화나무의 열매

4. 등나무와 팽나무의 슬픈 사랑이야기

경주 현곡면 오류리의 등나무를 만나기 위해 여러 차례 방문했다. 그럼에도 등나무에 연보라 꽃이 주렁주렁 탐스럽게 핀 것을 처음 보았다. 등나무에 피어난 연보라 꽃은 아래로 처지면서 향기를 사방에 내뿜고 있다. 오류리 등나무(천연기념물 제89호)는 팽나무를 감고 살아간다. 덩굴성 식물인 등나무는 홀로 설 수 없다. 그래서 주변의 다른 나무나 인공 지지대의 도움을 받아야 살아갈 수 있는 생태적 특성을 보여준다.

오류리 등나무는 아름드리 팽나무와 느릅나무, 아까시나무 등을 감고 화려한 꽃을 피워낸다. 등나무 숲속으로 들어가면 느릅나무와 아까시나무를 감고 살아가는 모습도 볼 수 있다. 느릅나무와 아까시나무는 등나무 때문

등나무 꽃을 바라보는 여성들

아름드리 팽나무를 감고 살아가는 등나무

등나무, 팽나무를 감고 살아가다

에 자신의 기질대로 자라지 못한다. 그중에서도 등나무가 팽나무 두 그루를 감싸면서 자라는 모습이 이채롭다. 팽나무에는 이루지 못한 자매의 슬픈 사랑이야기가 전해오기 때문이다.

신라 때 옆집 청년을 좋아했던 두 자매가 이 마을에 살았다. 어느 날 청년이 전쟁터에 나갔는데 그만 전사했다는 소문이 들려왔다고 한다. 이 소식을 전해들은 자매는 너무도 슬퍼서 마을 앞 연못에 몸을 던져버린다. 그후 연못가에는 등나무 두 그루가 자라났다. 그런데 세월이 흘러 죽은 줄로만 알았던 청년이 훌륭한 화랑이 되어 마을로 돌아왔다고 한다. 두 자매의 슬픈 사연을 전해들은 청년은 괴로워하면서 연못에 뛰어들고 말았다. 이듬해에 등나무 두 그루 옆에 팽나무 한 그루가 쑥쑥 자라났다고 한다. 그래서 등나무는 팽나무를 칭칭 감고 자라게 되었다는 애절한 사랑이야기가 전해진다.

등나무의 진한 사랑 덕분에 팽나무는 광합성을 제대로 할 수 없어서 건강이 좋지 않다. 인공구조물을 만들어 등나무 줄기를 팽나무에서 떼어 놓았지만 등나무는 팽나무를 더욱 칭칭 감으면서 자란다. 청년과 자매의 구슬픈 사랑이 죽어서도 함께 하기를 바라는 마음이 더해져 등나무가 팽나무를 격렬하게 포옹하는 모습이 신비롭다. 자매가 청년을 사랑하는 모습을 등나무가 보여주고 있지만 너무 지나치면 팽나무를 죽일 수도 있다. 그래서 사랑은 가슴을 설레게 하지만 언제나 고통이 따르는지도 모른다.

한국이 원산지인 등나무는 봄에는 포도송이 같은 꽃을 피우고 여름에는 시원한 그늘을 만들어준다. 등나무 꽃말에는 "사랑에 취함, 환영, 결속" 등이 있다. 사랑에 취한 등나무는 팽나무를 감고 살아가는 애절함을 보여준다. 무더운 여름날 등나무 아래서 휴식을 취하면 갈등(葛藤)을 무마하기에 제격이다. 덩굴성 식물인 칡은 시계 반대방향으로, 등나무는 시계방향으로 감고 살아가는 생태적 특성이 있다. 그래서 갈등은 칡과 등의 관계를 말하기도 한다. 그래도 갈등이 생길 때 이선희의 〈갈등〉을 불러보면 애절한 사랑의 아픔을 잊을 수 있을지도 모른다.

지금 나의 곁에 있는 사람은 누구
진정 날 사랑하실 사람인가요.

그대 사랑 영원하다 약속하지만
추억속의 그 사람도 그랬답니다.

이별 뒤에 나에게 온 사랑이기에
말 못하는 이 가슴을 헤아려줘요.

아 이별 뒤엔 만남이
만남 뒤엔 무엇이 기다리나요.

오류리 등나무 꽃이 피었다는 소식을 듣고 경주 여성들이 사진을 찍으러 찾아왔다. 그녀들에게 등나무와 팽나무의 슬픈 사랑이야기를 들려주었다. 그녀들은 등나무 꽃이 예뻐서 그냥 사진을 찍으러 왔는데 이런 슬픈 사랑의 전설이 전해지는 몰랐다고 감탄한다. 여성들은 등나무의 슬픈 사랑이야기를 전해들은 뒤에는 사진 찍을 때 등나무가 달리 보인다고 입을 모았다. 등나무 꽃에 취한 그녀들의 모습을 뒤에서 바라보았다. 어쩌면 팽나무를 감고 살아가는 등나무 자매의 주인공이 그녀들인지도 모른다.

5. 소나무 숲에서 휴식하는 진덕여왕릉

등나무 꽃향기를 맡으며 산책하다가 진덕여왕릉으로 발길을 옮겼다. 진덕여왕릉은 오류리 등나무 꽃향기가 전해질 만큼 가까운 곳에 자리한다. 개울을 건너 마을로 들어가는 길을 따라가면 아름드리 왕버들이 반겨준다. 넓은 그늘을 만들어주는 왕버들 둥치에 나무로 만든 쉼터가 있다. 산자락을 왼쪽에 끼고 좁다란 길을 들어가면 진덕여왕릉 주차장에 닿는다. 마을의 가장 안쪽 깊숙한 곳에 자리한 주차장은 방문객이 드물어서 너무도 조용하다.

진덕여왕릉으로 가는 소나무 숲길

고등골못 주차장 주변의 소나무 숲에 들어가 점심을 먹었다. 오랫동안 '나무 따라 경주 걷기'를 하다보면 허기질 때가 종종 찾아온다. 그래서 진덕여왕릉 소나무 숲속에서 도시락을 먹는 행운도 누렸다. 소나무 숲속에서 목마름을 달래 줄 맥주는 빠질 수 없는 유혹이다. 맥주를 마시고 인적이 드문 숲속에서 잠깐의 낮잠은 너무도 상쾌하다. 나무 따라 경주를 걸었던 피곤한 몸이 재충전되는 기분이다.

신라 제28대 진덕여왕릉은 소나무 숲으로 가득하다. 약간 경사진 오르막 흙길을 걸어가면 소나무 향기가 진동한다. 호젓한 소나무 숲길에는 등나무가 아까시나무를 타고 보라색 꽃을 피우며 바람에 살랑살랑 움직이고 있

진덕여왕릉의 뒷모습

다. 솔잎이 떨어진 소나무 숲은 발걸음을 디딜 때마다 싸각싸각 소리가 눈을 밟는 것처럼 마음을 편안하게 해준다. 천천히 걷다보면 오솔길이 갑자기 오른쪽 산등성 방향의 오르막으로 휘어진다. 여기서 발길을 잠시 멈추고 고개를 들어 오르막길을 바라보면 소나무 숲속에 진덕여왕릉이 어렴풋이 보인다.

소나무 사이로 보이는 진덕여왕릉은 환상적인 풍경을 보여준다. 진덕여왕릉 봉분 밑에는 병풍모양의 둘레돌을 배치하고 있다. 선덕여왕 뒤를 이은 진덕여왕(647-654)은 7년간 재위하면서 삼국통일의 기틀을 마련했다. 진덕여왕릉을 천천히 둘러보고 내려갈 때는 마을길로 발길을 잡았다. 이 오솔길은 걷기도 훨씬 수월할 뿐 아니라 주민들의 무덤 사이로 산책하는 색다른 맛이 숨어 있다. 이렇게 하면 진덕여왕릉과 주민들의 무덤을 통해서 생명의 대등한 가치를 성찰할 수도 있기 때문이다. 차등적 생명에서 대등적 생명으로 바뀌져야 우리네 삶도 여유와 행복이 넘쳐나리라 생각한다.

6. 만첩벚나무, 나원리 5층 석탑을 물들이다

나원리 마을 입구에는 아름드리 은행나무와 느티나무가 살고 있다. 그곳에서 왼쪽으로 난 조그마한 길을 걸어가면 웅장한 5층 석탑을 만나게 된다. 나원리 석탑은 신라와 달리 백제탑을 닮았다. 5층 석탑 주변에는 무궁화, 개나리, 느티나무, 해송, 사철나무 등이 살고 있다.

금당 뒤에 석탑이 조성된 가람배치는 매우 중요한 의미를 보여준다. 석탑을 해체 수리할 때 금동사리함이 발견되었는데 그 안에서 부처님의 진신사리와 다라니경 등 귀중한 유물이 출토되었다고 한다. 비로소 부처님의 진신 사리를 모신 석탑을 금당 뒤편에 조성한 가람배치의 의문이 풀리게 되었다.

석탑 왼쪽에는 나원사가 아담하게 자리하고 있다. 사철나무, 단풍나무, 수국, 편백나무, 뽕나무 등이 절집을 감싸준다. 나원사는 예전 뽕밭에 절집이 들어섰다고 스님이 말씀해 주신다. 대웅전에는 하늘로 우뚝 솟으며 자라는 개잎갈나무의 기상이 대단하다. 개잎갈나무가 대웅전에 살고 있는 것은 처음 보았다.

절집 마당에는 만첩벚나무 두 그루가 봄날을 화려하게 수놓는다. 아름드리 만첩벚나무가 피워낸 탐스런 꽃망울 사이로 5층 석탑을 보면 더욱 신비롭다. 만첩벚꽃이 꽃망울을 터뜨리면 석탑도 화려한 연분홍색 옷으로 갈아입는다. 한여름에 붉은 꽃을 피워낼 배롱나무는 꼼짝하지 않고 앙상한 가지를 그대로 보여준다.

만첩벚나무 사이로 본 5층 석탑

제14장.
오봉산과 건천을 산책하다

경로 ① 여근곡 ② 금척리 고분군 ③ 박목월 생가 ④ 편백나무 숲 내음길

1. 비밀을 간직한 숲, 여근곡

경주 건천읍 오봉산 자락의 여근곡에는 선덕여왕의 지혜가 담긴 이야기가 전해진다. 여근곡은 마을 방향으로 볼록 솟은 산의 모양새가 여성의 음부를 닮아서 붙은 이름이다. 오봉산은 해발 630미터로 경주 북서쪽을 방어하는 전략적 요충지다. 김유신이 무술을 배운 단석산과 인접한 오봉산에는 부산성(富山城)이 당시의 역사를 전해준다. 문무왕 3년(663)에 축조된 부산성은 오랜 세월의 무게를 감당하지 못한 채 성벽이 무너져 방치되고 있다. 가끔씩 오봉산 주사암(朱砂庵)을 왕래하는 등산객만이 허물어진 성벽을 걸어갈 뿐이다.

건천읍 신평마을은 여근곡을 감상하기에 가장 적당하다. 철길 건너 들판을 가로질러 올라가면 마을 입구에 저수지가 보인다. 저수지에는 맑은 물이 가득하다. 저수지 둑에는 소나무 여덟 그루가 아름드리로 자란다. 그 옆으로 능수버들 여덟 그루가 머리를 산발한 것처럼 무성한 가지를 펼친다. 저수지는 들녘에 물을 공급할 뿐만 아니라 소나무의 당당함과 능수버들의 풍성함을 키워주는 원동력이다.

여근곡은 적절한 거리에서 바라봐야 한다. 신평마을에는 여근곡을 바라보는 전망대가 설치되어 있다. 전망대 치고는 그리 높지 않고 소박하다. 전망대에서 오봉산의 여근곡과 선덕여왕의 지혜를 생각해보는 것도 좋다. 오랜 세월동안 변함없는 여근곡이 정말 신비롭다. 선덕여왕과 여근곡에 대한 호기심 때문에 좀 더 가까이 다가서고 싶은 욕망이 불쑥 솟아난다. 아름드리 왕버들이 방문객을 맞이하는 쉼터를 지나 여근곡 입구에 해당하는 유학사로 발걸음을 재촉한다.

여근곡은 사계절 내내 다양한 모습을 보여준다. 봄에는 마을주변의 복사꽃이 피면 정말 무릉도원처럼 황홀한 풍경을 만끽할 수 있다. 여름에는 늘 푸른 소나무와 활엽수들의 왕성한 활동으로 젊음을 느끼기에 충분하다. 가을에는 참나뭇과의 나무들이 고운 단풍으로 물들어 화려함을 보여준다. 겨울에는 낙엽수들이 잎사귀를 떨어뜨리고 소나무를 비롯한 침엽수만이 여근곡을 푸르게 물들인다. 이렇게 여근곡은 사계절 사뭇 다른 풍광을 연출하고 있다.

여근곡에 숨은 백제군사를 예견한 선덕여왕

『삼국유사』에는 여근곡과 관련된 재미난 이야기를 전한다. 선덕여왕은 한겨울에 영묘사의 옥문지에서 개구리가 사흘 동안 울었다는 이야기를 전해 들었다. 그 소식을 듣자마자 선덕여왕은 신하들에게 병사 2천 명을 거느리고 여근곡에 숨어 있는 백제군사를 격퇴하라고 명한다. 이러한 선덕여왕의 예지력 덕분에 여근곡에 숨은 백제군사를 모두 물리친다. 그렇다면 선덕여왕은 개구리 울음소리를 듣고 백제군사가 여근곡에 숨어있다는 사실을 어떻게 알았을까? 선덕여왕의 해명을 들어보기로 한다. 개구리 눈이 불거진 모양은 성난 형상으로 군사를 상징한다. 옥문이란 여근을 말하는데, 여자는 음이고 그 색은 희다. 오방 개념에서 흰색은 서쪽을 상징한다. 그래서 여근곡에 백제군사가 숨어있음을 알았다고 한다.

이러한 선덕여왕의 해명에는 고도의 전략이 숨어있다. 선덕여왕은 왕위계승의 정당성을 확보함과 동시에 국가 통치의 탁월한 능력을 백성들에게 보여준 것이다. 국방에 대한 단호한 의지와 선견지명을 보여줄 필요가 있었다. 이 때문에 여근곡 이야기는 선덕여왕에 대한 귀족과 백성들의 불안을 잠재우려는 정치적 의도가 반영되어 있다. 아울러 여근곡은 선덕여왕의 예지력과 결단력을 보여준 역사적 현장으로도 유명하다.

백제군사를 물리친 장소, 여근곤

단풍으로 물든 여근곡

여근곡으로 들어가는 오솔길

유학사는 여근곡의 출발지인 동시에 도착지다. 유학사 대웅전 마당을 지나 약수 한 모금을 마시고 여근곡 속으로 걸어간다. 단풍이 곱게 물드는 가을날 여근곡을 등산하는 기분은 참으로 신선하다. 멀리서 바라볼 때는 온통 소나무 숲으로 보이지만 그 속으로 들어가면 소나무 사이로 갈참나무, 신갈나무, 떡갈나무 등 참나뭇과의 활엽수들이 빈 공간을 가득 메우고 있다. "숲만 보고 나무를 보지 못한다"는 이럴 때 사용하는 속담이다. 이것은 격물치지(格物致知)를 하지 못한 인간의 게으름과 무지함을 경계하는 말이기도 하다.

푸른 소나무들이 여근곡을 가득 채우고 있다. 소나무 숲속에는 향기로운 가을 바람이 전해주는 상쾌함이 묻어난다. 여근곡은 등산로를 따라 가파른 나무계단을 올라가야 한다. 자신의 몸무게를 두발에 의지해 등산하는 것은 가장 평등한 길인지도 모른다. 오직 두발로 자신의 몸을 정상으로 밀어 올리기 때문이다. 가끔 호흡이 가쁘면 잠시 발걸음을 멈추고 나무들을 유심히 관찰하는 것도 좋다. 다래덩굴은 햇빛을 받기 위해 나뭇가지를 칭칭 감고 있다. 다래덩굴이 살아가는 모습이 애처롭기도 하다.

예전에 발생한 산불의 흔적으로 소나무가 시꺼멓게 그을린 자국이 선명하다. 그래도 종족 보전에 안간힘을 쏟는 소나무의 생존 본능이 솔방울로 전달되는 모습을 보면 숙연해진다. 산불은 산림 생태계를 초토화시키는 인간의 재앙이다. 하지만 아직까지 생명의 싹을 틔우지 못한 생명체에게는 새로운 기회로 작용한다. 이러한 산불의 양면성이 산림 생태계를 변화시키는 역할을 수행하기도 한다. 아름드리 소나무가 쓰러진 자리에는 진달래, 생강나무, 굴피나무, 갈참나무, 신갈나무, 떡갈나무 등과 같은 활엽수가 새로운 생명을 지펴낸다.

소나무 숲을 통과하면 여근 모양의 정상에 쉼터가 있다. 나무로 만든 벤치에 앉아서 잠시 호흡을 가다듬고 오봉산 정상으로 발길을 재촉한다. 이곳부터 정상까지는 소나무보다 참나뭇과의 갈참나무, 신갈나무, 떡갈나무 등이 풍부하다. 지그재그로 연결된 산길을 따라가면 층층나무와 말채나무, 팥배나무, 물푸레나무 등이 참나무와 소나무 사이에서 자신들의 존재를 드러낸다. 그 나무 아래에 작살나무와 국수나무처럼 키가 작은 나무들도 생명을 어어간다.

물푸레나무로 가득한 주사암

구불구불한 오솔길에는 서로의 몸을 기댄 채 사랑을 나누는 나무를 자주 목격하게 된다. 나무벤치가 있는 쉼터에서 정상으로 가는 길목에는 말채나무와 갈참나무가 입맞춤을 하고 있다. 그것도 나무의 뿌리에서 무릎과 허리를 감싸며 진한 입맞춤을 한다. 그 위로 조금만 올라가면 경사진 비탈에서도 나무들의 사랑은 계속된다. 아마도 여근곡에는 나무들의 사랑이 노골적인지도 모른다.

여근곡의 숲에는 까막딱따구리가 나무에 열심히 구멍을 파고 있다. 까막딱따구리는 큰 몸집을 가진 희귀종이다. 몸은 검지만 머리에 붉은 줄이 특징이다. 겨울 채비를 서두르는 까막딱따구리는 "딱딱, 딱딱딱" 소리를 내며 부리로 나무를 쪼아댄다. 오동나무에 보금자리를 만드는 딱따구리 소리는 대자연의 웅장한 교향곡에서 박자를 맞추는 것 같다. 산길에서 만난 까투리와 솔방울을 까먹는 청설모도 바쁘게 움직인다. 산짐승은 풍성한 가을에 영양분을 축적하고 부지런히 겨울채비도 서둘러야 한다. 그래야만 혹독한 겨울을 이겨내고 봄까지 생명을 유지할 수 있기 때문이다.

오봉산 능선에 오르면 주사암으로 가는 이정표가 보인다. 이제부터는 평탄한 능선을 따라 가기 때문에 발걸음이 한결 가볍다. 능선에서 바라본 건천읍은 풍요로운 황금들판으로 가득하다. 높은 곳에서 바라본 풍광은 땀흘려 등산한 사람에게 주어지는 달콤한 보상이다. 사람들이 왜 높은 산에 올라가는지 조금은 이해할 것 같다. 오봉산 능선을 걸어가면 가끔씩 무너진 성벽의 돌들이 보인다. 자연석으로 쌓은 성벽의 일부가 무너져 주사암 가는 길을 안내하기도 한다. 주변에는 부산성의 기와조각도 가끔 눈에 띈다.

무너져 내린 부산성 주변에는 진달래가 붉게 물들고 있다. 오봉산 능선에 서식하는 진달래 잎사귀를 보면 그렇게 예쁠 수가 없다. 내년 봄에 연분홍 꽃을 피울 것을 생각하니 벌써부터 마음이 설렌다. 오봉산 능선의 진달래는 꽃보다 더 붉은 단풍이 들어가는 인내를 보여준다. 바위틈의 진달래는 척박한 환경에서도 생명을 유지하기 위해 안간힘을 다한다. 계절 변화에 온몸으로 순응하는 진달래는 등산객의 허튼 마음에 일침을 놓는다.

주사암은 오봉산 정상의 반대편에 자리한 조그마한 절집이다. 주사암 입

바위와 나무가 대신하는 주사암 일주문

구에 커다란 바위가 일주문을 대신한다. 그 주변에는 물푸레나무, 느티나무, 팽나무, 팥배나무, 쪽동백 등이 일주문을 아름답게 만들어준다. 주사암 일주문은 자연이 만들어준 것이나 다름없다. 하지만 일주문에는 척박한 바위에 뿌리내린 쪽동백이 힘겹게 살아간다. 커다란 바위를 온몸으로 감싸주는 쪽동백의 혈기가 부럽기도 하다.

조그마한 주사암에는 온통 물푸레나무 천지다. 절마당에는 땅에서 세 갈래로 갈라진 물푸레나무가 힌두교의 시바신을 상징하는 삼지창을 닮았다. 종각 옆의 바위에도 물푸레나무가 뿌리를 내리고 살아간다. 마치 오봉산 능선의 물푸레나무 속에 주사암을 창건한 것처럼 보인다. 이밖에도 주사암에는 아름드리 느티나무, 팽나무, 은행나무 등도 절집의 풍경을 더해준다.

주사암을 지나면 커다란 마당바위가 나타난다. 이 너럭바위에는 김유신 장군이 군사들에게 술을 만들어 먹였다는 이야기가 전해진다. 이 때문인지 〈선덕여왕〉과 〈동이〉를 비롯한 사극의 촬영지로 더욱 유명세를 타고 있다. 너럭바위에서 바라본 가을풍경은 만산홍엽(滿山紅葉)을 실감하기에 충분하다. 화려한 단풍의 바다 속으로 풍덩 뛰어들고 싶을 만큼 장관을 연출한다. 발아래로 단풍이 들고 있는 오봉산 계곡은 아련한 추억을 떠올리기에 제격이다.

마당바위에서 나를 성찰하다

2. 금척리 고분군의 팽나무

금척리 고분군은 건천에서 경주로 들어가는 길목에 자리한다. 넓은 벌판에 크고 작은 무덤 38기가 자리하여 사계절 색다른 풍경을 보여준다. 멀리서 보면 인근 산에서 내려온 줄기처럼 보이기도 한다. 고분군은 건천 지역에 살았던 지배층들의 무덤으로 추정된다. 그런데 고분군 사이로 무심한 도로가 가로지르고 있어서 안타깝다. 이 때문에 1951년 도로확장공사로 파괴된 고분 2기를 발굴한 결과 돌무지 덧널무덤이 나왔다고 한다.

금척리 고분군에는 금척(金尺)이 묻혀 있다는 이야기가 전해진다. 신라시대 어떤 사람이 금척을 왕에게 바쳤다고 한다. 이 금척은 죽은 사람을 살려

금척리 고분군의 팽나무

내거나 병든 환자를 완치시키는 신비로운 치유력을 보여주었다. 금척은 생명에 대한 희망을 내포하고 있다. 이런 신비로운 생명력을 가진 금척을 국보로 귀중하게 보관했다.

그런데 세상의 모든 근심과 재앙을 단박에 해결할 수 있는 금척에 대한 소문이 주변국으로 퍼져나갔다. 당나라가 신라의 금척을 요구했지만 왕은 국보를 내줄 수 없었던 모양이다. 신라왕은 흙으로 만든 무덤에 신비한 금척을 파묻어버렸다. 그래서 어느 고분에 금척을 묻었는지 아무도 모르게 되었다고 한다. 이렇게 금척리 고분군에는 당나라의 무례함을 슬기롭게 극

고분군의 아름드리 팽나무

복한 신라왕의 지혜가 담겨있다.

도로를 기준으로 위쪽에는 제법 커다란 봉분이 자리한다. 위쪽 고분군에는 팽나무 세 그루가 아름드리로 자라고 있다. 고분군 중에서도 가장 큰 봉분에 자리한 팽나무는 신비로움을 더한다. 팽나무는 오랜 세월 동안 커다란 봉분과 함께한 살아가는 생명체다. 팽나무의 우람한 모습은 무덤의 주인과 제법 잘 어울리는 듯하다.

팽나무를 지나면 곧바로 마을로 들어가는 길목이다. 대나무는 고분과 동네를 구분하는 울타리 역할을 담당한다. 대나무 울타리 너머로 소나무와 굴참나무가 동네방향으로 줄지어 서 있다. 이 나무들은 마을을 감싸고 돌아가는 개울 제방에 살면서 고분군의 이야기를 들려주는 듯하다. 마을과 인접한 고분에는 감나무 두 그루도 자라고 있다. 예전 고분군에 기대어 살았던 집터에는 어김없이 감나무가 심어져 있다. 감나무는 고분군 주변에 사람들이 살았던 흔적을 보여준다.

한편 도로와 인접한 고분에는 소나무가 봉분을 감싸고 있다. 마치 소나무가 무덤 호석을 둘러놓은 듯하다. 소나무는 자동차 소음으로 신음하는 무덤 주인의 고통을 해소해준다. 봉분 방향으로 허리를 늘어뜨린 소나무도 눈길을 끈다. 더욱이 소나무 둥치에 경찰 순찰함을 매달고 있어 정겹다. 봉분 중앙에 뿌리를 내린 해송은 소나무 중에서도 강인한 모습을 보여준다. 새봄에 소나무들은 송홧가루를 바람에 실어 봉분으로 보낸다. 소나무 속에 잠든 무덤 주인은 행복할 것 같다. 소나무가 소음을 방지하면서도 사계절 내내 푸른 솔바람 소리를 들려주기 때문이다.

위쪽에 비하여 아래쪽 고분은 규모가 조금 작은 편이다. 지대가 낮은 도로 아래쪽 무덤에는 소나무 네 그루, 낙우송 한 그루, 왕버들 세 그루가 흩어져 자란다. 아래쪽은 위쪽에 비하여 습기가 많다. 그래서 무덤 주변에 왕버들이 살기에 적당하다. 그리고 고분군과 마을을 구분하는 울타리에는 커다란 탱자나무가 한 치의 틈도 허락하지 않을 만큼 빽빽하다. 무서운 가시로 무장한 탱자나무는 하얀 꽃을 피워낸다.

금척리 고분군은 허허로운 마음으로 무작정 걷는 것도 좋다. 때로는 커다란 봉분 사이로 산책하면서 당시의 역사와 문화를 상상해보는 것도 즐겁다. 금척을 묻어둔 크고 작은 봉분 사이를 거닐면서 신라왕의 지혜를 생각하면 입가에 미소가 번진다. 더욱이 고분군을 산책하는 데 마음이 너무도 편안해진다. 무덤 사이를 걷는 데 이렇게 가슴이 활짝 열리는 것은 왜일까? 아마도 넓은 벌판에 자리한 금척리 고분군의 아름다운 곡선미 때문으로 보인다. 고분군에 서식하는 소나무, 팽나무, 왕버들, 감나무 등이 생명체로서 한몫 거들고 있음은 물론이다.

금척리 고분군의 소나무

3. 나무와 달을 사랑한 시인, 박목월의 생가

박목월 생가는 새로 단장했기 때문에 너무도 깨끗하다. 예전에 방문했을 때는 시인의 낡은 생가가 있었지만 지금은 그냥 깨끗한 편이다. 생가에 시인의 대표작인 〈송아지〉, 〈윤사월〉, 〈선도산하〉, 〈나그네〉 등의 시를 읽어 볼 수 있도록 배치한 것은 좋다. 조지훈, 박두진과 함께 청록파 시인으로 활동한 박목월은 민요풍의 서정시를 즐겨 지었다. 시낭송장 주변에는 느티나무, 단풍나무, 백목련 등이 줄지어 자란다.

대문 오른쪽에는 어린 감나무의 보드라운 잎이 반짝반짝 빛난다. 사랑채 담장에는 흰색 꽃을 피운 모란과 철쭉이 무리지어 심겨져 있다. 우물가에는 세 그루의 앵두나무가 살고 있으며 아름드리 가죽나무는 산으로 누워서 꽃을 피운다. 산기슭에 살고 있는 팥배나무는 흰 꽃을 뭉텅이로 달고 생가를 말없이 바라본다. 아까시나무 타고 하늘로 오른 등나무가 제일 높은 곳에서 생가를 지켜본다.

생가 주변에 심어놓은 밀밭에 바람이 불면 밀이 이리저리 어깨동무를 하면서 이야기는 나누는 것 같다. 밀밭 가장자리에는 젊은 소나무 네 그루가 형제처럼 사이좋게 살아가는 모습이 다정하게 보인다.

박목월 생가에서 시인이 쓴 편지에 담긴 희망의 메시지를 낭송하면서 되새겨본다.

"우리가 다시 만나고 싶은 사람은 비록 일이 고되더라도 의욕을 잃지 않고 웃으며 선하게 어울리며 사는 사람이다…. 내면을 밝은 빛으로 채운 사람에게는 빛과 같은 일이 일어나게 마련이다. 웃음이 웃음을 부르는 까닭이다"

그렇다면 박목월 시인이 좋아한 나무은 무엇일까? 호를 목월로 지은 까닮이 무엇인지도 궁금하다. 아마도 나무와 달을 좋아했기 때문에 그렇게 지었을 것으로 생각한다. 건천에서 자란 시인의 눈에 비친 나무와 달은 어떤 모습일까? 시인의 작품을 읽어보면서 이런 궁금증을 하나씩 풀어보는 것도 필요하리라 생각한다.

박목월 생가의 우물과 밀밭

4. 편백나무 숲 내음 길

편백나무 숲 입구에는 물푸레나무, 갈참나무, 닥나무가 봄 햇살을 받으며 꽃을 피우고 있다. 나무로 만든 계단을 올라가면 산새 소리로 마음이 편안해진다. 아름드리 편백나무가 청년의 힘을 뽐내고 자란다. 정자 주변에는 키가 작은 회양목이 일렬로 살아간다.

편백나무 숲속에는 갈참나무, 밤나무, 산뽕나무, 층층나무, 비목 등이 자란다. 하늘로 쑥쑥 자라는 편백나무의 울창한 줄기가 세상의 근심을 풀어놓기에 충분하다. 편백나무 사이에 삼나무도 살고 있다는 점은 유심히 관찰해야만 알 수 있다. 편백나무의 잎은 보드라운 반면에 삼나무 잎은 까슬까슬하다. 그래서 울창한 나무 둥치로는 구분하기 어렵지만 잎을 보면 삼나무와 편백나무를 쉽게 구별할 수 있다.

숲 향기인 피톤치드는 나무와 식물이 해충이나 곰팡이에 저항하기 위해 발산하는 휘발성 물질이다. 나무가 울창한 숲속에 가면 특유의 상쾌한 향기가 나는데, 이것이 피톤치드다. 편백나무 숲은 좋으나 가끔씩 굉음을 내면서 지나가는 고속열차 소음이 너무도 귀에 거슬린다. 세상의 편리만 생각하여 속도경쟁을 했던 잘못을 성찰할 수 있는 편백나무 숲이다.

편백나무 숲을 거닐다

제15장.
함월산 자락을 산책하다
경로
① 기림사
② 골굴사
③ 장항사지 5층 석탑

1. 서어나무, 기림에서 생사를 넘나들다

기림사(祇林寺)는 숲으로 가득하다. 기림사를 병풍처럼 감싸고 있는 함월산(含月山)은 아늑하다. 달의 부드러운 기운을 받아서 그런지 숲속의 향기가 온몸을 감싼다. 일주문에서 절집으로 들어가는 길은 참으로 정갈하다. 기림에 들어오면 시간을 잊어버리기 때문인지 발걸음은 한없이 느려지게 마련이다. 늦더위가 기승을 부리는 오후의 따가운 햇살도 한순간에 사라진다. 그래서 세속의 욕망을 조금 내려놓고 홀가분한 마음으로 산책하면 극락이 따로 없다.

기림사는 선덕여왕 12년(643) 인도에서 온 광유선사가 창건했다. 그 당시에는 우물과 숲이 풍부하여 임정사(林井寺)라 불렀다. 나중에 원효 스님이 확장과 중창을 거듭하면서 기림사로 이름을 변경한다. 부처님이 제자들과 함께 수행했던 기원정사 숲인 '기림'에서 절집 이름이 유래한 것이다. 이 때문에 기림사에는 서어나무, 졸참나무, 말채나무, 느티나무, 고로쇠나무, 팽나무 등과 같이 온통 허리둘레가 굵은 나무 천지다.

일주문에 살고 있는 나무들은 아름드리 몸매와 큰 키를 자랑한다. 이들 나무의 잎과 열매를 보기 위해서는 고개를 하늘로 들어야 하기 때문에 조금 불편하다. 그렇지만 늘씬한 몸매를 가진 아름드리 큰 나무들 사이로 보이는 가을 하늘은 답답한 가슴을 확 트이게 한다. 그중에서도 서어나무는 삼림 생태계의 천이 과정에서 볼 수 있는 극상림의 대표적 수종이다. 회색에 검은 얼룩이 섞여 있는 서어나무는 얼룩말의 피부색을 닮았다.

일주문 오른쪽의 서어나무 네 그루는 절집을 지키는 사천왕처럼 울퉁불퉁한 근육질이다. 서어나무는 나이테에 양분을 골고루 보내지 않고 특정한 부분에 더 많은 양분을 보내기 때문에 수피가 사람들의 눈길을 사로잡는다. 두 사람이 포옹해야 할 만큼 아름드리 서어나무는 줄기에 움푹 패인 흔적이 뚜렷하다. 자신의 욕심을 버려야만 오랜 세월의 무게를 감당할 수 있음을 서어나무는 온몸으로 보여준다. 서어나무의 지혜는 번뇌에 사로잡힌 사람들에게 조그마한 깨달음을 전해주는 스승이다.

절집으로 천천히 걸어가면 성림선원으로 가는 오르막길과 만난다. 그 길을 따라 조금만 올라가면 계곡에 홀로 누운 채 힘겹게 살아가는 자작나뭇과의 서어나무가 눈길을 끈다. 누워서도 자신의 삶을 그대로 보여주는 서어나무는 생명의 숭고함을 묵묵히 말해준다. 선원으로 가는 길을 내면서 누운 서어나무를 베지 않고 살려낸 따스한 사람의 손길 때문에 가슴이 뭉클해진다. 예전에 보았던 누워서 자라는 서어나무의 소식이 궁금해 기림사

누워서 자라는 서어나무. ⓒ 이지용

를 다시 방문했다. 그런데 서어나무의 행방이 묘연하다. 예전 기억을 되살려 서어나무의 위치를 가늠해보니 계곡 아래 나무들 사이로 고사한 몸뚱이만 뒹굴고 있는 것이 아닌가. 서어나무도 생로병사의 윤회를 벗어나지 못한 것이다. 아쉬운 마음에 한참 동안 발길을 돌릴 수가 없었다.

성림선원에는 우람한 전나무의 기상과 젊은 은행나무가 눈길을 사로잡는다. 조그마한 화단에는 석류나무와 보리수처럼 키 작은 나무들이 아기자기하게 살아간다. 내려가는 길에 누워서 자란 서어나무 반대편에는 아름드리 졸참나무가 하늘로 우뚝 솟아났다. 이렇게 웅장한 졸참나무는 생전 처음이다. 참나뭇과에 속하는 졸참나무의 거친 피부에는 오랜 세월을 견뎌온 연륜이 훈장처럼 선명하다. 흙이 절반 정도 쓸려 내려간 졸참나무는 안타

쪽동백나무를 뿌리로 감싼 졸참나무

깝게도 뿌리가 앙상하게 드러나고 말았다. 그래도 생명을 유지하기 위해 안간힘을 다하는 졸참나무가 애처롭게 보인다. 그 곁의 졸참나무는 어린 쪽동백나무를 뿌리로 감싸고 있어서 정겹다. 상대방을 배려해야 더불어 살 수 있다는 졸참나무의 지혜는 그 어떤 말보다 감동적이다.

늘 푸른 기운을 전해주는 반송

예전의 비포장 길이 이제는 말끔하게 포장되어 있다. 포장된 길이 끝나고 막돌로 바닥을 깔아놓은 지점에 천왕문이 보인다. 왼쪽에는 붉은색 피부를 드러낸 아름다운 소나무가 살고 있다. 오랜 세월을 동고동락한 부부처럼 삶의 노련미가 묻어난다. 남편은 무뚝뚝하게 곧은 모습을 보여준다면 아내는 애교를 부리듯 구불구불한 모습을 보여준다. 부부송의 장수 비결은 적절한 거리 유지와 조화가 아닐까. 천왕문 앞에는 소나무가 담장을 넘어 정중하게 인사한다. 이 소나무는 부부송(夫婦松)에 비하여 왠지 외롭게 느껴진다.

기림사의 중심은 대적광전(보물 제833호)이다. 대적광전은 정면 다섯 칸과 측면 세 칸, 배흘림기둥과 맞배지붕으로 건축되었다. 대적광전에는 "지혜의 빛으로 세상을 비춘다"는 비로자나불(보물 제958호)을 모시고 있다. 진남루를 지나 대적광전 앞마당에는 반송이 부챗살처럼 우아하게 나뭇가지를 펼치고 살아간다. 반송의 나뭇가지는 응진전, 진남루, 약사전 등으로 기울어져 자란다. 멀리서 바라보면 반송은 늘푸른 부채처럼 보이지만 가까이 다가서면 사방팔방으로 뻗어나간 나뭇가지가 색다른 풍경을 보여준다. 기림사의 반송은 경주에서 만난 반송 가운데 가장 크고 멋진 자태를 보여준다.

그늘진 반송 아래를 천천히 거닐어보는 여유를 누려본다. 뿌리에서 세 갈

기림사의 반송_스케치 © 변미영

기림사의 반송_수채화 © 변미영

래로 나뭇가지가 나눠지고 다시 여섯 갈래로 퍼져나간 반송의 나뭇가지가 무한한 상상력을 자극한다. 더욱이 반송의 가는 뿌리는 세 갈래로 갈라진 나뭇가지 사이로 새로운 생명줄을 땅으로 내려서 영양분을 찾고 있다. 생존을 위해 가는 뿌리를 땅으로 향하는 반송은 자연의 순리를 감동적으로 보여준다. 반송은 대적광전, 약사전, 응진전 등을 방문하는 사람들에게 생기를 불어 넣어주는 살아있는 부처인지도 모른다. 그래서 반송은 변하지 않는 늘푸른 지혜를 상징한다.

약사전 앞에는 피나무가 살고 있다. 절집에서는 피나무를 '보리수'라고 부르기도 한다. 부처님이 깨달음을 얻은 인도 보드가야의 보리수와는 아무런 관계가 없다. 아열대지방의 보리수를 대신하기 위해서 피나무를 깨달음의 상징으로 선택한 것이다. 아마도 보리수와 피나무는 잎 모양이 닮았기 때

절집을 청정하게 하는 반송

문일 것이다. 어린 피나무가 뿌리를 내리고 새로운 삶을 시작하는 모습이 제법 당당하다. 약사전 오른쪽에는 키 큰 전나무 세 그루가 어린 피나무를 감싸며 보호해준다.

삼천불전 앞마당에는 허리를 굽힌 소나무 두 그루가 서로의 손을 맞잡고 살아간다. 가이즈카향나무는 세상을 둥글게 살아야 함을 보여준다. 그 주변에 모란, 동백나무, 목서 등을 심어 놓았는데, 꽃이 피어나면 삼천불전을 화려하게 장식할 것 같다. 봄에는 동백꽃이 지면 곧이어 검붉은 자목련이 피어날 것이고 가을에는 흰색 은목서와 주황색 금목서 꽃이 진한 향기를 전해줄 것이다. 그런데 동백나무는 제대로 뿌리를 내리지 못해 고사하거나 건강이 좋지 않다.

세상의 모든 생명체를 깨워주는 범종루 앞에는 배롱나무가 마지막 붉은 꽃을 피워내고 있다. 배롱나무 꽃이 만발할 때 울리는 범종과 법고, 목어, 운판 등의 소리는 정말 황홀지경에 빠질 것 같다. 그런데 범종루 왼쪽의 왕벚나무는 초췌한 모습이 역력하다. 생명을 잃어가는 왕벚나무 줄기에는 버섯들이 무수히 돋아나 있다. 왕벚나무의 줄기를 인위적으로 잘랐기 때문에 고사하고 있는 듯하다. 그럼에도 봄날 화려한 벚꽃을 피워내는 왕벚나무의 생명력에 발길을 멈출 수밖에 없다.

기림사에는 조선 초기 방외인으로 살았던 매월당 김시습의 영정을 모신 사당이 있다. 매월영당 앞의 젊은 느티나무 그늘 아래 의자에 앉아서 최초의 여행생활자 김시습의 발자취를 회상해 보았다. 매월영당 앞에는 김시습의 절개를 상징하는 젊은 소나무도 보이지 않는다. 더욱이 매월당이 좋아했던 매화나무가 보이지 않아서 무척이나 아쉽다. 그나마 오른쪽 담장을 따라 보리수와 오죽이 매월영당을 포근하게 감싸주고 있어서 다행이다. 함월산에 떠오른 보름달과 매화는 고결한 선비들의 청초한 절개를 상징한다.

기림사 유물관 주변에는 쥐똥나무들이 옹기종기 줄지어 생울타리로 살아간다. 친환경 울타리로 옹기종기 손을 잡은 쥐똥나무의 모습은 정말 앙

중맞다. 유물관에는 연산군 7년(1501)에 만들어진 건칠보살반가상(보물 제 451호)이 보관되어 있다. 새김이 정교한 관세음보살반가상으로 유명하다. 명부전에는 아름드리 감나무가 자란다. 가을에 감나무에 누런 감이 주렁주렁 열리면 명부전의 풍경이 한층 밝아진다. 명부전 사이로 난 조그마한 길을 따라가면 용연폭포와 연결되는 신문왕 호국행차길이 나온다. 신문왕 호국행차길은 문무왕을 기리기 위해 신문왕이 대왕암을 방문했던 옛길을 말한다.

매월영당의 느티나무

서어나무 그늘에서 본 용연폭포

신문왕 호국행차길은 아무런 준비도 없이 가벼운 마음으로 산책하기에 적당하다. 절집 뒷길에는 아름드리 고로쇠나무와 단풍나무의 짙은 그늘 아래에 표고버섯이 자란다. 기림사에서 용연폭포로 가는 길에는 다양한 나무를 만날 수 있다. 흙길을 따라 천천히 걸어가면 목련나무 사이에 의자가 있는데 다리가 아프면 잠시 쉬어가는 것도 좋다. 모퉁이 공원지킴터에는 자

용연폭포로 가는 숲길

서어나무에서 본 용연폭포

귀나무가 화려한 꽃을 피워낸다.

산길로 접어들면 굴참나무, 상수리나무, 갈참나무 등과 함께 말채나무, 층층나무, 오동나무, 물푸레나무, 싸리나무, 굴피나무 등이 발길을 인도한다. 분홍 꽃을 피운 싸리나무, 노란 꽃을 피운 굴피나무, 흰 꽃을 피운 말채나무가 발걸음의 속도를 느리게 한다. 이렇게 용연폭포로 가는 산길은 나무를 보면서 걷기에 적당하다.

다채로운 나무들을 구경하면서 산길을 걸어가면 시원한 물소리가 들린다. 용연폭포에서 떨어지는 물소리는 느린 발걸음을 다시 재촉한다. 드디어 계곡 사이로 용연폭포가 아름다운 자태를 드러낸다. 신문왕이 동해에서 만파식적과 검은옥대를 가지고 궁궐로 돌아가는 길에 마중 나온 태자가 옥대의 장식 하나를 떼어 계곡물에 넣었다. 그랬더니 갑자기 용으로 변해 승천하고 계곡물이 파여 용연폭포가 되었다고 한다. 용연폭포에 전해지는 이야기는 언제 들어도 신비롭다.

바위 사이로 떨어지는 용연폭포 주변에는 때죽나무, 생강나무, 오리나무, 물오리나무, 사방오리나무, 비목, 소나무, 서어나무 등이 물보라를 보면서 자란다. 때죽나무와 서어나무 아래 의자에 앉아서 신비로운 생명력이 넘치는 용연폭포를 오랫동안 바라보았다. 계곡 아래로 떨어지는 물보라를 보면 가슴속에 쌓인 근심을 한순간에 씻어주는 것 같다. 용연폭포에서 떨어지는 물소리가 더위로 지친 내 마음에 힘을 실어준 순간 발걸음은 다시 가벼워진다.

2. 골굴사를 물들이는 자귀나무

토함산 장항리사지에서 탑정천을 따라 조금만 더 내려가면 대종천과 연결된다. 골굴사로 가는 길은 동해로 연결되는 경감로의 버즘나무 가로수가 나오면 속도를 늦춰야 한다. 아름드리 버즘나무 가로수를 따라가면 안동삼거리가 나온다. 그곳에서 좌회전하여 느티나무 가로수를 따라 들어가면 숲 터널이 여름의 따가운 햇볕을 가려준다. 젊은 느티나무 숲을 지나면 곧바로 골굴사 일주문에 도착한다. 골굴사는 요가와 명상을 함께 수행하는 선무도의 총본산으로 유명하다.

바위틈에 뿌리내린 느티나무

함월산 골굴사 일주문을 들어서면 넓은 주차장이 나온다. 아침 일찍 경내를 산책하는 기분은 정말 상쾌하다. 절집에서 숙박한 외국인들이 가끔 낯선 눈으로 나를 힐끗 쳐다본다. 금강역사상을 지나면 나무들이 우거진 숲속으로 들어선다.

반야정을 지나면 골굴암중수기념비석을 만나게 된다. 그곳에는 배롱나무, 목련, 자목련, 주목, 영산홍, 은행나무, 단풍나무 등이 자리를 잡았다. 봄에 하얀 목련꽃이 지면 자목련이 붉은 꽃망울을 터뜨린다. 여름에는 배롱나무에서 피어난 백일홍이 골굴암 방문객의 발길을 사로잡는다. 젊은 회화나무는 하늘 위로 고개를 내밀고 방문객의 표정을 찬찬히 살펴본다.

비석 앞에는 골굴사에 살았던 동아보살의 동상을 세워 놓았다. 동아보살은 골굴사 새벽예불에 참여했을 뿐만 아니라 참선과 탑돌이를 따라했던 진

절집에 생기를 불어넣는 동아보살의 동상

돗개를 말한다. 진돗개의 불심이 사람들을 감동시키면서 골굴사 방문객도 덩달아 늘어나게 되었다. 이러한 동아보살 이야기는 골굴사의 역사가 되었다. 사계절 나무들이 동아보살 동상을 지켜주고 있어서 외롭지는 않을 것 같다. 햇살을 등지고 동아보살 동상 곁에 한참동안 아무런 말없이 서성 거렸다.

종무소를 지나 일심당, 화정요 등으로 올라가는 길에는 느티나무, 단풍나무, 자귀나무, 비파나무, 닥나무, 굴피나무, 벚나무, 작살나무, 갈참나무, 굴참나무, 다래나무 등이 자란다. 그중에서 바위틈에 뿌리를 내리고 살아가는 느티나무가 발걸음을 붙잡는다. 느티나무는 생존을 위해 바위 사이로 뿌리를 내려 땅 속의 양분을 찾는 감동을 보여준다. 좀 더 걸어간 후 단풍나무와 왕벚나무 그늘 아래 의자에 앉아서 지친 발걸음을 잠시 쉬었다. 불교 용품을 판매하는 가게 뒤에는 머루나무가 쪽동백나무와 갈참나무를 타고 푸른 열매를 주렁주렁 달고 살아간다.

마애여래좌상 곁에서 분홍 꽃을 피워 낸 자귀나무

골굴사는 신라 선덕여왕 때 인도에서 온 광유성인이 12개 석굴 가람을 만들었다고 한다. 석굴사원은 신생대 화산폭발로 인한 뜨거운 화산재가 쌓여 만들어진 응회암으로 이루어져 있다. 응회암은 비바람에 의한 풍화 작용을 오랫동안 거치면서 크고 작은 구멍이 만들어지는데, 그곳에 광유성인이 석굴사원을 마련한 것이다. 석굴사원은 실크로드와 교류한 흔적을 보여준다는 점에서 유명하다. 더욱이 골굴사는 원효가 수도하고 입적한 혈사로 추정하기도 한다.

마애여래좌상을 만나러 가는 길에는 갈참나무, 상수리나무, 굴피나무, 단풍나무, 자귀나무, 고욤나무 등이 아름드리로 자란다. 여름에 꽃망울을 터

단풍나무 속에서 본 마애여래좌상

뜨린 자귀나무는 발길을 사로잡는다. 나무들이 품어내는 신선한 공기는 발걸음의 속도를 느리게 한다. 오르막길을 천천히 걸어가면 오른쪽 담장 안에 보리수나무로 불리는 찰피나무가 살고 있다. 여름 햇살에 겨운 찰피나무는 조그마한 열매 잔뜩 달고 영글어간다. 반대편에는 서어나무, 느티나무, 말채나무 등의 뿌리가 서로 연결되어 끈질긴 생명력을 보여준다. 이들 나무의 뿌리가 보여준 공생의 감동을 오랫동안 지켜보았다. 일심당 주변에는 느티나무와 굴피나무가 자신의 존재를 뽐낸다.

조금 더 걸어가면 단풍나무 사이로 마애여래좌상이 언덕 위에서 살며시 미소 짓는다. 단풍나무 그늘에서 한참을 쉬면서 심호흡을 하고 천천히 마애불로 발길을 잡아 돌계단을 올라간다. 등줄기에 땀이 흘러내리는 여름에도 마애불을 만나기 위해 무거운 발걸음을 한걸음씩 옮겼다. 돌계단 사이에는 이대, 붉나무가 힘겹게 살아간다. 지그재그로 연결되는 돌계단 정상에 오르면 인자한 얼굴로 마애불이 반겨준다. 마애불 앞에 서면 나도 모르게 평안하면서도 경건한 마음이 들었다.

석굴사원 가장 높은 암벽에 마애여래좌상(보물 제581호)이 동해를 굽어본다. 마애불은 높이 4미터, 폭 2.2미터로 마치 하늘을 날아가는 듯하다. 금방이라도 바위에서 뛰쳐나올 것 같은 마애불을 한참 동안 올려다본다. 마애불 곁에는 콩과의 자귀나무가 닭 벼슬처럼 분홍 꽃을 연신 피워낸다. 자귀나무가 화려한 꽃망울을 터뜨리자 수줍은 미소를 지었던 마애불 얼굴이 발그스레하게 달아오른다. 얼마쯤 시간이 지나고 마애불이 바라보는 방향으로 고개를 돌려보았다. 동쪽은 숲속에 잠긴 초록의 바다가 무한히 펼쳐진다.

대적광전 앞에는 목련과 단풍나무가 싱싱한 젊음을 뽐낸다. 선무도 공연이 펼쳐지는 대적광전에는 하얀 목련이 피는 봄날이나 붉은 단풍이 곱게 물드는 가을날 방문하면 더욱 멋진 추억을 쌓을 수 있다. 오륜탑에는 소나무, 구상나무, 뽕나무, 굴참나무, 상수리나무, 서어나무 등이 아름드리로 자란다. 아름드리 소나무와 서어나무 사이로 마애불을 보면 색다른 풍경을 연출한다. 숲속에 자리한 골굴사 풍경은 한여름의 초록 바다를 닮았다. 시원한 초록 숲의 바다 저 멀리 동해의 파도가 넘실거리는 듯하다.

자귀나무의 잎과 꽃

자귀나무 꽃망울로 붉어진 마애여래좌상

3. 오동나무와 장항사지 5층 석탑

토함산 석굴암에서 동해의 감포로 가는 길에 장항사지가 있다. 장항사지 주차장에서 개울 건너편을 바라보면 5층 석탑이 눈에 들어온다. 그 석탑을 보기 위해서는 개울을 건너가야 한다. 개울 주변에는 달콤한 열매를 매달고 있는 산딸기나무가 발걸음을 멈추게 한다. 덜 익은 산딸기는 시큼하지만 잘 익은 산딸기는 빨간색 단맛이 감돈다. 그래서 가시에 손이 찔리면서도 산딸기의 유혹을 뿌리치지 못하는 건지도 모른다. 맛있는 산딸기를 따먹고 개울에 놓인 나무다리를 사뿐사뿐 건너간다.

개울을 건너서 오른쪽 길로 접어들면 오동나무, 자귀나무, 복사나무, 아까시나무 등이 방문객을 장항사지로 인도한다. 그중에서도 넓은 잎을 펼치고 자라는 오동나무는 시원한 그늘을 만들어준다. 봄날 오동나무가 분홍색 꽃을 탐스럽게 피워내면 장항사지는 환상적인 풍경을 연출할 것 같다.

이제 나무로 만든 계단을 따라 올라가면 장항사지에 닿는다. 계단 주변에는 층층나무, 주목, 상수리나무, 자귀나무, 닥나무, 뽕나무 등이 자란다. 아래의 층층나무는 꽃이 만개하고 위의 층층나무는 열매가 달렸다. 나무계단을 천천히 오르면 키 작은 주목의 생태도 발견하게 된다.

신라의 동해구로 연결되는 장항사지는 경주를 방어하는 호국사찰의 기능을 담당했을 것으로 짐작된다. 절집이 언제 창건되고 폐사되었는지 정확한 기록이 없어서 안타깝다. 1923년 도굴범이 석탑을 폭파하여 개울에 탑 부재들이 흩어진 것을 복원했다고 한다. 현재 장항사지에는 동서 5층 석탑과 금당 터가 남아 있다. 동쪽 5층 석탑은 지붕돌만 덩그러니 놓여있다면 서쪽 5층 석탑(국보 제236호)은 비교적 원형의 아름다운 모습을 보여준다. 석탑은 2층 기단부와 네면 좌우에 인왕상을 조각한 8세기 형태를 보여준

오동나무가 감싸고 있는 장항사지 5층 석탑

오동나무 꽃

다. 더욱이 경주국립박물관에 보관중인 불상의 좌대가 금당 터에 남아 있다. 좌대에 조각된 어린 사자의 모습이 너무도 귀엽다. 박물관의 불상이 금당 터 좌대에 앉으면 장항사지 방문객이 좀 더 늘어날 것 같다.

신라는 3층 석탑의 나라로 유명하다. 이 때문에 5층 석탑은 매우 드문 편이다. 나원리 5층 석탑이 유일하다. 석탑 주변에는 닥나무, 갈참나무, 고욤나무, 층층나무, 생강나무, 벚나무 등이 절집을 감싸준다. 그중에서도 아름드리 갈참나무는 여름의 무성한 그늘을 만들어준다. 갈참나무 그늘에서 바라본 5층 석탑은 너무도 당당해 보인다.

예전에 보았던 석탑을 지켜주던 소나무는 생명을 다했고 봄마다 아름다운 꽃을 피워내던 왕벚나무도 사라져 아쉬울 따름이다. 이렇게 폐사지의 황량함이 때로는 복잡한 마음을 정갈하게 만들어주기도 한다. 호젓한 기분전환이 필요할 때 장항사지를 천천히 거닐어보면 고요한 숲속의 위안을 얻을 수 있을 것이다.

장항사지 쌍탑과 부처의 좌대

제16장.
해파랑길을 산책하다

1. 대나무와 만파식적의 현장인 감은사지

기림사와 골굴사에서 감은사지로 가는 길은 들녘의 벼로 풍성하다. 농부의 땀방울 덕분에 나락이 토실토실하게 여무는 가을 풍경을 연출한다. 이 때문에 감은사지는 벼가 익어가는 황금들판일 때 최고로 아름답다. 동해의 갯내음이 코끝을 감싸면 감은사지 동서 석탑의 웅장한 자태가 눈에 들어온다. 감은사지에서 이견대, 대왕암으로 연결되는 바닷길은 언제나 가슴이 설렌다. 이곳 바닷가에서 신무왕이 대나무로 만든 만파식적을 얻었기 때문이다.

느티나무와 감은사지 3층 석탑

감은사지 주차장에 닿으면 갈참나무 사이로 3층 석탑의 탑신부가 뾰족하게 보인다. 홍단풍나무를 지나 나무계단을 올라가면 중국단풍 두 그루가 넓은 그늘을 만들어준다. 감은사지는 신라 제31대 신문왕이 아버지인 문무왕을 위해 창건했다. 동해 수호신이 된 문무왕을 위해 감은사지 금당(金堂)에는 바다의 용이 출입할 수 있도록 세심한 배려를 해놓았다. 금당 터에서 황금들판과 대종천을 바라보면 시원한 눈맛에 감탄이 절로 난다.

금당을 중심으로 좌우에 자리한 3층 석탑(국보 제112호)은 백제의 목탑양식과 신라의 모전탑양식이 융합되어 있다. 감은사지 동탑 부근에는 세 그루의 해송이 자라고 있다. 겨울에 느티나무가 잎을 떨어뜨려도 해송은 여전히 푸른색을 유지한다. 해송은 사철 푸르기 때문에 별다른 주목을 받지 못하고 있다. 그런데 자세히 살펴보면 줄기에 커다란 상처가 생겨서 옆으

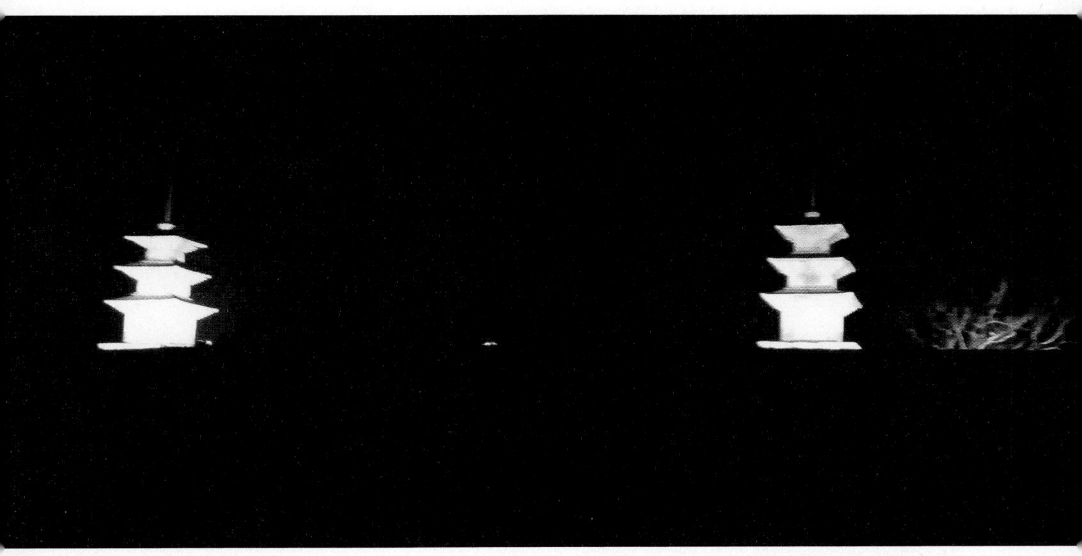

감은사지 동서 3층 석탑

감은사지의 느티나무

로 굽었다. 동해의 이견대와 대왕암에서 불어오는 바닷바람을 막아내는 해송의 모습이 대견하다.

폐사지의 당당한 기상을 보여준 3층 석탑 뒤에는 동신목으로 섬김을 받는 느티나무가 자란다. 계절에 따라 다양한 풍경을 연출하던 느티나무는 감은사지를 지켜주는 수호신이다. 그런데 아름드리 느티나무는 건강이 좋

감은사지 3층 석탑과 뒤편의 대나무

지 못하다. 왼쪽은 고사하고 오른쪽은 일부 나뭇가지에 푸른 잎이 바람에 나부낄 정도다. 느티나무가 사라지면 감은사지는 허전할 것 같다. 그래도 3층 석탑 뒤에 대나무가 이리저리 바람결에 움직이는 생명의 노래를 들려주어 다행이다.

이견대에서 대왕암을 보다

감은사지에서 이견대로 가는 논둑길을 걸어가면 닥나무, 팽나무, 밤나무, 느티나무 등이 시원한 그늘을 만들어준다. 바다가 보이는 언덕에 조그마한 쉼터인 정자와 신라동해구비석이 보인다. 이곳에는 허리둘레가 굵은 벙꽃나무, 모과나무, 왕벚나무, 팽나무, 느티나무 등이 넓은 그늘을 만들어준다. 무더운 여름날 감은사지와 대왕암, 이견대를 찾은 방문객의 더위를 식혀준다. 쉼터가 마련된 정자 앞의 병꽃나무는 오랜 세월의 연륜을 보여주면서도 다채로운 꽃을 피워낸다.

대왕암은 동해의 거친 파도와 무언의 대화를 나눈다. 삼국통일을 완성한 문무왕은 "죽은 후 용이 되어 불법을 받들고 나라를 지킬 것이다"라고 유언했다. 그 유언에 따라 시신을 화장하여 동해에 안장한 것이 대왕암이다. 대왕암은 병풍처럼 솟은 바위가 신비스러움을 자아낸다. 잔잔한 파도가 이는 대왕암에는 갈매들의 울음소리만 가득하다. 한여름에는 대왕암 앞의 해수욕장에서 꼬마들이 모래성을 쌓으며 자신들만의 놀이에 빠져서 시간가는 줄 모른다. 이런 흐뭇한 모습을 문무왕이 본다면 잔잔한 파도를 꼬마들에게 살랑살랑 보냈을 것이다.

이견대는 대왕암이 잘 보이는 언덕에 자리한다. 이곳에는 무궁화나무, 이팝나무, 박태기나무, 해송, 팽나무 등이 살고 있다. 바닷바람을 막아주는 이대는 울타리로 살아간다. 신문왕이 이견대(利見臺)에서 만파식적을 얻는 이야기는 신비로움으로 가득하다. 산세는 거북의 머리 같고 그 위에 한 줄기 대나무가 있었는데, 낮이면 둘이 되고 밤이면 합하여 하나가 되었다. 이튿날 정오에 그 대나무가 합하여 하나가 되는 장면을 목격했다. 갑자기 천지가 진동하고 풍우가 이레 동안이나 지속되었다. 왕이 배를 타고 바다에 떠 있는 산에 들어갔을 때 해룡이 검은 옥띠를 받쳤다고 한다.

왕은 해룡에게 "이 산과 대나무가 갈라졌다가 합해지니 무슨 까닭인가?"

문무왕릉을 바라보는 이견대의 대나무

라고 물었다. 해룡은 "한 손바닥을 치면 소리가 없으나, 두 손으로 치면 소리가 나는 것과 같습니다. 대나무는 합한 연후에 소리가 나는데 그 소리로써 천하를 다스리소서! 만약 왕께서 이 대나무를 취하여 피리를 만들어 불면 천하가 화평할 것입니다"라고 대답했다. 신문왕은 오색찬란한 비단과 금옥을 해룡에게 주고 대나무를 베어서 육지로 나왔다. 그러자 바다에 떠 있던 산과 해룡은 별안간 사라졌다고 한다.

만파식적은 해룡이 된 문무왕과 천신이 된 김유신이 내려준 화합을 상징한다. 삼국통일을 완수한 문무왕과 김유신의 영혼이 깃든 대나무로 만든 만파식적은 신비로운 힘을 내포한 통합의 피리다. 삼국통일 직후 어수선한 신라의 분위기를 왕권 강화를 통해서 백성들의 화합과 통합을 이룩하려는 정치적 행위가 만파식적의 신비로운 소리로 재탄생한 것이다. 이 때문에 대나무로 만든 만파식적의 신비로운 피리 소리는 천하를 여유롭고도 평안하게 해준다.

만파식적(萬波息笛)을 불면 적군이 물러가고, 병이 나으며, 가물 때엔 비가 내리고, 장마 때엔 개이며, 바람이 그치고 물결이 잔잔해진다고 한다. 신비로운 에너지로 가득한 대나무로 만든 피리는 세상의 근심을 씻어준다. 만파식적의 현장인 감은사지 석탑을 지나 금당 뒤편 산기슭에 대나무가 무리지어 자란다. 그래서 감은사지를 거닐며 세상의 근심을 음악으로 치유하는 대나무의 생명력을 만나고 싶었는지도 모른다.

대나무의 생태를 자세히 관찰하면 성장 속도가 매우 빠르다. 대나무로 만든 악기는 서정성이 매우 강하다. 대나무는 만파식적의 재료로 적합할 뿐만 아니라 그 소리는 세상을 다스리는 척도가 되기에 충분하다. 대나무로 만든 피리 소리는 세상의 근심을 잊을 만큼 사람의 마음을 안온하게 해준다. 대나무로 만든 만파식적의 피리 소리는 세상살이의 어려움을 완화시켜 주는 마법의 에너지가 숨어 있는 듯하다.

2. 아진포의 해송 숲에 닿은 석탈해

신라의 이주민으로 들어온 석탈해(昔脫解)는 자신의 능력을 발휘하여 왕위에 오른 입지적 인물이다. 『삼국유사』에는 신라 제4대 석탈해 왕의 탄생과 도래 이야기가 전한다. 가락국의 바다에 배가 정박하자 김수로왕이 신하와 백성들과 함께 북을 울리면서 맞이하도록 했다.

그런데 배는 가락국에 머물지 않고 나는 듯이 달아나서 계림의 동쪽 하서

석탈해유허비를 감싸는 가이즈카향나무

지촌(下西知村) 아진포(阿珍浦)에 닿았다고 한다. 석탈해가 아진포에 도착했을 때는 '홈바위'가 있었지만 지금은 원자력 발전소 아래에 묻혀버렸다고 하니 아쉬울 따름이다.

석탈해는 어디서 배를 타고 신라로 들어온 이주민일까? 『삼국유사』에는 석탈해는 용성국(龍城國) 사람이라고 전한다. 함달파(含達婆)와 적녀국(積女國) 왕녀 사이의 알에서 출생한 석탈해는 궤짝에 실려 인연이 닿는 땅에 도착한다. 신라의 동해 아진포에 도착한 석탈해는 해송이 자라는 숲에서 통과의례를 거친다. 노파가 그 궤짝을 열었을 때 단정한 사내아이와 보물 및 노비들이 있었다고 한다. 신화의 주인공은 항상 신비로운 탄생을 보여준다. 이러한 석탈해의 도래는 신비로운 이야기로 가득하다.

석탈해가 신라에 도래한 이야기는 매우 흥미롭다. 한 노파가 까치들이 울고 있는 바닷가에 나가보니 배 안에 궤짝이 있었다고 한다. 노파는 배를 끌어다 나무가 우거진 숲에 놓고 하늘을 향해 맹세한 뒤에 궤짝을 열어보았다. 그렇다면 당시에 배를 끌어다 놓았던 곳은 소나무 숲이 아닐까 한다. 소나무 중에서도 바닷가의 해풍을 막아주는 울창한 해송일 것으로 짐작된다. 어촌의 아름드리 해송은 길흉을 알지 못해 하늘에 기원하는 동신목 기능을 수행하기 때문이다.

해안가에서 잘 자라는 해송은 늘 푸른 침엽수로 높이 25미터, 지름 1.5미터 정도까지 자란다. 수피는 회색 또는 짙은 회색이며 거북 등껍질처럼 깊게 갈라진다. 해송(海松)의 다른 이름은 곰솔이다. 해송은 군락을 이루며 억센 바닷바람으로부터 마을을 보호해주고 농작물이 말라 버리는 것을 막아준다. 바닷가에 떼 지어 자라는 해송은 강인한 생명력으로 본래의 생활터전을 벗어나 내륙 깊숙이까지 들어가 당당히 경쟁하고 있다. 그래서 내륙에 살고 있는 육송과 해안가에 살고 있는 해송은 유전적으로 아주 가깝다.

아진포는 현재 나아천(羅兒川) 포구다. 아진포 홈바위에 도착한 석탈해는 해송이 풍부한 곳에서 하늘에 제사를 지냈을 것이다. 아진포 소나무 숲속에는 석탈해의 도착을 알려주는 비석도 있다. 조선 헌종 11년(1845)에 문중에서 〈신라석탈해왕탄강유허비〉와 비각을 건립했다. 비각의 사방에는 배를 타고 도래한 석탈해를 상징하는 물고기가 네 귀퉁이를 받치고 있다. 네 마리의 물고기는 모두 밖으로 향하는 독특한 모습을 보여준다. 물고기는 지금도 바다로 헤엄칠 듯이 생생하다. 석탈해 비각 주변에는 아름드리 해송과 배롱나무, 단풍나무, 산수유, 향나무 등이 자란다.

석탈해유허비의 나무들

3. 사철나무 사이로 본 주상절리의 풍경

경주 읍천항 주차장에서 나무로 만든 계단을 올라가면 해송 세 그루가 그늘을 만들어준다. 아름드리 해송 그늘에 앉아서 읍천항구 앞에 세워진 붉은색, 초록색 등대를 하염없이 바라본다. 시원한 파도 소리가 바람을 데려와 땀을 식혀준다. 여기서 주상절리로 연결되는 길을 '해파랑길'이라 부른다. 해안가로 조성된 해파랑길을 따라가면 이대, 사철나무, 팽나무, 느티나무 등이 발길을 주상절리로 인도한다.

가끔은 아름드리 해송이 세찬 바닷바람을 막아주기도 한다. 해송을 지나 나무계단을 내려가서 뒤를 돌아보면 하늘로 뻥 뚫린 길이 보인다. 갑자기 숲속에서 파란 하늘로 통하는 문이 열린 것 같다. 그곳에는 사철나무, 팽나무, 이대, 해송 등이 서로 어울려 살아간다. 바닷가에 서식하는 검은 피부를 가진 팽나무가 좁은 해파랑길을 따라 그늘을 만들어준다. 출렁다리를 지나면 사철나무와 팽나무 주변에 조그마한 그네가 발걸음을 멈추게 한다. 그네에 몸을 싣고 이리저리 흔들리며 해파랑길에 뿌리내린 나무들과 동해의 파도소리를 들어보는 잠깐의 휴식을 취한다.

드디어 화산폭발로 형성된 주상절리(천연기념물 제536호)의 다양한 모습이 바닷가에 펼쳐진다. 주상절리는 누워있는 모습, 부채꼴 모습, 곧게 서 있는 모습 등과 같이 다양하다. 오랜 세월 화산폭발로 인해 용암이 급격하게 식으면서 형성된 주상절리는 자연이 만든 아름다운 보물이다. 오각 또는 육각으로 만들어진 주상절리는 자연의 걸작품이다. 더욱이 부채꼴 모양의 주상절리를 볼 때 주변의 나무들과 바다를 함께 본다면 잊지 못할 추억을 선사할 것이다.

주상절리 주변에는 뽕나무, 아까시나무, 사철나무, 찔레, 해당화 등이 자

하늘로 통하는 해파랑길

리를 잡았다. 사철나무는 주상절리로 가는 해파랑길에 줄지어 울타리로 살아간다. 사철나무 사이로 검은색 주상절리와 흰 파도가 부서지는 풍경은 정말 장쾌하다. 푸른 사철나무 덕분에 주상절리는 검은색과 흰색의 대비가 선명해진다. 노박덩굴과의 사철나무는 주상절리와 함께하는 동반자다. 사철나무는 봄에 연두색 꽃을 피우고 가을에 주황색 열매가 탐스럽게 달린다. 그래서 열매가 익어가는 가을이나 겨울에 주상절리를 보면 더 멋진 풍경을 감상할 수 있다.

해파랑길에서 주상절리에 파도가 부서지는 풍경을 감상하는 모습을 나무들도 물끄러미 바라본다. 주상절리의 아름다운 풍경은 해파랑길에 뿌리내린 다양한 나무가 만들어준다. 바닷가에 서식하는 붉게 핀 해당화 사이로 파도가 주상절리를 쓰다듬는 모습을 보았다. 하얀 찔레꽃 향기를 맡으며 주상절리의 풍경을 눈에 담아보았다. 해당화와 찔레꽃이 피고 질 때마다 주상절리는 멋진 자태를 보여준다. 사계절 주상절리의 다양한 풍경은 나무와 바다가 만들어준다. 허리가 굽은 해송과 사철나무 사이로 주상절리를 본 감동은 오랜 추억으로 남겨질 것 같다.

주상절리, 사철나무와 함께하다

참고문헌

강판권, 나무 열전, 글항아리, 2007.

강판권, 중국을 낳은 뽕나무, 글항아리, 2009.

강판권, 선비가 사랑한 나무, 한겨레출판, 2014.

강판권, 세상을 바꾼 나무, 다른, 2011.

강판권, 역사와 문화로 읽는 나무사전, 글항아리, 2010.

강판권, 위대한 치유자, 나무의 일생, 두앤북, 2020.

고규홍, 이 땅의 큰 나무, 눌와, 2003.

고규홍, 절집나무, 들녘, 2004.

고운기, 삼국유사 길 위에서 만나다, 현암사, 2011.

김동욱, 한국의 녹색 문화, 문예출판사, 2000.

김원룡, 사기열전, 민음사, 2015.

김재웅, 대구·경북지역의 설화 연구, 계명대출판부, 2007.

김재웅, 나무로 읽는 삼국유사, 마인드큐브, 2019.

김재웅, 김시습과 떠나는 조선시대 국토기행, 역락, 2012.

김재웅, 삼국유사와 생태문학적 상상력, 국학연구론총, 18집, 택민국학연구원, 2016.

노중국, 삼국유사, 계명대출판부, 2002.

박노준의 옛사람 옛노래 향가와 속요, 태학사, 2003.

박상진, 궁궐의 우리 나무, 눌와, 2002.

박상진, 역사가 새겨진 나무이야기, 김영사, 2004.

박중환, 식물의 인문학, 한길사, 2014.

서윤희·이경록, 양화소록, 눌와, 1999.

신재홍, 향가 서정 여행, 월인, 2016.

신종원, 삼국유사 새로 읽기 (1), 일지사, 2004.
신종원, 삼국유사 새로 읽기 (2), 일지사, 2011.
윤주복, 나무 쉽게 찾기, 진선출판사, 2009.
이가원, 삼국유사신역, 태학사, 1991.
이근직, 신라 왕릉 연구, 학연문화사, 2012.
이도흠, 신라인의 마음으로 삼국유사를 읽는다, 푸른역사, 2001.
이상호, 사진과 함께 읽는 삼국유사, 까치, 2007.
이유미, 우리가 정말 알아야 할 우리 나무 백 가지, 현암사, 2004.
이재호, 삼국유사를 걷는 즐거움, 한겨레출판, 2009.
이재호, 천 년 고도를 걷는 즐거움, 한겨레신문사, 2005.
이종문, 인각사 삼국유사의 탄생, 글항아리, 2010.
이지누, 절터, 그 아름다운 만행, 호미, 2006.
이지용, 우리 곁의 노거수, 아이컴, 2011.
이하석, 삼국유사의 현장기행, 문예산책, 1995.
이하석, 코 떼인 경주 남산, 한티재, 2020.
자크 브로스, 주향은, 나무의 신화, 이학사, 2002.
자크 타상, 구영옥, 나무처럼 생각하기, 더숲, 2019.
전영우, 숲과 문화, 북스힐, 2013.
정우락, 삼국유사 원시와 문명 사이, 역락, 2012.
조동일, 삼국시대 설화의 뜻 풀이, 집문당, 1991.
지허 스님, 아무도 말하지 않은 한국 전통차의 참모습-차, 김영사, 2003.
채상식, 일연 그의 생애와 사상, 혜안, 2017.

나무 따라 경주 걷기

지은이 | 김재웅

펴낸곳 | 마인드큐브
펴낸이 | 이상용
책임편집 | 홍원규
디자인 | SNAcommunications(서경아, 남선미)

출판등록 | 제2018-000063호
이메일 | viewpoint300@naver.com
전화 | 031-945-8046
팩스 | 031-945-8047

초판 1쇄 발행 | 2022년 11월 21일

ISBN | 979-11-88434-65-7(03900)